中公文庫

徳川思想小史

源　了圓

中央公論新社

目次

徳川思想小史

序　徳川時代の再検討

1　「延期された近代」

徳川三百年の歴史は「延期された近代」の歴史であった。徳川時代に先んずる安土・桃山時代の日本は、当時のルネサンス・ヨーロッパとほとんどちがわない精神的境位にあったが、封建社会の再編成と鎖国令によって、徳川社会はヨーロッパの近代とは異なる独自の道を歩きはじめる。

安土・桃山時代の日本には、応仁の乱後の「下剋上」と称される社会的大変動の中から、野心と冒険心に富んだ新しい人間像が生まれつつあった。これらの人々はもはや家柄を頼まず、自己の能力、体力、智力、胆力を頼みとして生きる。そして人間の可能性を信じ、自分以外のいかなる権威をも信じない。われわれはこのような新しいタイプの先駆的人物として、自分はいかなる例も信じない、自分が新しい例になるのだといった梟雄《きょうゆう》山名《やまな》宗《そう》全《ぜん》をもっているが、この時代を代表する人物はなんといっても織田《おだ》信長《のぶなが》であろう。彼は先人にたいして自己を主張するだけでなく、神仏にたいしてさえ自己を主張しはじめる。すなわち比叡山（ひえいざん）の僧徒たちをめぐる問題での武田信玄（たけだしんげん）との応酬にさいして、「天台座主沙門信玄」と書く信玄にたいして「第六天魔王信長」とこたえて憚《はばか》らない。神仏を怖《おそ》れず、自己を魔王の位置にまつりあげようとするこの態度は、ルネサンスの人々を連想させる。この誇り高く、好奇心に富み、聡明・果断で、しかも残酷な権力意志のもちぬしは、チェザーレ・ボルジアにも比すべきであろう。

事実この時期の日本人は、「大航海」の時代にふさわしく、冒険の精神に富み、海外に雄飛する。そこには企業家的な新しいタイプの人間が登場する。それには角倉了以《すみのくらりょうい》のような町人だけでなく、多くの大名たちも含まれる。この時代には、武士のリーダーと大町人とはほとんど対等に交わっている。たとえば玄界灘《げんかいなだ》を見渡す博多の一茶室で虚々実々の火花を散らす天下人《てんかびと》秀吉《ひでよし》と大町人島井宗室《しまいそうしつ》。大権力者秀吉も美の世界では頭のあがらない千利休《せんのりきゅう》、等々。ヴェネツィアやフィレンツェのような自由都市堺が成立したのもこの頃である。

この変動の時代に「普遍人」(l'uomo universale) 本阿弥光悦《ほんあみこうえつ》も活動する。後藤又兵衛《ごとうまたべえ》のような豪傑が多くの家来をつれて、「渡り奉公」をしたのもこの頃である。自由でおおらかな空気が支配し、そこでは何よりも器量が尊ばれる。他方また、石山本願寺にたてこもって信長にたいして一歩もひけをとらない一向門徒衆や、さむらいの支配を脱して自治制をしく山城の農民たち。そこには徳川時代からは考えもされない現象があらわれている。

もし社会の変動が長くつづいたら、その後の日本の歩みは、おそらく現実のそれとはまったく異なったコースをたどったにちがいない。しかし秀吉の刀狩り、家康《いえやす》による身分制度の確立、家光《いえみつ》時代の鎖国令などによって、ひとたび近づいた近代の跫音もまた遠のいてしまった。

徳川幕府が幕府創業のときにとった政策の大半は、日本の近代への歩みをくいとめるようなものであった。たとえば秀吉の兵農分離政策のあとを受けついでとられた鞏固《きょうこ》な身分制度のために、人がその才能や努力によって、自己の可能性を実現する機会は極端にせばめられてしまった。士農工商の四つの身分のうち、とくに士族階級と他の平民たちのあいだには身分的に決定的なへだたりがあった。平民の子どもは、どんなに能力があっても、被統治者たるべく運命づけられていた。そして、武士のあいだでさえも、福沢諭吉《ふくざわゆきち》が『旧藩情』でしるしているように、上士と下士とでは身分上の差別があり、婚姻の自由すらなかった。

また社会の固定化は、鎖国政策によって決定的なものとなる。政治権力から独立したブルジョワジーは、商人が対外貿易によって自己の経済的利益を得るときに成立するものであろうが、その道の閉ざされた町人は、政治権力に寄生することによってしか自己の経済的利益を追求しえなかった。したがって町人たちがいかに富を誇り、彼らが怒ることによって天下の大名がいかに震えあがったにしても、淀屋《よどや》の闕所《けっしょ》事件や棄捐《きえん》令などの場合にみられるように、結局は泣き寝入りするほかはなかったのである。幕末の日本人は、かつて秀吉と対等に交際した島井宗室のような大町人のいたことを忘れ、のちの日本の資本主義の指導者渋沢栄一《しぶさわえいいち》ですら、ヨーロッパにおける商人勢力の強大さに驚き、国王が商売の話をするといっては肝を潰すのである。このように町人の社会的地位が低いところでは、一般に近代資本主義の成立は非常に困難である。

他方、農民は、町人よりも社会的に優位の立場にあったが、これは農民にたいする尊敬からではなく、武士の経済的基礎が農民の生産する米であったからにすぎない。「百姓は生かさぬように殺さぬように」というのが幕府の対農民政策であり、農民はその土地に縛られ、土地の売買も認められず、高率の課税（十分の四ないし五の課税、幕末になって軍事費などが嵩《かさ》むと、十分の六の課税を受けた地域もあったといわれている）と、かずかずの賦役によって苦しめられたのである。徳川時代の中期以後に頻発した百姓一揆は、彼らがいかに惨《みじ》めな状態にあったかを物語る。そして徳川時代の人口が、つねに三千万をわずかに越える程度であったことは、農民を主体とする当時の社会がいかに停滞した——正確には停滞を余儀なくされた——社会であったかを示すものであろう。

これらの人民は、五人組制度によって相互に監視されていた。そうしたところからは、自由な個人の意識は出るべくもなかった。そしてまた、この時代に尊ばれたのは、個人よりも家であった。個人が個人として通用した安土・桃山時代の自由な空気は消え去ってしまって、個人は家のために奉仕せねばならなくなった。養子の口のない次男・三男の地位はきわめて惨めであり、婦人もまた家に従属するものである。「嫁して三年にして子なきは去る」という当時の婦人にたいする教えは、当時の結婚が家の存続のためであったことを物語る。

　このように停滞した社会において尊重されたのは、むかしからのしきたりである。この時代の精神的風土を一言にしていえば、祖法尊重、旧慣の尊重ということになろう。このことについて若き日の徳富《とくとみ》蘇峰《そほう》は次のように語っている。「然《シカ》ラバ則《スナハ》チ此《コ》ノ社会ノ主権者ハ誰ゾヤ。……若《モ》シ高眼明識ノ士ヲシテ在ラシメバ、必ズ曰《イハ》ントス。天子ニ非《アラ》ズ、諸侯ニ非ズ、士農工商ニ非ズ、必ズ別ニ存スル物アルヲ。其ノ物トハ何ゾヤ。曰ク習慣是也」（『新日本之青年』）。

　この蘇峰の的確な指摘にみられるように「習慣」がその主権者であった徳川社会では、創造的思考が非常に生まれにくく、形式的な権威が尊ばれた。そして国外、国内を問わず自由な交通は認められず、かつては進取の気象に富み、御朱印船に乗って東南アジアの諸国との貿易に従事していた日本人も、二百五十年の歳月をこの小さな島々に跼蹐《きょくせき》していたのである。この間に、西欧世界では驚くべき進歩、変化がなされたことについてはほとんど知ることなしに——。

　これらの事実をみると、徳川社会のどこに日本を再生させる潜在力が潜んでいたのか、徳川時代は日本の近代への歩みをくいとめる以外の他の何のはたらきもしなかった時代であるという結論になってしまう。和辻《わつじ》博士の『鎖国』などもそういう見地から書かれた本だが、はたしてそうだろうか。右のような見方は間違っているとはいえないが、「半面真理」だと考える。以上述べたこと「にもかかわらず」、徳川時代には、三百年の平和で安定した社会の中に、近代的要素も芽生えていた。

2　徳川時代の潜在的近代性

まず政治の問題に注目しよう。なるほど徳川社会は封建社会であった。しかし徳川幕府の構造を考えてみると、それは鞏固な中央集権的性格をもっていた。気にくわない諸藩にたいしては容易に国替えをおこなうことができた。厳しい場合には、領地を没収したり、領土を半減することさえあった。また諸大名にたいしては、参覲交代《さんきんこうたい》の制度をたて、その家族は江戸に住まわせる（定府《じょうふ》の制）等の政策をとって、藩地における諸大名の勢力の強化を防いだ。こうしたことは、一般に封建社会といわれている社会の政府の権能・権限をはるかに越えるものである。徳川幕府はむしろ、絶対主義的国家の政府に近い性格をもっていたように思われる。いずれにしてもこの時代に公権力が成立したことは注目すべきことであり、古代国家の崩壊後、徳川時代において第二の日本国家が誕生したというべきであろう。そしてこうした公権力の成立があったればこそ、幕末の外圧にさいしても、それほどの混乱がなく、国家の独立を保つことができたのである。

　さらにこの幕府は、将軍の独裁によって統治されることも稀《まれ》にはあったが、幕府政治はおおむね老中たちの合議制によっておこなわれていた。そして老中たちの下に有能な官僚が抜擢《ばってき》され、官僚制の実現をみていた。この点は、諸藩も同様である。こうした制度の下に、武士たちのある者はむしろ官僚的性格を帯びていた。このことが徳川幕府から明治政府における権力の委譲にさいして、行政上の混乱がさしておこらなかったことの、また明治政府の官僚たちが有能であったことの、有力な原因であったであろう。

　さらにまた幕府が異民族の樹立した政府ではなかった、という事実も閑却できない。清朝末期の独立運動と幕末の討幕運動とをくらべてみると、日本がいかに好条件に恵まれていたかがよくわかる。いろいろの経緯があったとはいえ、幕末の討幕運動家たちが国家の分裂を回避するために幕府の開明派と手をつなぎ、将軍もまた政権を天皇に平和裡に委譲したというようなことは、もし幕府が異民族によってうちたてられた政府であったら、とうてい実現できなかったことであろう。中国におけるナショナリズムの運動が異民族政府の打倒に多くの時間と犠牲とをついやしたのにくらべて、鞏固な統一政府をすぐつくることができた日本では、いち早くかずかずの近代化政策を実現することができた。日本よりずっと旧《ふる》い文明の伝統をもち、そして日本より早く西欧文明に接触しながら、中国では四十数年後にやっとそのことが可能な状態になった。そして日本が国をひらき、西欧文明を受容しはじめた十九世紀後半における科学技術文明の発展が飛躍的であったことを思うと、日本は幸運であったといわねばならない。

なお幕府統治下の諸藩のあいだの交通が自由でなかったことは、マイナスだったが、各藩がそれぞれ士気の昂揚や教育の点でつねに競争していたことは大きなプラスであった。徳川社会は、イデオロギー的には競争ということを最も強く否定しながら、現実には競争原理に立脚している一面をもっていた。このことも明治以後の競争原理に立脚する社会の出現を比較的容易ならしめた一原因であろう。また各藩はさながら一国家の観を呈し（幕末まで「国」ということばは、今日の国家という意味にではなく、藩という意味に使用されていた）、そこでは藩主に対する忠誠が説かれたが、これは明治の廃藩置県のあとでは、国家や天皇への忠誠に拡大され、国家統一を容易にした。これらの事柄は、忠誠原理と競争原理の混淆《こんこう》した社会の出現を予想させる。

次に徳川社会の社会構造・経済構造の問題を一瞥《いちべつ》しよう。前にも述べたように、徳川社会は、社会の基礎構造としては封建社会であったけれども、いわば封建制と集権制という性格を異にする二頭の馬によって牽かれる馬車のようなもので、いつかその矛盾を露呈せざるをえない構造を最初からもっていた（この集権制は、社会経済史的観点からいえば、貨幣経済にもとづく、全国的規模の商業組織のことをさす）。経済面における両者の矛盾の激化の根本的原因は、農業経済にもとづく封建制と、貨幣経済にもとづく集権制との相容れがたい性格が、幕藩体制を形成する重要な二つの契機として、徳川社会に内包されていたことにある。

徳川幕府の権力の経済的基礎は、その領地から産出する約四二〇万石の米であった（旗本の領地は除く）。だが長い戦乱を停止し、平和と安定を現出させるために、家康が武士を知行地から離れさせて城下町に集め、さらに諸侯の力を殺《そ》ぐために定府や参覲交代の制をつくって、江戸を全国の城下町としたことは、家康の思いもかけなかった結果をもたらした。すなわちかつて生産者でもあった武士はいまや消費者となり、そして彼らの消費する富によって、いつのまにか全国的規模の商業組織がつくられ、政治権力や軍事の面では支配者であった武士階級は、経済的には所をかえて完全に被支配者の立場におちいってしまったのである。

武士たちの経済的窮乏――それはやがて彼らの権力の基礎を奪うことになるのだが――の原因が何であるかを最もいち早く察知したのは、荻生徂徠《おぎゅうそらい》の炯眼《けいがん》であった。彼は、武士たちがそれぞれの知行地に帰り、みずから生産者となって自給自足の生活を送り、商業資本の網の目をまぬがれる以外に解決の方法はないと考えた。これは当時とすればあまりに放胆な提言であったので、為政者たちはとうていそのまま採用する勇気をもち合わさなかった。享保・寛政・天保の三大改革の実施者たちの考えたことは、せいぜい節約策を施《し》くことによって商業資本の圧力を少なくすることくらいであった。そして現実には、商業資本の発展に即応して、武士の社会の経済政策はすすめられていった。この線を最も強くおしすすめた海保青陵《かいほせいりょう》では、武士の主従関係も売買の関係によって説明され、武士は商行為から超然たる存在である、という偏見を除く以外に問題の解決法はない、とされるにいたった。われわれは青陵の考えを通じて徳川社会における商品経済の発展が、それを認めなくては武士社会を存立させないところにまでいたっていた事情を知ることができる。こうなれば明治維新はもう紙一重ではないか。

右に述べたような政治や経済における近代への傾斜とならんで注目すべきは、教育における近代化の準備である。この問題は儒教の受容と奨励との関連において把《とら》えられねばならない。

徳川時代の儒教は、身分社会を基礎づける倫理としても機能したけれども、それに劣らない重要な役割は、世俗社会の倫理として当時の日本人の知的啓蒙をおこなったことである。儒教合理主義の知的洗礼を受けた日本人は、もはや迷信も中世的世界観も信じなかった。そして、戦乱の社会で知的教養を充分身につけられなかった日本人は、儒教の学習を通じて文字を解し、中国に由来する高度な知的文化を理解し、享受する民と変わっていった。そしてただ一握りの五山の僧が中国の学問と芸術を理解した徳川時代の初期にくらべると、一八七一年（明治四年）に藩が廃止される直前には、全国には二七八の藩校が設立されるにいたるという大変な変化が生じている。

武士の教養の上に変化が生じただけではない。都市の町人の過半数、ならびに中流以上の農民の大多数がなんらかの仕方で文字を解する民となり、寺子屋教育の普及率は男児に関しては約四〇パーセントと推定されている。当時の出版物の普及は相当なものであった。イギリスのすぐれた日本研究家R・ドーア教授が指摘するように、「当時の社会は既に文字なしでは能率的な活動ができない段階に達していたのである」（R・ドーア『江戸時代の教育』）。商業活動を旺盛にするための手段として、郵便飛脚の制度は充分に発達していたし、官僚機構を支えるための文書制度も確立していた。近代国家制度を樹立するための基礎的な知的準備は、徳川時代のあいだにできあがっていたといえよう。

3　日本近代化への視点

こうしてみると、徳川時代は「封建的・近代的」という二重の原理から成りたった時代であったといえる。そしてこの二重の原理が、明治以後、西欧文明を受容して独自の近代化をとげていった明治の日本にかたちを変えて生きている。善きにつけ、悪しきにつけ、徳川時代は、明治以後の、少なくとも明治時代の、日本の近代化の前提となる時代であった。逆にいえば、徳川時代は一つの完結した時代としてその独自性をもつとともに、少なくとも明治時代に連続する面をも含んでいる。

わたしの日本の近代化についての基本的考えを一言にしていうならば、精神分析学者のいわゆる ambivalence《アンビヴァレンス》（愛憎並存）ということにつきる。わたしは、日本の近代化が迅速であったことの単純な賛美者でもない。また日本の近代化がいかに罪悪にみちているかの一面的な告発者でもない。わたしは日本の近代化がそれらの二つの側面をもっていることを認める。そしてその二つの側面が、いわば楯《たて》の両面として、有機的な構造関連をなしているのではないかと思う。この構造の解明がおそらく日本の近代化研究の根本テーマをなすものであろう。このことの解明なくしては、今日の、あるいは将来の、われわれの問題も解決への糸口をみつけることは困難だと思う。そしてわたしは、この日本の近代化の「愛憎並存」は、日本が徳川時代を通過したことによって生じたと考えるのである。

近代日本を把握する場合に、明治初頭から、もしくは幕末維新期から始めるのが普通であろう。しかしわたしは右に述べたような理由で、徳川時代をも考察の対象として含めながら、近代の日本を理解するという視座をとりたいと思う。したがってこの小史では、徳川思想の独自性を明らかにするとともに、それが明治以後の近代日本とどのようにつながるのか、ということにもあわせて注目したい。本書ではとくに、徳川時代における潜在的近代性の傾向が顕著にあらわれる中期以後の叙述に力を入れた。本書は、将来、徳川日本と明治日本との連続・非連続の関係を構造的に把握し、そのことを通じて日本の近代化の

「愛憎並存」の構造を明らかにしようと思っているわたしの、その作業を果たすためのささやかな準備の見取り図である。

第一章　朱子学とその受容

1　徳川時代の政治と宗教

徳川家康における儒教採用の問題は、政治と宗教との関係の問題の一環として考えられねばならない。この問題について家康のとった基本的態度は、政治の絶対化とその範囲内における宗教の許容、ということである。そして儒教は、世俗社会における道徳として、この政治の絶対化の方向を促進し、それをたすけるものとして受容された。

儒教受容の問題にはいる前に、まずその前史として宗教にたいする家康らの態度の検討から始めたい。

まず仏教の問題から考えてみる。家康、ならびに幕府の対仏教政策は複雑巧妙である。家康は若い頃、その領地でおこった一向一揆に苦しめられたにがい経験をもち、また石山本願寺にほとほと手をやいた信長を観察し、宗教勢力を正面から敵にまわすことは政治家としては賢明でないという考えをもつようになった。そこで彼は、門徒制度などによって仏教を経済的に保護しつつ、他宗にたいする伝道の自由を認めないという方法で宗教的生命を奪った。また本寺、末寺の関係を厳しく統制して、教団支配を容易にし、他方また朝廷と仏教教団との関係を断ちきって、朝廷の勢力を間接的に弱めた。

この経緯においてとくに重要な歴史的意味をもつのは、第一に真宗教団における宗教的生命の弱化と、第二に政治権力に徹底的に妥協しなかった日蓮《にちれん》宗の不受不施《ふじゅふせ》派の弾圧であろう。真宗はすでに覚如《かくにょ》以来、その教団としての性格を変えてはいたけれども、自分は弟子一人ももたない、すべてが御同行であり、御同朋であるとする親鸞《しんらん》の教えは、封建的支配関係からなる社会構造への批判的契機を潜在的にはその後ももちつづけていたのであり、その社会的勢力を考えると、この教団の政治権力との妥協、無力化は、重要な社会的力となるべき日本型プロテスタンティズムがその可能性を少なからず奪われたものといえよう。

第二の不受不施派は、法華経の信者ではない者には施しをさせず、またその施しも受けない、という日蓮の教えを最も厳しく受けついだ日蓮宗の僧日奥《にちおう》の一派である。秀吉から大仏供養の案内を受けたとき、彼は最後まで妥協せず、対馬《つしま》に流されたが、彼はその死にいたるまでついに屈することがなかった。このさい彼が秀吉の「たとへ祖師の法度たりとも、公儀より仰付《おほせつ》けられた儀は格別なれば、国家の祈禱《きたう》と同じく心得べし」という「公儀」「国家」を絶対視する考え方にたいして、信仰の立場から「祖師の法度」をあくまで譲らなかったことは、わが国には稀な例としてとくに注目に値する。

ではキリスト教にたいする態度はどうであったか。キリスト教にたいする迫害、ないし禁教の動きは秀吉に始まる。家康の対キリスト教政策もほぼこれを踏襲するものであって、海外貿易の利はおさめ、キリスト教は禁ずるというものであった。家康のブレーンの僧崇《すう》伝《でん》のしるした一六一三年（慶長十八年）のキリシタン禁令が禁教の理由としてあげたのは、(1)キリスト教は侵略的植民政策の手先である、(2)在来の神仏にたいする信仰を誹謗《ひぼう》する、(3)人倫の常道をそこなう、(4)日本の法秩序を守らない、ということであって、秀吉の禁教の理由と基本的には同じであった。スペイン船の水先案内から洩れた情報にもとづいて秀吉は禁教政策をとった。だが彼は本当はスペインの侵略をおそれていたのでなく、それを口実として利用したにすぎない。この場合もそれと同じだろう。だとすれば国内秩序の維持ということが禁教の最大の理由であり、この点ではキリスト教は一向宗以上に怖るべき宗教勢力とみなされていたのである。

その後島原の乱がおこり、キリスト教は少数の隠れキリシタンを除いてほぼ完全に弾圧された。もう政治権力に対抗しうる宗教はなかった。またこの乱以後、仏教の諸寺院が戸籍係の役目をして、政治権力の末端組織の役割を果たすようになってからは、仏教の無力化は目にあまるものとなり、表面の繁栄のうちに仏教はその宗教的生命を失っていった。

このことはどう評価されるべきか。近代化の迅速さという観点からは、宗教戦争の可能性がなくなったこと、あるいは宗教が政治や学問を妨害することがなくなった、等の利点もあげられよう。しかし宗教のもつ政治を批判し浄化する可能性が消え、この宗教の無力は、明治憲法起草当時の伊藤博文《いとうひろぶみ》の「起案ノ大綱」にみられるように、天皇制設立の間接の原因となっていることも見逃せない。すなわち伊藤はヨーロッパの憲法政治を精神的に支える機軸としてのキリスト教に注目するとともに「我国ニ在《アリ》テハ宗教ナル者、其《ソノ》力微弱ニシテ、一モ国家ノ機軸タルベキモノナシ」として、宗教の代替物を皇室に求め、天皇の大権を普通の立憲君主国家における君権では考えられないほど強化し、いわば天皇制の擬似宗教化をはかった。

江戸時代の宗教、とくにその代表ともいうべき仏教には、白隠《はくいん》、盤珪《ばんけい》のような禅の高僧、真宗の妙好人《みょうこうにん》のようなすぐれた宗教的人間もいたが、社会史的にみた場合、その積極的意味においてよりも、それが無力であったという消極面においてその歴史的意味をもつといってよいであろう。

2　儒教の受容

われわれはここで儒教受容の問題にふれるところにきたように思う。幕府創設によっておこった新しい事態を最もよく洞察したのは家康であった。『徳川実紀』にはこう書かれている。

またく馬上をもて天下を得たまひしこと、もとより生知神聖の御性質なれば、馬上をもて治むべからずの道理をとくより御会得ましまして、常に聖賢の道を御尊信ありて、おほよそ天下国家を治め人の人たる道を行はんとならば、この外に道あるべからずとありて、御治世のはじめよりしばしば文道の御世話共ありける。

家康が儒教に魅かれたのは、おそらく、(1)儒教には仏教にない世俗倫理があり、(2)しかもその世俗倫理は、周時代の封建制度をモデルとしてつくられたものであって、「器量」よりも「譜代」を支配原理とする彼の政策に見合うものであったことによるものであろう[1]。つまり家康はその軍事的・政治的支配をおぎなうものとして、儒教による秩序の維持を期待したのである。信仰のパトスに燃え、ほんらい平等な人間関係・社会関係の樹立をめざす宗教は、彼の統治原理には合わなかったのである。

ちょうどその頃、一人の禅僧が仏教から儒教へと、自己の生の原理を模索しつつあった。それは歌人定家《ていか》十二世の孫、藤原惺窩《ふじわらせいか》（一五六一―一六一九）である。戦乱によって父および家兄を失った彼は、京都の相国寺《しょうこくじ》にはいって学僧となり、そこで儒教の経典に接する。そして仏教にない儒教の社会倫理（人倫）に魅かれ、仏教から儒教へと移っていった。彼は、博識という点では弟子の羅山《らざん》に及ばなかったけれども、人間としての大きさや高邁《こうまい》さの点でははるかにまさっていた。彼には、秀吉のことを「小国の一小人のみ」と言いきる強さがあり、家康に招かれたあとでも「関八州に限らず、この日本六十余州の山川の美はすべてわが所有である。われは、威武にも富貴にも屈従することのない巍然《ぎぜん》たるわれである」という心意気を示している。

彼は、徳川時代における朱子学の創始者である弟子の林《はやし》羅山（一五八三―一六五七）と、次の二点において異なっている。第一は、羅山があくまで朱子学を正統として他を排したのにたいして、惺窩は外界の理を究め、規範的倫理を重要視する朱子学だけでなく、心のあり方を重んずる陸王（陸象山《りくしょうざん》と王陽明《おうようめい》）の学を共に認める。彼が受容したのは新儒教（漢・唐の訓詁学（くんこ）を主とする旧儒学にたいする宋・明の思想を重んずる儒教）であって、朱子学だけではなかった。第二の相違は、羅山が個別主義者――とくに上下の身分関係を先天的なものとする個別主義者であったのにたいして、惺窩はあくまで普遍主義者であった。次の文章に示された二人の理の解釈の相違は、右に述べたことをよく例証する。

理の在るや天の幬《おほ》はざる無きが如く、地の載せざる無きに似たり。此の邦亦《またしか》然り。朝鮮亦然り。安南亦然り。中国亦然り。東海の東、西海の西、此の言合ひ此の理同じ也。南北亦然《し》かの若《ごと》し。是れ豈《あに》至公至大至正至明に非ずや。若し之を私する者有らば我信ぜざる也。（惺窩）

鳶《とび》飛び魚躍り道其の中に在り。蓋《けだ》し上下分を定めて、君、君の道有り。父、父の道有り。臣と為りて忠、子と為りて孝、其の尊卑貴賤の位、古今乱るべからず。之を上下察《つまびら》かなりと謂ふ也。鳥魚の微小を挙げて、天地万物の理、此に具《そな》はる。(羅山)

ここには決定的なちがいが出ている。惺窩は大きな社会変動のうちに人々の眼がようやく海外に向かってひらかれた安土・桃山時代の子であった。人間の中にある無限の可能性に関心をいだき、閉ざされた社会における秩序の維持にではなく、国際社会の平等性に関心をいだく時代の子であった。それにたいして弟子の羅山は長い戦乱の時がすぎ、社会に秩序と安定がもたらされた時代の子であり、そしてみずから幕府に仕えては、社会に秩序をもたらす役割を果たした人である。しかもその秩序は平等の秩序ではなく、上下の差別の秩序である。徳川時代の儒教思想の歴史は、朱子学者林羅山から始まったといえよう。

3　朱子学とは何か

徳川社会に最も適合するものとして採用されたのが、儒教なかんずく朱子学であった。この朱子学はどのような教えなのか、そしてまたそれは日本社会にどのような仕方で受けいれられ、どのような機能を果したのか。

朱子学はあまりにも完成された思想体系なので、朱子以後、中国でも朝鮮でも、また日本でもそれが独創的に発展したようには思えない。ただ朱子学の教えのある面がとくに強調されて、中国における場合とは異なった機能を果たしたことは大いにあり得るところであって、事実、その点に日本の朱子学の特徴があるといってよいかもしれない。したがって朱子学とは何かということを検討するには、朱熹《しゅき》（朱子）（一一三〇―一二〇〇）によって完成された思想体系をみてみるのが最も内容にふさわしいやり方であろう。

朱子学は周濂渓《しゅうれんけい》（一〇一七―七三）、程明道《ていめいどう》（一〇三二―八五）、程伊川《ていいせん》（一〇三三―一一〇七）、朱熹らの宋時代の思想家たちの努力によって形成された新儒教で、宋学とも呼ばれる。それは宇宙論（宇宙生成論）、人性論、実践哲学を一貫した原理によって説明しようとした、きわめてスケールの大きな整然とした思想体系で、中国人の思索能力と構想力の可能性を示す思想といえよう。それはそのスケールの大きさ、綜合性、またその果たした機能の点で、西洋でいえばトマス・アクイナス（一二二五―七四）の哲学に類比されよう。

ところでなぜ宋時代にこのような新儒教と呼ばれる思想体系がつくられたのか。儒教は中国人の生活の中から形成された思想であり、中国人の生活の智恵の思想的表現ともいうべきものであるが、宋時代にはいった頃には、必ずしも最も有力な思想とはいえなかった。というのは秦の始皇帝《しこうてい》によって多くの儒書が焚かれたので、漢以後の儒教は文献学的研究、注釈の学が主となり、その思想的生命は弱くなっていた。とくに仏教が伝わり、南北朝や隋唐の天子によって篤《あつ》く保護されるようになると、仏教の比重はしだいに重くなる。仏教には、儒教の方で問うことを避けた死や実存という人間の究極的問題への直視がある。また中国に伝わり中国で発展した大乗仏教には、儒教になかった体系性もある。宋学の勃興以前の中国において最も有力であった仏教は華厳《けごん》宗と禅宗であったといわれるが、そこには理論の壮大さ、思弁の精密さ、あるいは実存的・実践的契機の躍動という点で、沈滞した儒教の及びもつかない面があった。中国の土着的思想である儒教が生命をよみがえらせるためには、このような仏教と対決し、仏教の中にある彼岸性や脱俗性を否定しながらも、そのよさをみずからのうちに吸収しつつ、仏教とは異なる仕方で、理論性、体系性と実践性をあわせもつ思想にみずからをしあげる必要があった。

このように自国の伝統によみがえりを与える運動は、漢民族のおかれた政治的状況となんらかの関係があったと考えられる。すなわち当時の宋は北方の異民族、「遼」「金」や決定的には「元」から侵されつつあった時代であり、また内部からそうした外部勢力と手をつなごうとした政治勢力が出現した時代であった。こうした状況の中で彼らの民族意識は、直接には名分論・華夷《かい》意識という仕方で結晶されるが、朱子学の思想体系の成立それ自体が、意識の奥深いところではたらいている漢民族の民族意識を示すものといえよう。なお宋時代における商業資本の勃興、またこの有産階級の中から士大夫《したいふ》と呼ばれる知的・政治的指導者階級が出てきたことも、宋学の成立と関係をもつと考えられる。

さてこのような背景の下に成立した朱子学は、どのような内容をもつのか。まずその宇宙論や宇宙生成論は、周濂渓によって唱えられ、朱熹によって洗練された。周濂渓の説は『太極図説』という短いエッセイに示されているが、これは従来からある陰陽の考え方や五行説を新たな角度から再編成したものである。彼の考えにしたがえば、宇宙の始源は太極と呼ばれる混沌とした状態であるが、この太極は有であるとともにまた無であるから無極とも呼ばれる。この太極は限りない回転をつづけて陰陽を生ずる。そしてこの陰と陽とは木・火・土・金・水の五行と結びつき、さまざまのものを生じる。そのうち、最も精なるものが人間であり、粗なる度が強くなるにしたがって動物、一般の生物、無生物となっていく。これは一種の唯物論的な宇宙生成論といえよう。

朱熹はこの『太極図説』の中の太極＝無極を理ということばでおきかえる。理はいっさいの存在するものを存在せしめる根拠であるとともに、存在の始源である。このように理は超越的性格をもつとともに、万物（気）に内在する。朱熹にしたがえば万物はみなこの理と気とからなる。この理は気の存在を前提とする面をもっているが、理と気との存在論的関係は、理が気の根拠であるから、理先気後の関係にあるといえよう。この面からみれば、朱子学は一種の観念論である。

朱子学ではさらに、理と気とによって人間性の問題をも説明する。それにしたがえば、理は人間に宿ると、性《せい》すなわち「本然《ほんぜん》の性」となる。そしてこの本然の性において人はみな等しく絶対的に善である。「人はみな聖人たるべし」と朱子学では説く。ところで現実の人間には、善人もいれば悪人もいる。こうしたちがいは、気が人間性に賦与されることによって生じた「気質の性」にもとづくとされる。朱子学では気質の性には清明混濁の差があり、聖人とは気質の性が透明で、本然の性を残すところなく実現した人のことであり、凡人とは気質の性が不透明で、その本然の性がくもらされている人のことをいう。この濁った気質の性を清めさえすれば、何人《なんぴと》といえども聖人になれる、というのが朱子学の基本的信条であった。

ところがどうすればわれわれは自己の濁った気質を清めることができるのであろうか。それには主観的方法と客観的方法の二つがある。前者は狭義の修養をさし、「存心持敬」とか「守静居敬」とかいうことばでいいあらわされる心を集中し、感情の激動を抑える内省の道である。ここには禅の影響を認めうるであろう。

後者は『大学』にいう格物致知《かくぶつちち》の方法である。それはわれわれが事々物々の理を究めていくことによって、自分の心の知を究め、自分の心の知を完全にすることができる、という考え方である。自分の心だけをみつめるのでなく、事物の理を究めることを通じて心を明らかにしていこうとする態度に、陽明学とも仏教ともちがう朱子学の特色がある。

しかし外界の事物の理の認識が、心のあり方と結びついていることを説く点において、それは西洋の近代認識論とも異なる。朱子学では格物致知を説くとともに、意を誠にし、心を正しくすること（誠意・正心《せいしん》）を説き、心のあり方を重視する。しかもこの心のあり方はそれだけにとどまらず、修身・斉家《せいか》・治国・平天下《へいてんか》と、同心円的に外界に拡がっていくべきものとされる。このようにして認識の問題は実践倫理の問題とつらなるとされ、個人の修養や心術のあり方が、治国・平天下という政治の問題にもつらなる、とされる。

ここにいう格物・致知・誠意・正心・修身・斉家・治国・平天下は、『大学』の八条目に由来するものであるが、これは見方を変えれば、明徳を明らかにする、民を新たにする、至善に止まる、という三綱領に帰する。朱子学の教えの対象たる為政者は、自己の本性としての明徳を明らかにし、次にこれにもとづいて社会の革新をはからねばならないが、それには、人としてなすべきことをなさねばならない。この基本的三綱領を実現する具体的手つづきがさきに述べた八条目である。

以上は朱子学の骨組みである。なお付け加えねばならないのは朱子学の歴史観であろう。朱子学の道徳哲学・政治哲学が『大学』『中庸』『論語』『孟子』の四書に由来するとすれば、その歴史観は『春秋』に由来する。朱熹の歴史観は彼が司馬光《しばこう》の『資治通鑑《しじつがん》』を自分の春秋的歴史観の立場から要約し、再構成した『資治通鑑綱目《こうもく》』に展開されているが、それは要するに、歴史によって君臣の義、いわゆる名分を教えようとするもので、それはニーチェ（一八四四―一九〇〇）のいう批判的歴史の典型ともいえる。

朱子学の道徳哲学を一言にしていえば、仁を中核にする教学ということになるであろうが、歴史観は義を明らかにしようとするものであって、朱子学は仁義を講明しようとする学問である、と要約することができよう。ところでこの仁義ということは中国の伝統的民族道徳であり、その点では何も目新しいものではないが、民族の政治的・精神的危機にさいして、多くの思想家たちが思索に思索を重ね、古き皮嚢《ひのう》に新しい酒を盛ったのが宋学であり、その集大成者が朱熹であったのである。

4　朱子学の受容

朱子学の影響

ところで朱子学はどのように受けとられたか。朱子学の受容が当時の日本社会にあたえた影響としてまず第一にあげられねばならない点は、朱子学が日本社会の世俗化に寄与し、社会の要求に応じて人倫を教えたということである。藤原惺窩も林羅山も、共に朱子学を学ぶことによって五山の僧をやめて還俗《げんぞく》した人たちであった。彼らは朱子学にふれて、いままで仏教においてみたされなかったものがみたされるような思いをした。時代はまさに中世的憂き世から浮き世に転ずるときであり、社会は長い動乱期を終えて秩序と安定を求めていた。この時代に生きた彼らはおのずから朱子学の世俗的・人倫的性格に魅かれたのである。

しかし問題はその人倫の内容である。この人倫の教えの中核となるものは「仁義」の教えであり、それは徳川の日本人の心を磨くのに大いに役立ったが、この道徳の教義は社会思想としてどのように展開したのであろうか。

朱子学が徳川時代のはじめに林羅山によって受容されたとき、朱子学の理は「上下定分の理」すなわち、上下の身分関係を基礎づけるイデオロギーとして理解された。前に述べたように、羅山は人間の上下の身分的差別は、あたかも天地間の上下の差別のように、ア・プリオリのものとする。この結果、羅山においてはせっかく世俗的・人倫的性格をうち出しながら、それは人々に自己の社会的運命にたいする諦《あきら》めを説く教義となってしまった。「若シ生レツカヌ富貴ヲネガヒ、生レツカヌ寿命ヲネガヒナンドスルハ、ネガフベキ理ニアラズ。……ナラヌネガヒヲクワダテ、カナハヌノゾミヲナスハ、悪人愚人ノワザナルユヘニ、アラヌ事ヲモイカケテ僻事《ヒガゴト》ヲシ罪ヲツクリテ、ソノハテハ身ヲホロボスナリ。是ネガフマジキ道理ナル故ナリ」（「三徳抄」）ということばは、このことを例証するであろう。

　このように、社会の上下の差別や自分の生まれた身分を先天的なものとして受けとり、その中における自己の分に安んずるという性格を、日本の朱子学の人倫道徳はとくにもっていた。これが第二の点である。

　しかし朱子学の果たした役割はそれにつきない。第三に、われわれは朱子学に説く「修身斉家治国平天下」の教えが、武士にたいして公的世界への責任感をひきおこしたことの意義を見落としてはならないと思う。天下国家を論じ、国家のために奔走した明治青年の原型は、この朱子学によってつくられたといってよい。日本の近代化が、その出発点において、武士の後裔たるエリートたちの国家への責任感によって推進されたことを思えば、朱子学が、第二の封建的身分秩序の擁護とはちがった役割をも果したことを認めざるをえない。

第四の点は、朱子学の尊王論への影響である。日本朱子学派の一派である崎門《きもん》学派（山《やま》崎闇斎《ざきあんさい》やその門弟の浅見絅斎《あさみけいさい》らの一派）では、とくに名分論を強調する。この論によれば、幕府の権力はとくに天皇の裁可によって正当とされる。この考え方は、権力で支配者の地位をかちとった幕府の地位を存続するために、天皇の裁可によってその地位を権威化しようとする幕府の政策に見合っている面もあるわけで、必ずしもただちに討幕という方向への傾斜をもつものともいえない。だからこそ御三家の一つである水戸藩の中にもこの思想は受けいれられたのである。しかし幕末になって外交問題が重大になった段階において、尊王論は攘夷論に結びつき、そして幕府が攘夷という政治責任を果たしていないということが明らかになると、この尊王論は討幕論に転化してしまう。ここに歴史のアイロニーがある。いかに賢明で遠謀深慮の家康でも、儒教の保護に思いいたったとき、こうした事態がおころうとは夢にも思わなかったにちがいない。

第五の点は、朱子学のもつ合理的側面の徳川社会にあたえた影響である。朱子学の合理性は思弁的性格をもち、古学派の人々、とくに荻生徂徠によってその面を批判された。しかし日本の朱子学は、朱子学の「一草一木一昆虫の微に至るまで、各《おのおの》亦理有り」（『朱子語類』）という他の経験的側面、すなわち「物に在る理」を究める経験的・合理主義的思惟を発展させた。これが貝原益軒《かいばらえきけん》における本草学《ほんぞうがく》（『大和本草』）、宮崎安貞《みやざきやすさだ》による農学研究（『農業全書』）の動力となり、そして中期以後は山片蟠桃《やまがたばんとう》、佐久間象山《さくましょうざん》にみられるように、西洋の自然科学受容の母胎となった。この考え方の哲学的不備の克服は、明治初頭の西《にし》周《あまね》（一八二九―九七）までもちこされたけれども、それはともかくとして、この側面は儒教の近代化への寄与という点において非常に重要である。(2)

第六は、幕末維新の時期に、朱子学の理がいわば自然法的役割を果たして、西洋の国家平等の思想を受容する基盤をなしたことである。(3)ここにおいて朱子学の理は、林羅山的解釈を越えて、藤原惺窩的世界に回帰したといえる。

以上が朱子学の徳川社会において果たした役割の概要である。従来はこれらのうちの第一、第二、とくに第二の身分社会の基礎づけの面だけが強調されたが、その他の面もこのさい再評価すべきだとわたしは考える。日本の朱子学の果たした役割は封建教学の面にはつきないのである。

朱子学はなぜ社会的勢力があったか

さて朱子学派は徳川時代において最も勢力のあった学派であるが、それにはそれ相当の理由がなければならない。おそらく幕府の保護、とくに寛政の異学の禁以後のその正統化、ということが最も大きな理由としてあげられるであろうが、このような政治的理由だけでは、ある学問なり思想が長期にわたって一つの社会的勢力としての地位を保つことはできないと思う。だとすれば朱子学の学問、思想的立場にその内在的理由を求められねばならない。それには朱子学の基本的立場が封建体制によくマッチしたことがすぐに大きな理由として考えられるが、そのほかに、朱子学における理論と実践とをあわせ考えようとする態度が、多くの穏健な士人をして朱子学に踏みとどまらせた究極の理由ではなかろうか。陽明学には後述するように朱子学にない主体的・実践的契機がある。しかしそれは客観的認識への志向に欠ける。また日本人の生み出した独創的な思想体系である古学には、人間性の理解、実証的な文献批判の点で、朱子学にない近代性がある。しかしそれとともに、その頂点ともいうべき徂徠学派などにみられるように、知的関心を強調するあまりに道徳的方面においてルーズな人が多かった。またそれがヒューマニティズの学問として自己を限定したために、窮理の側面を切り落とさざるをえなかった。陽明学や古学にひかれながら、これらの学問が理論と実践の問題に関してそれらが一面的であるという理由で、その両面をあわせ生かそうとする朱子学に落ち着いた人が案外に多かったようである。

われわれはもちろん、朱子学における理論と実践の統合の仕方に満足するわけにはいかない。第一にその理論の追究の仕方を考えても、外界の事物に存する理を究めるという態度自身は非常に高く評価すべきであるが、その態度は中途半端で、大半の儒者にとって格物致知の内容は聖賢の書に存する理を究めるということに落ち着いてしまっている。しかもその聖賢の書については文献批判的手つづきをへることなしに、現存テキストを正しいものと無批判に信じ込んで研究するという誤謬《ごびゅう》を犯している。おそらくこうした間違いの根本は、朱子学に説く理が思弁的性格のものであったからであろう。伊藤仁斎《いとうじんさい》以下の古学派の成立は当然のことであった。

また実践面をみても、それが現実肯定的であり、現実の根本的変革という点では朱子学に期待できないことはあらためていうまでもない。また朱子学は寂静主義として批判されているように、その実践面においてはダイナミックな性格に欠ける憾《うら》みがある。すなわち朱子学では実践ということをいいながら、ブッキッシュに傾きやすい面があり、幕末の変革期に多くの志士たちが事上磨錬《じじょうまれん》を説く陽明学によって、その心を練ったということもよくうなずける。

このようにして朱子学は、その理論面、実践面のいずれにおいても克服されるべき点を含んでおり、朱子学における理論と実践の統合の仕方がそれ自体としては肯定されないことはあらためていうまでもないが、しかしこの理論と実践の両面は、それぞれの契機を充分に生かしつつ、なんらかの仕方で統合されるべき問題であり、このような志向をもつ点に、朱子学のメリットも、また多くの人々がそれにひかれた理由もあったように思われる。

ところで朱子学派はこのように社会的勢力としては最も大きな学派であり、藤原惺窩、その弟子の林羅山、ならびに林家の人々、京学派の一人で教育者としてとくにすぐれた木下順庵《きのしたじゅんあん》（一六二一—九八）、順庵の弟子の新井白石《あらいはくせき》（一六五七—一七二五）、室鳩巣《むろきゅうそう》（一六五八—一七三四）、雨森芳洲《あめのもりほうしゅう》（一六六八—一七五五）ら、あるいは山崎闇斎（一六一八—八二）、その門弟の浅見絅斎（一六五二—一七一一）、佐藤直方《さとうなおかた》（一六五〇—一七一九）、三宅尚斎《みやけしょうさい》（一六六二—一七四一）らの崎門学派、およびその学派の影響を受けた水戸学派、また社会教育家、本草学者としてユニークな地位を占める貝原益軒（一六三〇—一七一四）、あるいは『中庸』解釈に新機軸を出し、荻生徂徠の批判者でもあった中井竹山《なかいちくざん》（一七三〇—一八〇四）、履軒《りけん》（一七三二—一八一七）の両兄弟、その弟子の山片蟠桃、くだっては寛政の三博士（古賀精里《こがせいり》、柴野栗山《しばのりつざん》、尾藤二洲《びとうじしゅう》）、幕末の佐久間象山、等々、朱子学派に属する人々は、徳川の全期にわたって相当の数に上っている。とくに寛政の異学の禁以後、昌平黌《しょうへいこう》や各藩においては朱子学が正統的学問とされたから、それらの学校で朱子学を学び、あるいは教えた有名無名の人の数は厖大《ぼうだい》なものであった。しかし思想としてみると、朱子学の人々は独創性に乏しく、徳川時代を通じて朱子学の思想体系の上で大きな発展があったと

は思われない。この点、井上哲次郎《いのうえてつじろう》が、

> 朱子学派は其中に尚ほ幾多の分派あるに拘《かかは》らず、洵《まこと》に単調なり「ホモヂニオス」なり、朱子の学説を叙述若し〔くは〕敷衍《ふえん》するの外《ほか》復《ま》たなす所なきなり、若し大胆に朱子の学説を批評し、若しくは其れ以外に自己の創見を開くが如き態度に出づとせば、最早朱子学派の人にあらざるなり。（『日本朱子学派之哲学』）

といっているのは肯綮《こうけい》を得ている。

　朱子の学説は、その基本的立場を認める限り、あまりにも完成の極みへ達していた。したがって王陽明や、それとはちがった立場でわが国の伊藤仁斎がやったように、その立場自体を変更しない限りは、思想の飛躍的発展はほとんど不可能であったといえるであろう。

　朱子学派の性格がこのような思想家のすべてをとりあげる必要はないと思われるので、ここではわれわれの主題に関連のある人々だけ、その思想の内容やその果たした役割を検討することにしたい（ここでは述べないで、のちにちがった局面でとりあげる人々もあることをお断わりしておきたい）。

5　朱子学派の人々

日本朱子学の出発点林羅山

日本で最初の自覚的朱子学者は、前章で述べたように藤原惺窩ではなく、林羅山である。彼は師の惺窩が儒教の諸学派にたいして包容的な態度をとっていたのにたいして、弁別的態度をとり、朱子学だけを正しい教えとして陸象山の学問も、王陽明の学問をも排斥《はいせき》した。日本朱子学の草創期にある彼に、われわれはまだ思想の深さを期待することはできない。それはともかく儒者としての彼は二つの側面をもっている。第一は、道学者の側面であり、第二は、学問の愛好家、博識の士としての側面である。

彼は朱子学の伝統にしたがって「敬ハ一心ノ主宰ニシテ万事ノ根本ナリ」（『羅山先生文集』）と考え、「心ノ中ニアル五情七情ヲヨクオサメタダシクシテ外ノ形ニアラハルル視聴言動ヲツツシム」（「三徳抄」）ことを学問の課題とし、修養方法として「身ノアカヲアライキヨムル如ク、ケフモ湯アビ、アスモ湯アビ、毎日ヲモテヲ洗ヒ、手水ヲツカフゴトクニ、心ノセンダクヲスル」（同上）ことを提唱している。すなわち彼の説く世俗倫理の内容はリゴリスティックなものであった。

羅山が陸王の学を拒否したのは、それらが格物窮理という客観的な事物の認識の手つづきをへないで、直接に心をつちかおうとするところにあった。しかし彼のいう事物の理は、一草一木という自然的世界における物の理ではなく、「文」または「文章」である。ここに彼のいう「文章」とは道徳の外面化されたものである。たとえば堯《ぎょう》の文章は礼楽《れいがく》制度であり、孔子《こうし》の文章は威儀文詞である。したがって羅山は詩文を学び、儀礼を学ぶことこそ道を学ぶことと考えた。

道学者羅山は、大いに気負うところがあり、仏教を「虚」なるものと批判し、また上下の身分的秩序を先天的なものとして基礎づけたが、道学者としての側面は、家康によっては評価されなかった形跡がある。彼が幕府によって重用されたのは博識の士としての側面であり、いわば内閣書記官長として幕府草創の時期に古事をしらべたり、文書を起草したりする仕事の責任を果たした。われわれはとかくわれわれ自身について自分のもっているイメージと他者の評価とのあいだにくいちがいをおこしがちだが、彼もそういう人物の一人だったらしい。しかし厖大な図書の蒐集《しゅうしゅう》や多くの経典に訓点を施す作業等の基礎的仕事をして、その後の儒学発展の道をきりひらいた彼の功績は見逃せない。

山崎闇斎の人と学問

林家の博識を尊ぶ学風は二代目の鵞峯《がほう》においてますます強められた。家光の治政の時期に幕政の基礎はほぼ定まる。人心風俗がようやく新たな方向への胎動を始め、その新しい傾向は一部の保守的な人々にある危険な感じをもって受けとられ、博識の学よりも、強い信念の表白を心の支えとして期待していたとき、彼らの期待に副《そ》うような儒者が出現した。それは山崎闇斎（一六一八―八二）である。

闇斎は京都の鍼医の子として生まれた。賢くはあったけれども親の手に負えない乱暴者であったので、七歳で比叡山に入れられ、十五歳のとき妙心寺に移ったが、仏教の教えに容易に服そうとしない。しかしこの少年に見どころのあることをみた土佐の一公子は彼を土佐の吸江寺《ぎゅうこうじ》に送り、ゆくゆくは五山文学の義堂《ぎどう》、絶海《ぜっかい》も出たこの由緒ある寺の住職にしようと思っていた。ところが闇斎は、この地で小倉三省《おぐらさんせい》、野中兼山《のなかけんざん》等のすぐれた武士に交わり、彼らの紹介で土佐南学の系譜をひく谷時中《たにじちゅう》に学び、ついに朱子学に服した。そして二十九歳の折には還俗の志をもつにいたったが、土佐侯に許されず、国外追放の処分を受けて正保三年（一六四六年）京都に帰り、蓄髪して儒者となった。この翌年処女作『闢異《へきい》』を書き、やがて京都で塾をひらいた。

この経歴にみられるように彼は圭角《けいかく》の人で、土佐南学派の儒者たちのことをしるした『南学伝』はその人物を「資質は褊急麁厲《へんきふそれい》、能を負ひて倨傲《きよがう》、人物を凌忽《りようこつ》す、是をもつて朋友も故旧もあるいはうらみ、あるいは慍《いか》り、あるいは鄙《いや》しみ、あるいは憎んで始終交はりを全うするの人なし」と評している。これは事実だったらしい。野中兼山とは絶交し、高弟佐藤直方、浅見絅斎も破門している。弟子たちは師の家に近づくにつれておののきを感じ、門を辞するときは虎口を脱する思いがしたという。

しかしまたその反面、闇斎は信念牢固な、頼もしい教師であった。彼は「朱子ヲ学ンデ謬《アヤマ》ラバ朱子ト与《トモ》ニ謬ルナリ、何ノ遺憾カコレアラン」（「年譜」）と、親鸞が法然《ほうねん》にたいするような態度をもって朱子に接した。その朱子への傾倒ぶりは、日常の生活でも、朱色の手拭を腰に下げ、夏も朱色の羽織を着、書物の表紙にはすべて朱色を用いるぐらいであった。彼は門弟に詩文をたしなむことを禁じ、教科書も朱熹の『四書集註』、朱熹、呂祖謙《りょそけん》の撰になる宋代哲学の綱要ともいうべき『近思録』等の数書に限定した。彼が意図したのは探究の精神の涵養《かんよう》ではなく、朱子の精神をたたきこむことであった。ここにおいて朱子学は一種のカテキズム（教義問答書）と化した。これがまた牢固な信念の支えを求めた封建大名には一つの魅力であったらしく、将軍家光の異母弟保科正之《ほしなまさゆき》は彼を賓師として迎えている。そして闇斎は、正之を通して、新興の山鹿素行《やまがそこう》、熊沢蕃山《くまざわばんざん》の学説に圧迫を加えたようである。つねに正統か異端かということを問いつめた闇斎には大いにありえたことと思われる。

儒者闇斎の基本的思想は「敬」についての観念であった。この点彼の考え方は形式的には林家の考え方をつぐものであったが、その内容は異なる。羅山が持敬というとき、心と身体とを共に含め、自己の内部と外部とをあわせてこれを正すこと、と考えていたから、前にいったように詩文を学ぶことも礼を学ぶことも持敬のための工夫と考えられ、徂徠を準備する一面をもっていた。ところが闇斎は身心の問題に関しては二元論的立場をとるから、まず自分の心、——外界からの触発によって情のきざす以前の心(未発の心)を正すことが持敬であると考えた。これはあらゆる情念の発動を悪として抑えねばならないという非常にリゴリスティックな考え方であり、門弟らが師のもとで戦々兢々《せんせんきょうきょう》としていたのも無理からぬところである。この考えは晩年「敬内義外」と要約され、自己の内面におけるきびしさだけでなく、他者へきびしくはたらきかけ、これを正すことが説かれた。そしてこの敬の思想は社会思想としては、「臣の道」として把えられ、君主にたいして、具体的には天皇にたいしての臣の心のあり方を説くもの、となった。のちの尊王論に大きな影響をあたえた浅見絅斎の『靖献遺言《せいけんいげん》』(屈原《くつげん》、諸葛孔明《しょかつこうめい》等々の中国の志士、仁人の遺文を撰集して、それに小伝を付記し、大義に殉じた精神を明らかにしようとした本)はこの精神を受けて書かれたのだ。

闇斎においてもう一つ注目すべきことは、彼の儒教と神道との結合である。彼の樹立した神道を、「垂加《すいか》流の神道」と呼ぶが、これは朱子学の理気の説によって神道を解釈したものである。

古学以後の自由な探究の精神を知っているわれわれからすれば、闇斎の厳しい他者にたいする寛容さを欠いた教えにやりきれない感じもするが、歴史的状況に即しては、物知り的学問に堕した林家の学問にたいして、闇斎の学問は朱子の教えを内面的・主体的に受けとったものであり、その点からすればすぐれた歴史的意義をもつものである。そして島田虔次教授の示教によれば、彼の観点から書かれた朱子学（朝鮮朱子学をも含む）研究書ともいうべき『文会筆録』は、中国・朝鮮・日本の朱子学史上、永久に残るすぐれた著作である、ということである。あるいは彼の学説は、朱子の唯心論的側面を受けついだ、朱子以上に朱子的なものであるかもしれない。闇斎の思想は、きまじめで一面的に徹底しやすい日本人の一側面を示しているもののように思える。

経験合理主義者貝原益軒

山崎闇斎から十二年遅れて九州博多の地に貝原益軒（一六三〇―一七一四）が生まれた。父は黒田藩の藩士であった。益軒は闇斎にくらべるとまことに穏和な人であった。そして同じ朱子学者とはいえ、その解釈の哲学的立場からいっても羅山とは対照的な唯物論的立場（儒教の用語でいえば、羅山の理の立場にたいして気の立場）をとっている。ここでは益軒の哲学者（経学者《けいがくしゃ》）、科学者、民衆教化者（社会教育者）としての諸側面のアウトラインを描こう。

まず民衆の教化者、社会教育者としての益軒から始めよう。今日彼の経学上の主著である『慎思録《しんしろく》』や『大疑録《たいぎろく》』のことは知らない人も、『大和俗訓《やまとぞっくん》』『家道訓』『五常訓』『養生訓』等の民衆教化の書、あるいは長いあいだ彼の書とされてきた『女大学』の著者として益軒の名前を記憶している人は多いであろう。松田道雄氏が指摘しているように、益軒は民衆のあいだに生きていた習俗と儒教道徳とを接合しようとした人であり、名もなき民衆の心に生きていた高いモラルを儒教道徳によって普遍化しようとした人といえるであろう。おそらく両者をつなぐ基本的考えは、天は万物生成の根源的力を賦与する恵み深い存在であるという直観的把握ではなかったろうか。天地のあわれみを「仁」として把え、この天地のあわれみに愛をもってこたえることを「報恩」とする彼の考え方をみると私にはそう思える。

この報恩の念が親にむかえば孝であり、君にむかえば忠である。だが彼において忠は「天合」ではなく「人合」であり、忠よりもむしろ孝の方が基本的なものと考えられている。彼は孝の内容として父母の「志を養う」ということと「体を養う」ということとの二つがあるとして、その内容を細かく規定しているが、これをみると儒教が民衆の中に浸透していく姿がよくわかる。

益軒の教えも封建教学の枠を出るものではなかったけれども、「我も人も凡《およそ》天下国家の人民は、皆天下の子にて、本《もと》は我と兄弟にて御座候」「民は皆同胞の人、一夫もその処を得ざるは我憂《わがうれへ》なり」(「益軒先生贈宰臣」)という平等思想が彼の中にあったこと、そして相互の交際においても他者の人格への尊敬と他者への寛容を説いていることを見落としてはならないと思う。

哲学者としての彼をみると、わたしの用語でいえば「経験的合理主義」を基礎づけたところに彼の最大の功績があるように思われる。もちろんこの考え方は彼の創見ではなく、一木一草一昆虫の微に至るまでこの物の理を究めるべきことを説く朱子の考え方にその原型がある。しかし朱子においては、この物の理は心の理（道理）に連続し、また窮理は「一旦豁然《かつぜん》として大悟する」という面にもつながっていた。益軒は「物の理」と「心の理」の差異を哲学的に区別することがまだできず、その作業は明治のはじめの哲学者西周まで延ばされたけれども、彼においてはじめて自然の事物の物の理を探究することの意義が、朱子学の枠内において認められた(4)。

さて彼は哲学者として経験的合理主義を基礎づけただけでなく、科学者としてその考え方を実践した。本草学における画期的著作『大和本草』がそれであり、地誌学においても『筑前国続風土記』をあらわしている。そしてこの『大和本草』の序文では一種の科学方法論を展開しているが、この中で研究者の警《いま》しむべき態度として、(1)大凡《おおよそ》聞見寡陋《かろう》なること、(2)妄《みだり》に聞見を信ずること、(3)偏《ひとえ》に己が説に執すること、(4)軽率に決定すること、の四つをあげている。フランシス・ベーコンのイドラ説を想起させせないでもないこの考え方は、おそらく近世初頭における最も注目すべき科学方法論であろう。

かずある益軒の中のすぐれたことばの中で筆者にとって最も印象深いのは朱子学者益軒の思想の集大成ともいうべき『慎思録』の中の次のことばである。

夫子《ふうし》しばしば楽しみを言ふ。是れ必ず所有《ゆえ》る也。然らば則《すなは》ち衆人と雖《いへど》も、又必ず楽しみ無かるべからず。而《しか》して之を楽しむに道有るのみ。……人の吟風弄月《ぎんぷうろうげつ》詠歌舞踏、以て其の血脈《けつみやく》を養ふと、夫《か》の草木の発生、禽鳥《きんてう》の和鳴《わめい》、鳶飛び魚躍ることの如きは、皆是れ同一の天機、自然の生理にして、楽しみに非ざる無き也。

これは生きとし生けるものの楽しさの讃歌である。彼は楽しさこそ孔子の教えの真精神であるとする。ここには、われわれが儒教、とくに朱子学から予想しがちなリゴリズムの片影もない。彼の自然哲学は、ここに人生の享受を承認したのである。われわれはここに、朱子学者益軒も、人生肯定の思想を得るために苦しみ、古学の道を歩いた山鹿素行や伊藤仁斎と同じ時代の精神的雰囲気の中にいたことを知る。しかし益軒が朱子学の枠の中で、朱子学について大疑していたあいだに、これらの人々はやがて朱子学の前提そのものを否定していったのである。

新井白石の歴史思想

朱子学者の最後に、新井白石（一六五七—一七二五）のことを簡単に付け加えておく。彼は家宣《いえのぶ》・家継《いえつぐ》両将軍の政治輔佐役の劇職を果たした人だが、他方朱子学の「格物」という考えを歴史研究に展開し、『藩翰譜《はんかんふ》』『読史余論《とくしよろん》』『古史通』『古史通或問《わくもん》』等のすぐれた歴史書を著している。「史は実に拠《より》て事を記して世の鑑戒《かんかい》を示すもの」（『古史通』）というのが彼の基本的歴史観だが、彼は事実判断と価値判断を混入するようなことはしなかった。とくにその古代史研究は、その実証性と合理性の貫徹や比較研究法の採用において近代史学の先駆ともいうべきものであろう。これは朱子学の経験合理主義化の一つの姿である。

第二章　陽明学とその受容

1　王陽明の人と思想

人間王陽明

陽明学は中国の明時代の思想家王陽明《おうようめい》（名は守仁《しゅじん》、一四七二—一五二八）によって始められた朱子学とならぶ大きな新儒教の一潮流であり、その先駆的な考えとしては、すでに宋時代に「心即理」という考えの下に唯心論哲学を樹立した陸象山《りくしょうざん》（一一三九—九二）がある。宋・明両時代にかけて朱子学は官学として認められ、大いに流行したけれども、その格物窮理の学説によって、朱子学派の人々のあいだには、自分の心の問題をぬきにして自己の外の理だけを求めるような末輩《まっぱい》も生じた。また実践面においてあまりに礼義の末節に拘泥《こうでい》する傾向も出てきた。人々の中には、自己の内的生命の要求にかなない、理論と実践がぴったり一つになった思想体系の成立を要求する声がしだいに強くなってくる。これはとりもなおさず朱子学の内面化の道であろうが、この内面化の道の極限として、時代の要求にこたえて生まれたのがこの陽明学であった。

陽明は幼時から多くの逸話に富んだ非凡の人であった。十二歳の折、塾の先生に何が第一等のことであるかを問い、「本を読んで官吏の採用試験に及第さえすればそれでいいのだ」という先生の答えに不服をいだいて、「おそらく聖賢となることが第一の事であろう」と言ったということが伝えられている。青年期の彼は、当時の思想界の潮流にしたがって、朱子学の格物の説に没頭した。『伝習録』によれば、彼は「格物は朱子の説に依らなくてはならないとは、だれしものいうところであるが、いったい朱子の説を実際にやってみた者があるであろうか。わたしは実際にやってみたのだ」と言っているが、事実、聖人となるためには、天下の物に格《いた》らなければならないと考えて、友人と二人でまず庭前の竹をいちいち格《ただ》したが、けっきょくその理に達することができず、友人は三日目にノイローゼになり、彼自身も七日目に発病してしまったらしい。

この後彼は、自分には聖賢になる資格がない、と考えて辞章の学に移ったが、これにも満足できず、また朱子学を修める。だがどうしても胸中の疑問をとくことができない。そうこうするうちに進士の試験に合格、しかし道を求める心は少しもやむことがなく、神仙道家の術を学んだりする。ところで当時劉瑾《りゅうきん》という宦官《かんがん》がいて権をほしいままにしていたが、陽明は反対運動に参加しこれを弾劾《だんがい》したので、その怒りにふれて、貴州《きしゅう》省竜場《りゅうじょう》駅という南方瘴癘《しょうれい》の地に流されることになり、途中で危うく殺されようとさえする。ようやく危地は脱したものの、猛獣毒蛇の住む土地でつれてきた従者も病気になり、みずからたきぎを切り、水を汲み、かゆをつくって従者を看病する等、貴公子の身分としては考えられない苦労をする。

しかし彼はこの中で心思を鍛錬し、人生の得失栄辱も、生死の一念すらまったく度外において道を求め、石室にこもって静座瞑想し、思索にふけったといわれている。そしてある夕《ゆうべ》、インスピレーションを感じて、聖人の道は元来自分の性の中に完全に具《そな》わっている、これまで理を外の事物に求めたのはいっさい誤っていた、ということを自覚した。ときに三十七歳。彼の学説の根本はこのときに樹立したのである。

その後、劉瑾が誅されるとともに、彼は呼びもどされて官僚として昇進し、南京兵部尚書《しょうしょ》（陸軍大臣控）にまでなる。彼は用兵の天才で、当時のかずかずの叛乱を鎮定したが、そうした中でも思索を重ねた。「山中の賊を破るはやすく、心中の賊を破るはかたし」とは彼の有名なことばの一つである。

陽明学の特質

こうした経緯をへて形成された陽明学においては、朱子学におけるような宇宙論にたいする関心はない。その主要関心事は倫理の問題である。形而上学的問題は、そこでは倫理との関係においてのみ問題となる。その基本的立場は、理即気の合一論であり、朱子学のように理と気との二元論をとらない。朱子のように分析的態度をとるのではなく、直観的態度で物事の本質を彼は把えようとした。しかしこの問題について彼は多くの議論をついやさず、実践倫理の問題にその論議を集中している。

この問題についての陽明の基本的立場は心即理ということである。朱子学ではこの問題に関しては、自分の心と客観的に存在する事物の理とを分ける立場（心外有理の説）であったが、陽明は「天下あに心外の事、心外の理あらんや」と、徹底的な唯心論の立場をとっている。心と万物、心と天地との一体感がこの考え方の背景にあるのであろう。

この心の問題をちがった角度からみてみる。陽明の心即理という考え方は、朱子の性即理という考え方に対立する。朱子学では心を性と情とに分け、性の面にのみ理の存在を認めているから、前に述べた山崎闇斎の場合のように、情にたいして否定的な「敬」の考え方もとうぜん出てくるわけであるが、陽明のように心を混然一体と把える立場からは、「誠」において宇宙と、そして他者と一体になるという誠の立場が出てくる。

このような陽明の基本的態度は、客観的志向の欠如とか、あるいは主観的偏向という批判を受けるかもしれない。事実、今日の中国の学界では、陽明学は主観的唯心論として最も低く評価されているようである。あるいはまた、陽明学派からは近代科学を受容することを積極的に説く思想家が出ていないことも事実である。だからといってわれわれは陽明学の意味を軽々に否定し去るわけにはいかないと思う。われわれの主体と世界との交わりにおいて人間の生活が成りたつ以上、心の問題をぬきにして人間の問題を考えることはできない。人間の精神現象を電磁波に還元するという考え方もとうぜん成りたつけれども、電磁波によって把えられるものは、心の動揺の量的変化であって心そのものではない。心の真の姿は心としてさながらに把えられるほかはない。心は心としての独立の世界をもっているのである。陽明学の心の把え方は、現象学的な心の把え方の方向には発達しない考え方ではあるけれども、そこにはまた現象学ではおとされやすい、世界との交わりにおいて心を主体的に把えるというメリットもあると思う。さらに付言するならば、心はロゴスとパトス、mind と heart との両面から把えられねばならないが、これまでの心の歴史で見落とされがちであったパトス的なもの、heart の側面について陽明学は一つの光をあてたものといえよう。

さらにまた科学との関係においていえば、朱子学が経験合理主義の方向に変容し、そこから科学的思惟も生まれ、西欧の近代科学の受容もなされたのであろうが、明治のはじめに西周によって批判されたように、朱子学において説かれたような「物の理」と「心の理」の連続性は否定されねばならなかった。陽明はこのような知的作業はやっていないが、彼は自己の仕事を人間界の問題だけに限定し、自然認識と人間の実践の世界を連続的に把える誤りから解放されている。陽明は朱子のようなスケールの大きな思想家ではない。彼においては知的関心の幅は狭くなっているが、人間の実践の世界の問題に関してはより深い思索がなされている。陽明学は古学とはちがった仕方ではあるが、共に朱子学の純化過程から生まれた儒学思想といえるかもしれない。

知行合一と良知

陽明は知行合一《ちこうごういつ》ということを説いているが、彼のいう知は、政治とか道徳というような人間の実践に結びついた知に限られている。そしてまたそれは、あるものについての知識というような軽い意味の知、すなわちわれわれの通常の認知とか記憶とかのレヴェルの知でもない。彼は、実践に裏づけられた知だけが真の知であり、ここにおいてはじめて知行が合一すると考えている。

このように陽明は、人には真に知りおこなう能力があると解するが、このような能力を彼は良知良能と呼び、つづめて良知と呼ぶ。彼にしたがえば、良知とは、(1)われわれの心の本体である。先天的にどんな人の心にも具わっているから天理とも呼ばれ、われわれの賢愚の差を問わず、それ自身で完全なものとされる。われわれは学問や経験によってこの良知をますことはできない。聖人愚人の差は人欲によってこの良知が覆われるかどうかによって定まる。(2)この良知はまた、われわれの道徳的判断の標準ともなる。しかし彼が良知を是非であるとともに好悪であるといっているところをみると、それは知的なものであると同時に心情的なものである。否、それは全生命的なものですらある。そのことは彼の「数頃《すうけい》なるも源なき塘《ためいけ》の水たらんよりは、ただ数尺なるも源ある井水の生意きわまり無きものたらんには若《し》かず」（『伝習録』）ということばに明らかであろう。島田虔次氏はこれを「陽明学の根本的なパトス」とし、これにもとづいて、陽明の「心」あるいは「良知」を、「人間に固有なる道徳的直観力、もしくは直観的道徳力」としておられる。

ところがわれわれはどうすればこのような良知にめざめる（致良知）ことができるだろうか。もちろん朱子学的格物窮理はそれへの道ではない。陽明は、「格物」の意を、朱子学のように「物ニ至ル」という意味にとらない。彼の「格物」は「物ヲ正ス」という意味であり、意の発動、すなわち心の不正を正すことである。ではどうすればわれわれは意の発動を正すことができるだろうか。陽明は最初、静座澄心ということを説いていたが、これでは不充分だとみて「事上磨錬」という動的工夫を説くにいたった。ここではじめて、朱子学の「居敬静座」という実践の工夫とは異なる陽明学独自の良知実現の実践的方法が確立された。この実践を通じて心を練るという工夫が陽明学の大きな特徴をなすものであり、西郷隆盛《さいごうたかもり》らの維新の志士が陽明学に魅かれたのもゆえなしとはしない。

右に述べたところからわかるように、陽明学は一種の心の哲学ということができるであろうが、ではそれは禅とどうちがうのであろうか。禅は物にとらわれない心の鍛錬の立場であって、物にとらわれまいとするところに、実はかえって物にとらわれたところがあると陽明はいう。そして聖学が天地万物を一つにして心としているのにたいして、禅学は自己の心のみを問題にして人倫を忘れ、その意味で自私自利に走っている、と彼は批判する。

悉有仏性《しつうぶっしょう》を説く禅が果たして原理的に陽明の批判するようなものであるかは別として、禅の立場で人倫の問題をどう解決するかは、確かに歴史的・現実的には禅の直面した最も大きな問題の一つであろう。ともあれ、ここで陽明のいっていることは、陽明学の性格を知るのに非常に大切なことであって、陽明学では、人は天地の心であり、天地万物はもと吾《われ》と一体なるものである、と考える。「万物一体の仁」ということばで表現される連帯意識、これは陽明学の重要な思想的骨骼《こっかく》の一つであろう。

2　陽明学の受容

陽明学の影響

さて陽明学は徳川時代の日本にどういう影響をあたえたであろうか。そのことを探ることはけっして容易なことではない。たとえば近世の比較的早い時期の陽明学者と目される中江藤樹《なかえとうじゅ》や熊沢蕃山の場合でも、尾藤正英氏の研究が明らかにしているように、陽明学の影響を的確に摑《つか》むことは困難である。彼らを厳密な意味で陽明学者と規定していいか、ということについてはいくらか問題があるように思われる。また寛政の異学の禁以後は、佐《さ》藤一斎《とういっさい》の場合のように、表では朱子学を講じながら、内心では王学を奉ずるようなケースが出てきて、事態はややこしくなる（一斎以前にも懐徳堂《かいとくどう》の初代の教師三宅石庵《みやけせきあん》の朱王の鵺《ぬえ》学問の例がある）。

陽明学は、古典の研究にかなり力を用いる朱子学や、文献学的方法の上に成立する古学の場合とちがって、一つの精神的態度ともいうべき側面がかなりに強く、そうした意味では学派の形成ということが困難であった。しかしその影響が少なかったかというとそうではなく、地下水のような仕方で浸透し、とくに幕末になると幕政を糾弾するために立ち上がった大塩中斎《おおしおちゅうさい》（平八郎《へいはちろう》）などのほかに、西郷隆盛や高杉晋作《たかすぎしんさく》、久坂玄瑞《くさかげんずい》その他の多くの志士たちの心術の工夫に大きな役割を果したように思われる。また高杉の師吉田松《よしだしょう》陰《いん》の晩年には、陽明学左派の中でも最もラディカルな李卓吾《りたくご》の影響があったことも付け加えておいた方がよいであろう。徳川の体制に容れられることは困難な思想ではあったが、それに不満を感ずる人、またそれとは異なる新しい体制をつくろうとする意欲をもった実践人たちの心をつちかったのがこの陽明学であり、そのもつ心情的側面が日本人の国民性に合うところもあって、表面にみえる以上に影響があったのではないかと思われる。また、陽明学の徒から明治以後キリスト教への入信者が多く出たという説もあるが、これについてはわたしはまだその正否を断ずる段階には達していない。

孝の形而上学者中江藤樹

これらの問題や人々にいちいち立ち入ることはできないから、この章では中江藤樹（一六〇八―四八）やその弟子熊沢蕃山（一六一九―九一）に簡単にふれるにとどめたい。

中江藤樹というと、われわれはすぐ近江《おうみ》聖人ということばを連想し、またそのことばによって人格円満な村夫子《そんぷうし》然たる人を想像しがちである。彼が近江聖人と呼ばれるほどのすぐれた人格のもちぬしであったことには間違いないが、人格円満というイメージは彼の実際の人柄とはほど遠かったと思われる。彼は真率一徹な烈《はげ》しい気性の理想主義者であった。たとえば彼がまだ四国の大洲《おおず》で青年武士としての生活を送っていた頃書いた「林氏剃髪受位弁」をみても、その鋭鋒が察せられる。道学者としてみずから許し、その立場から仏教を批判した林羅山は、その晩年、幕府から「民部卿法印」という僧侶にあたえられる称号をもらい剃髪した。まだ儒者を遇する道のととのわなかった当時、僧位に任ずるほか多年の功に報いる方法がなかったのである。このニュースを田舎で聞いた青年藤樹はさっそく「林氏剃髪受位弁」を書き、その中で羅山のことを「朱子ノ所謂《イハユル》能ク言フノ鸚鵡《アウム》ナリ」と批判している。当時の彼は、友人から孔子殿が来たり玉《たま》うとひやかされるほどの格法主義者であった。

博識の士となることを求めず、自己の内面的要求にこたえるものとして儒教を学んだ藤樹は、やがて君に仕えるべきか、母に仕えるべきか、の二者択一の立場にたたせられたとき、親をとり、主君を捨てて、その許可も得ないで故郷の近江に帰り、これ以後浪人として自由な立場で道を求めることをつづける。この生き方は封建体制の確立過程において、儒教的理想の実現をめざした藤樹の、それに抵抗しようという精神の表現であった。藤樹の代表的著作、すなわち「天君」とその弟子「体充《たいじゅう》」との問答に仮託して、彼がその孝の思想を平易に説いた『翁問答《おきなもんどう》』をみれば、なるほど彼は「人間尊卑の位に五だんあり」として、天子、諸侯、卿大夫《けいたいふ》、士、庶民からなる社会秩序を認めている。しかしまた、それらの人々が人間としては平等であることを主張することを忘れてはいない。儒教思想に立脚して社会秩序の必要を認めつつ、しかしそれは本性において平等な人間の、人間としての価値と能力の差にもとづいて構成される社会秩序でなければならない、というのである。この考え方は、人は先天的に不平等であり、支配する者と支配される者とのいずれかに運命づけられている、という前提の上に成立する徳川の世襲社会と相対立する考えであったことはあらためていうまでもない。

このような社会観をもつ藤樹は、忠を人倫の基本とする羅山にたいして、孝を人倫の基本とする。そしてこの孝は、たんに親にたいする服従と奉仕のみを意味するのではなく、「おやの、道にいう徳のあきらかになるやうにするが、孝の第一」とされる。そしてまた彼のいう孝は、生みの親にたいする狭義の孝につきず、人間の大始祖としての皇上帝——彼は天を人格化してこう呼ぶ。道教の太乙神《たいいつしん》という称号を用いた時期もある。当時はまだ儒教の文献が充分にはいってなかったのである——にたいする孝にまで拡げられ、深められる。こうした孝の形而上学は、天地もしくは天地の主宰者にたいする孝を基幹とした、お互いに兄弟であるわれわれ人類の共同社会の形成にまで拡がる可能性を示している。「ばんみんはことごとく天地の子なれば、われも人も人間のかたちあるほどのものは、みな兄弟なり」――こうした考えが現実の徳川社会に実現されたら、われわれの儒教にたいするイメージも大分変わったものとなったであろう。

この考えにふれると、われわれはふとキリスト教の同胞教団の名前を連想するが、学者によっては藤樹にキリスト教の影響があったのではないか、と疑う人もあるくらいである。おそらく藤樹はキリスト教は知らなかったであろうし、また上帝を「太虚《たいきょ》」、自己の心を「方寸《ほうすん》」として把え、「方寸太虚本《もと》より同じ」（「明徳図説」）とする彼の考え方は当時はいってきた天主教（カトリック）とは何の関係もないであろう。しかし彼が非常に宗教的傾向をもった儒者であったことだけは確言できる。

彼の思想と陽明学との関係をみてみると、彼の場合、全面的に陽明の思想に影響されて自己の思想を形成したのではなく、自己の問題をつきつめていくうちに朱子学を脱却して陽明学への方向をとり、そこで陽明学に出会ったというべきであろう。こうした過程を示すものに権《けん》の思想がある。彼のいう権とは、時と所と位とに応じて、その都度に道徳的判断をおこなう徳の主体的なはたらきをいう。こうした活発な心のはたらきについては、山崎闇斎などは常人に許されるものではないとしているが、藤樹は万人にこの権をめあてとして工夫することを求める。けだし彼においては、この権のほかに、道も学もなかったのである。

ところで権が徳の主体的なはたらきであるならば、道徳的直観力であり直観的道徳力である陽明の良知の思想の受容は、もう時間の問題となる。彼は三十七歳の折に陽明全書を手に入れ、その後良知の概念を中心として自己の思想を展開していく。しかし良知の理解について藤樹のそれは陽明とは異なっていた。陽明の良知は「事上磨錬」という考え方に展開しているところにみられるように、動的・行為的性格をもつが、藤樹の良知は静的・観照的性格のものである。すなわち彼は「良知の鏡」ということばを使っているが、良知のはたらきを受動的認識作用に限り、陽明の良知の考え方のもっていた意志のはたらきの側面が消えていく。すなわち「意者《ハ》万欲百悪ノ淵源ナリ」（「大学考」）として意志のはたらきは否定されるのである。それとともにあわせ注目すべきことは、尾藤氏が指摘しているように、陽明の思想の重要な骨骼をなした知行合一ということばが、陽明学の影響を受けてからのちの彼の後期の著作にほとんどみられないことである。

ここにみられるように、彼の思想は、陽明の影響を受けつつ、陽明学のもつ行動性を失って、彼の関心はもっぱら内面的なものに向けられ、「心上ニ在テ講ズ、事迹《ジセキ》ニ就テ見ル事ナカレ」（「大学解」）という彼の「親民」解釈にみられるように、外部社会との接触を絶った仕方で、自己の自由な精神の確立が求められる。おそらくこうした過程には、士の職から離れることによって体制から自由になるとともに、その反面治国平天下の道に参与する道を失った彼の境遇が反映しているであろう。

王道論的経世家熊沢蕃山

藤樹の死後、その学問は熊沢蕃山（一六一九―九一）を中心とする事功派と、淵岡山《ふちこうざん》を中心とする慎独派の二つに分かれた。岡山は藤樹晩年の弟子であり、したがって内省的傾向がより強くなった藤樹の思想を受けついでいる。それにたいして蕃山は、藤樹がまだ『翁問答』を執筆しながら、時・所・位に応じた活発な心のはたらきを強調する「権」の思想を模索しつつある時期の弟子であった。その過程をみていた蕃山は、藤樹の出来上がった思想のかたちよりも、思想を形成する藤樹の心のはたらきのプロセスにより多く影響を受け、師を絶対視するのではなく、道を求める一人のすぐれた先達として尊敬しながら、師の藤樹とは異なる武士という自己の「時・所・位」において、自由に師の心を心としながら思索と実践を深めていったのである。

蕃山が陽明の思想にふれたのは藤樹の死後、弟《おとうと》弟子の岡山を通じてであり、それに心酔したのは岡山藩で池田光政《いけだみつまさ》に仕えた時期だけであるから、彼もまた厳密な意味では陽明学派の徒といっていいか疑問である。しかし心のあり方を問うことを基本としながら実践の問題を柔軟に問う彼の思惟の態度をみると、藤樹＝陽明の系譜をひく思想家と考えてよいであろう。荻生徂徠は蕃山のこの点を評価して「蓋し百年来の儒者の巨擘《きょはく》、人才は則ち熊沢、学問は則ち仁斎。余子は碌々《ろくろく》未だ数ふるに足らざるなり」と賞揚している。この徂徠によって賞揚された蕃山の人才は、彼が陽明に学び、藤樹に学んだものを自分の思索活動の動力として突き進んでいった結果にほかならない。

まず藤樹の思想を彼がどのように受けとめたかということをみてみる。藤樹はその立場上、その政治的理想を充分実践することができなかったけれども、岡山藩の番頭《ばんがしら》となり、藩主池田光政の信任を得て、短い期間ではあったがその抱負を充分に実現することのできた蕃山は、士道即儒道という考えのもとに王道政治についての彼の考えを深めた。そこに示された普遍的な人間愛の理念、あるいは「人は皆天地の子孫なれば何のいやしきといふ者かあらん」(「夜会記」)という一種の平等の原理は、すべて彼が藤樹から学んだものにほかならない。そして彼は、農民だけを可愛がって武士のことを構わない、という非難を受けながらも、為政者は民の幸福のためにあるという考えを饑饉《ききん》救済を機会としてある程度実現した。そして農民の負担を軽くするためには、武士が土着して農兵となるほかないと考え、自分の所領内でこのことを試みている。

彼を信奉する人々は彼の花畠《はなばたけ》教場に集まり、道を修める同志として相互に錬磨した。その学則の「花園盟約」によれば、武士の職分は人民の守護育成にあり、致良知にもとづく慈愛と勇強の文武の徳性の涵養が学問の目的とされている。これは「講学」――集団的学習を重んじ、「朋友」を重視した陽明学派のとうぜんの行動であるけれども、キリシタンの運動を怖れていた幕府にとっては危険な動きのように思われた。また林羅山は、蕃山の声望をねたみ、蕃山とキリシタン運動となんらかの関係があると誣《し》いた。彼はやがて岡山藩を離れざるをえない運命におちいり、その英才を惜しまれつつ、流浪の生活を送った。彼の思想は、封建制を否定するものではないが、しかしその枠の中での人民のための政治という一種の普遍的な理想主義であって幕末の横井小楠《よこいしょうなん》の政治思想の先駆をなしている。

第三章　古学思想の形成とその展開

1　古学運動の内的動力

人間性の回復を求めて

古学思想は、徳川時代の儒学者たちの生み出したものの中で最も独創的な思想の一つである。それは一方では当時の社会的背景のもとにはじめて生まれうる思想であるとともに、他方では日本人の国民性や日本文化の特性をよく示した思想であると思う。古学の日本儒教史における位置は、鎌倉仏教の日本仏教史に占める位置にあたるといっても、あえて過言ではないだろう。

古学派――といっても、その間にとくべつの師弟関係があったわけではない――は、山鹿素行（一六二二―八五）、伊藤仁斎（一六二七―一七〇五）、東涯《とうがい》（一六七〇―一七三六）、ならびに荻生徂徠（一六六六―一七二八）等々の人々や彼らの門弟、ならびにその同調者、等々によって形成され、また発展をとげた。この中で、古学思想という観点からみて最も重要な位置を占めるのは仁斎と徂徠の二人である。

ところで立場も出身もちがうこれらの人々を、古学思想家という共通のカテゴリーに属させるものはいったい何なのであろうか。それは朱子学や陽明学等の新儒教をあき足りなく思い、孔子・孟子《もうし》あるいはそれ以前の古代中国の先王の教えこそ、仏教や老荘の影響を受けない真の儒教であるとして、そこに復古すべきことを説いたところにある。古学ということばは復古の学ということばに由来する。

ではなぜ彼らは復古の学ということを説いたのであろうか。まず第一の原因としてあげられねばならないことは、人間性の要求という点について、人間の欲望にたいして消極的か、もしくは否定的な朱子学や仏教、その他の教えに彼らは等しく満足できなかった事実である。古代に帰ろうとする彼らの要求は、たんなる尚古主義ではなく、人間性回復への彼らの内的衝動に根ざすものであった。彼らの古代への復帰の主張は、ドイツの芸術学の創始者ヴィンケルマンのギリシア復帰の要求に共通するものがある。第二は、朱子学の教えがあまりに理に勝ちすぎて、彼らの心情を満足させることができなかったことである。第三は、朱子学がとかく空理空論におちいって、日常生活における実践に欠けるところがあることに、彼らはあき足りない思いをいだいたからである。これらのうち、第一は、人間解放の時代であった元禄期を通過した彼らの人間としてのセンスにもとづくものであり、第二、第三については、時代や社会の影響とともに、情緒的・心情的な日本文化や国民性の復元力を、そこに認めることができるであろう。

では彼らはなぜ陽明学にくみしなかったのであろうか。それは陽明学が心学と呼ばれているところからわかるように、自己の内面のみをみつめて、聖賢の書を無視する傾向があることを、彼らが好まなかったからである。この点では彼らは、聖賢の書を重んじた朱子学の申し子であった。しかも彼らは朱子学の思弁的性格、形而上学的性格を否定し、実証的に聖賢の書に迫ったのである。彼らと陽明学者との決定的相違は、われわれの心の中に天地万物のいっさいが含まれるとして、心の本体である良知の実現をはかった陽明学者にたいして、彼ら古学の徒は、人間の生み出した客観的な文化の伝統――もちろんその範囲は中国の古典的儒教文化に限られていたが――にたいする尊敬の念をもちつづけ、そこに普遍的な人間性の理念が展開されているとして、その解明を通して自己の人間性をつちかおうとしたところにある。古学者たちはその純化された姿においてはフマニストたちであった。

山鹿素行の精神の遍歴

右に述べたいろいろの点のうち、古学運動の最も大きな動力となったのは、第一の人間性回復への内的衝動であろう。そのことをわれわれは山鹿素行、ならびに伊藤仁斎においてみてみよう。前者は浪人の子であり、主として江戸で活躍、後者は町人の子であり、その生活を京都で終始する、というように、両者のあいだには何の関係もないが、両者はほぼ同じ頃（素行は寛文二年＝一六六二年、仁斎は寛文三年頃）、共に古学者としての自己の立場を確立している。そしてそこにいたる心的過程において両者には驚くべき類似性がある。まず素行の場合を、彼が赤穂謫居《あこうたっきょ》中に書いた『配所残筆』の一文によってみてみよう。

　我《わ》れ等《ら》事《こと》幼少より壮年迄《まで》専ら程子《ていし》・朱子の学筋《がくすじ》を勤め、依レ之《これにより》其の比《ころ》我れ等述作の書は皆程朱の学筋迄に候。中比《ごろ》老子・荘子を好み、玄々虚無の沙汰を本《もと》と存候。此の時分は別して仏法を貴び候て、諸五山の名知識に逢ひ、参学悟道を楽み、隠元禅師へ迄令二相看一《あひみしめ》候。然《しか》れ共《ども》我れ等不器用故に候哉《や》、程朱の学を仕候ては持敬静座の工夫に陥り候て、人品沈黙に罷成候様に覚え候。朱子学よりは老荘禅の作略《さりやく》は活達自由に候て、性心の作用天地一枚の妙用高く明か成る様に被レ存《ぞんぜられ》候て何事も本心自性の用所を以て仕候故、滞る所無レ之、乾坤《けんこん》打破仕候ても、万代不変の一理は惺惺《せいせい》洒落たる所無レ疑《うたがひなく》存候。然れ共今日日用事物の上においては更に合点不レ参候故、是れは我れ等不器用故に可レ有レ之《これあるべく》候。今少しく合点仕候はゞ可レ参被レ存《まゐるべくぞんぜられ》、弥〻《いよいよ》此の道を勤め候。或は又日用事物の上の事は甚だ軽き儀、如何様《いかやう》に仕候ても不レ苦儀共と存候へ共、五倫の道に身を置き、日用事物の間に応接仕候へば、左様には不二罷成一候てつかへ申候。……依レ之我れ等事学問に不審出来たり弥〻博く書々を見、古の学者被二申置一候儀共考へ候へば、我れ等不審の条々埒《らち》明き不レ申候間、定めて我れ等料簡相違可レ有レ之と存候て、数年此の不審不二分明一候所、寛文の初、我れ等存候は、漢唐宋明の学者の書を見候故合点不レ参候哉、直に周公・孔子の書を見申候て、是れを手本に仕候て学問の筋を正し可レ申存じ、それより不通に後世の書物をば不レ用、聖人の書迄を昼夜勘《かんが》へ候て、初めて聖学の道筋分明に得心仕候て、聖学ののりを定め候。

簡潔ながら、青年素行の精神の苦闘とその遍歴の跡を生き生きと描いたすぐれた「わが心の自叙伝」である。

青年仁斎の苦悩

仁斎の場合はどうであったろうか。彼は京都の材木商の長男として生まれたが、十一歳のときはじめて『大学』を習い、その治国平天下の章を読んだときに「今の世にまたかくの如き事を知るものあらんや」と人に語ったという。かくして彼は幼少にして聖賢の道に志したのである。しかし家人は彼が儒者となることを喜ばず、生計をたてるに容易な医者になることをすすめる。もちろん彼を愛してのことである。しかし彼には、医者となることは富豪貴顕の間を周旋する幇間《ほうかん》的存在となることであり、自己が失われるように思えたので承服できなかった。仁斎晩年の回想によると、周囲の反対が激しくなるにつれて、彼は「我を愛する事深き者は則ち我が讐《あだ》なり」とさえ思えたという。

こうまでして周囲の反対を押しきって選んだ儒者の道であったが、自己の立場を確立することは容易ではなかった。彼ははじめ朱子学の道をすすみ、「敬斎」という号をつけた。しかしこの敬の立場では「ただ矜持《きょうじ》を事として外面を整え内面に誠意を欠き、人を責める事も深くなって、様々の弊害を生ずる」ことを痛感した。これに満足できなくなった彼は、陽明学に移り、さらに仏老の道に迷い、ついには禅の白骨観をおさめるにいたった。この白骨観とは、彼のことばにしたがえば、「静座して自己の一身をおもうに、工夫熟する時、皮肉悉《ことごと》く脱露してただ白骨ばかりおるようにみゆる」修行の方法である。隠棲し、このような内面的方向への徹底をはかった彼を待ったものは一種の神経症である。彼はよく発作に襲われ、動悸したといわれる。ここまで精神の振幅を重ねた彼は、これまでの自分のたどりつつあった方向が間違っていたことを体得して、愛の感情を制限なく流露する「仁」の立場にたつ（この仁斎の伝記的記述は石田一良氏の『伊藤仁斎』に負うところが大である）。

素行の学問

このような基礎的体験の上に、どのような理論的作業がおこなわれたか。まず山鹿素行の場合をみてみる。第一にいえることは、知的存在としての人間と欲望とは不可分であり、欲望をもたないものは人間ではないという新しい人間観である。では欲望は無制限に認められるか。そうではない。格物致知によって、われわれは心の惑いを去り、人欲の過不及を正すことができると彼は考える。

彼のいう格物は朱子学の「窮理」とは異なる。素行は理を「事物の間の条理」と経験主義的に解釈し、格物致知とは、それぞれ異なった存在としての万物の、それぞれの事、それぞれの物の則《のり》（条理）を把えることであり、そのことによってわれわれは人欲の過不及を節することができる、と考える。そしてあるところでは、この天地人物の間の自然の条理を「礼」と規定している。

こうした考えにたつ素行にとって、修養のなされるべき場は「心」ではなく、日用の事物に応接する行為においてである。この外的な行為を重んずる彼の倫理的立場の具体化が、彼のいう「士道」である。この士道の問題については章をあらためて「武士道」の問題をとりあつかう章で論じたい。

ここに略述したように、彼の考え方には朱子学から抜け出ようとする動きが認められるが、彼の学問をもって古学の成立とみなすわけにはいかない。彼には、古学の学問的・方法的自覚がまだ足りなかった。たとえば朱子学を否定して自己の学問の独自性を基礎づけるためには、朱熹の学問と思想のよってたつ四書中心主義の批判に向かうべきであるのに、素行はまだ四書の権威を認め、訓詁についても朱熹のそれにしたがっている。それは相良亨氏がいうように「朱子学的地盤で朱子と争う」ものであった。この点からみれば、古学の学問的樹立者の称号は伊藤仁斎に冠せられるべきであろう。

2　愛の人間学としての仁斎学

仁斎学の方法

仁斎は、さきに述べたように、苦悩にみちた精神の遍歴ののち、仁の思想に到達した。そしてこの仁の思想は『論語』の精読によって得られたものである。その後彼は『大学』を再読してみる。この『大学』は、朱熹によって孔子の遺書とされ、四書の一つとされて、朱子学派の実践哲学の拠りどころとなった本である。ところで彼が『大学』を繰り返し読むうちに、それが孔子の遺書である、とする朱熹の見解に疑問を感ずるようになった。というのは『大学』では、忿《いか》り、恐れ、楽《ねが》い、憂い、などの人間の情念のはたらきを否定している。ところが『論語』における孔子は、たとえば愛弟子顔回《がんかい》の死に接しては慟哭《どうこく》してやまない。この孔子が人間の情念のはたらきを否定するような『大学』を書くはずがない。彼はこのような疑問をおこして、その結果、綿密な文献批判をおこない、『大学』は孔子の遺書ではないことを明らかにした。

ここにみられるように、古典の精読によって得た、その古典を成立させている人間についてのセンス、広い意味での哲学についての深い理解、これが彼の文献学的研究の基礎をなしており、こうしたところから彼の学問を「古義学」という。そしてことばについての科学的・実証的研究を基礎として成りたっている荻生徂徠の学問を、これにたいして「古文辞学」と呼ぶ。

ところで仁斎はまた『中庸』に関しても綿密な文献批判をなし、異本からの挿入の分があることを明らかにした。彼のこれらの研究は中国へ紹介されて中国の学界を驚歎させたそうであるが、それはともかく、仁斎は、朱子学の学問的地盤をひっくり返してしまうようなことをやってのけたのである。つまり仁斎の古学は、方法論的自覚の上に成立したものであった。もちろんこの仁斎の方法は厳密な意味での科学的な文献学的方法とはいえない。人間についての感覚に立脚した一種の哲学的文献学というべきものであろう。文献学という観点からいえば、それにはまだ不徹底なものであろうが、それとは逆に、仁斎的な人間についての感受性を失った科学的文献学の科学性もはなはだいかがわしいといわざるをえない。

さて仁斎の主著は『論語古義』『孟子古義』のような注釈書、自分の学説を端的に述べた『童子問』『語孟字義』等である。彼は論語・孟子を拠りどころとして自己の学説と思想を構成し、とくに論語については「最上至極宇宙第一の書」とたたえているが、しかしだからといって山崎闇斎のように弟子たちに読書の範囲を限るようなことはしていない。精読と博学は彼の研究の二つの柱である。

生命と道の思想

では彼の学問・思想の内容はどのようなものであるか。仁斎の思想の根底にあるものはヴァイタリスティックな宇宙観であり、「聖人は天地を以て活物となし、異端は天地を以て死物とす」（『童子問』）といって、聖人の教えの本質を、天地を生きて活動するもの、と把えるところにあるとする。「天地の間、皆な一理のみ。動有りて静無く、善有りて悪無し。蓋《けだ》し静なる者は動の止まるのみ。悪なる者は善の変ぜしのみ」（同上）。――これをみると、仁斎は道徳論では孟子の祖述者であり、存在論では運動を否定したギリシアの哲学者パルメニデスの対極にたつ者である。

彼によれば天地も人間も自然も、生命と活動にみちている存在である。そしてこの直観と確信にたって「蓋し天地の間、一元気のみ」と断定する。この気の立場は、理があってのち気が生ずるとする朱子学に対立するものであり、理は気中の条理にすぎないとするものである。彼はこの気の立場をさらに徹底させ、天地の開闢《かいびゃく》以前の理ともいうべき「太極」「無極」という考え方をも否定する。このさい、彼は天地については始終、開闢があるともないとも同じ根拠をもっていえる、というように、カントの二律背反の思想を想起させる考えを提起している。彼の宇宙論は、朱子学の形而上学的解釈を否定するものである。

この生命ある宇宙の森羅万象は、生命あるものとして把えられねばならない。彼は朱子学の「理」を、生命あるものを死せるものとして把えるものと解釈し、それにたいして生命あるものを生命あるものとして把えるものとして「道」という概念を提出する。そしてこの「道」を、易経の考えにしたがって、天道・地道・人道にわけ、それぞれに陰陽・剛柔・仁義の原理を配当して、それぞれを一としてはいけない、という。このカテゴリーの分け方には、朱子学とちがって、存在と当為とを区別しようとする彼の姿勢がみられる。この三つの道のうち、彼が最大の関心をはらったのが人道の問題であることはいうまでもない。

彼はこの人道の問題を考察するにあたって、性・道・教を区別する。彼のいう性は、われわれの生まれつきの性質、という程度の経験主義的な把え方であり、朱子学のように性即理とする考え方とはちがう。そして「道」は、「蓋し性とは己《おのれ》に有るを以て言ふ。道とは天下に達するを以て言ふ。……故に人有るときは則ち性有り。人無きときは則ち性無し。道とは人有ると人無きとを待たず、本来自《おのづ》から有るの物」(『語孟字義』)ということばに明らかなように、性にたいしてはある種の超越性、普遍性をもっている。しかし道それ自体には人を聖賢たらしめる力はない。ここに「教」――学問と教育の重要性が生じる。

人間をこのように理解する仁斎は、欲望をなくしたり、心を鎮めたりすることによって「本然の性」=理に帰るべきことを説く朱子学の復初の説をとらない。彼は孟子の「拡充」

という積極的な教育方法を選ぶのである。すなわち何人《なんぴと》にも宿っている惻隠《そくいん》の心、羞悪《しゅうお》の心、辞譲の心、是非の心、という四端《したん》を拡充することによって、人は仁義礼智という道徳を実現することができる、と彼は考える。

愛の人間学

ところでこの仁義礼智という道徳の中で中核をなすものは仁である。この仁は義をもって補われなければならないが、仁はなんとしても聖門の第一字である。なぜか。

仁の徳為《た》る大なり。然ども一言以て之を蔽《おほ》ふ。曰く、愛のみ。君臣に在ては之を義と謂ひ、父子には之を親と謂ひ、夫婦には之を別と謂ひ、兄弟には之を叙と謂ひ、朋友には之を信と謂ふ。故に此の五つの者、愛よりして出るときは則ち実たり、愛よりして出でざるときは則偽のみ。故に君子慈愛の徳より大なるは莫《な》し。残忍刻薄《こくはく》の心より戚《いたま》しきは莫し。孔門仁を以て徳の長とするは、蓋し此れがためなり。此れ仁の聖門第一字たる所以《ゆゑん》なり。（『童子問』）

愛こそは道徳の基礎であり、儒教に説く五倫五常も愛によって裏づけられないたんなる外的規範であるならば、人を偽善におとしいれ、あるいは他に対しては残酷な審問官たらしめる危険がないでもない。たとえば朱子学の敬の立場がそれである——これは若き日の仁斎の苦悩の日々の反省の結果得られた結論である。そして彼の仁即愛とする考え方は、次のことばにおいて極点に達する。

慈愛の心、混淪通徹、内より外に及び、至らずといふ所無く、達せずといふ所無うして、一毫《いちがう》残忍刻薄の心無き、正に之を仁と謂ふ。此に存して彼れに行はれざるは、仁に非ず。一人に施して、十人に及ばざるは、仁に非ず。瞬息に存し、夢寐《むび》に通じ、心愛を離れず、愛心に全く、打て一片と成る、正に是れ仁。（同上）

われわれは仁斎が、たとい誠実ではあっても、自分の一身を清くすることを越えない人を忠清の士とはみなしても、仁者とはいえない、としていることに注目する必要がある。「其の愛実心に出でて、利沢《りたく》人に及ぶとき」はじめてそれは仁というに値する。仁斎はその究極において、「我能く人を愛し、人亦《また》我を愛する」愛の共同体の形成を考えていたのではなかろうか。彼は人間を単独者としては把えていなかった。人間の本質をその「以て往来する所」に求める。人と人との交わり、ヤスパースのいわゆる Kommunikation（交通）にこそ人間の本当の姿があり、したがって「天下を離れて独り其の身を善くするを欲」するような生き方は人間らしい生き方ではない、「人と己とを合して之を一とす」る人倫的合一――しかも愛にもとづく合一を彼は道の実現した姿として求めていた。
仁斎はよくリゴリスティックな道学者として誤解されるが、情念や愛の人間における意味をよく知っていた人間学《アントロポロギー》の通暁者であったように思える。そして彼のいう愛は、みたされない心から出る渇望的愛ではなく、みち溢れた心から出る愛であった。愛の人間学、これが彼の儒教の理解の仕方ではなかったろうか。われわれは仁斎の思想や学問にふれると、われわれの既成の固定観念としてもつ儒教についてのイメージとは異なるのに驚かざるをえない。人類にとっての普遍的教えとして、仁斎は儒教を把えたのである。

このことと関連して、彼が市井の学者として終始したことを忘れてはならない。経世済民《けいせいさいみん》的な問題に関心をもたないではなかったが、彼は細川などの大名からの招聘《しょうへい》に応じなかった。それは「文、其の武に勝《まさ》れば、則ち国の祚修《いのちなが》し。武、其の文に勝れば、則ち国の脈蹙《ちぢ》まる」という『童子問』中の彼のことばにわかるように、徳川社会にたいする根本的批判をもっていたからではなかろうか。

彼は、熊沢蕃山や山鹿素行のような武門出（もっとも、二人とも浪人の子であるが）の儒者たちとはちがって、儒教の武教化をはからなかった。また荻生徂徠や横井小楠とはちがって、堯舜《ぎょうしゅん》よりも孔子を高く評価した。それは堯舜が民を知らず識《し》らずのうちに化して太平を謳歌させるたぐいの政治家であったのにたいして、孔子は民に道を自覚せしめた人であったからである。民に道への自覚をおこさせなかった堯舜の死後には、邪説暴行がすぐにおこった。これにたいして孔子の余沢《よたく》は二千年後の今日に及んでいる。両者の優劣は明らかではないか、というのが仁斎の言い分である。仁斎は「民と好悪を同じうするを以て本と為す」にすぎない政治よりも、民に道を自覚せしめようとする学問や道徳や教育を、人生においてはるかに価値あるものとしたのである。

われわれは仁斎において儒教が政治思想としてよりも、むしろヒューマニズムの教えとして発展しつつある姿をみることができる。しかし現実の徳川社会は政治的社会であり、徳川時代は政治の時代であった。普遍的教えたろうとする彼の学説がそのすぐれた内容のわりには、世に拡がらなかった理由はそこにある。しかし非政治的な京都のまちでは、東涯およびその子孫の努力を通じて仁斎の学問は尊敬され、さしもの徂徠の力をもってしても、京都にその影響を及ぼすことはできなかった。

3　徂徠学と政治の発見

徂徠学の特質

徂徠はその学問の出発点において少なからず仁斎の影響を受けた。遠く江戸にあった徂徠は、憧憬《しょうけい》の念をもって仁斎に手紙を書いた。それは誇り高い徂徠にしてはまれにみる謙退の辞にみちたものであった。彼は仁斎の手紙を待ちに待ったが、ついに返事はこなかった。徂徠は深く心を傷つけられた。徂徠は知らなかったのだが、当時、仁斎の健康状態は思わしくなく、彼はやがて不帰の客となった。仁斎の死後、息子の東涯は、徂徠に断わることなしに、この手紙を剞劂《きけつ》に付した。自尊心を傷つけられた徂徠の怒りは頂点に達した。これ以後、徂徠は猛烈に仁斎批判を始める。徂徠中年の代表作『蘐園《けんえん》随筆』に集められた文章がそれである。蘐とは茅《かや》のことであり、当時彼は茅場町に住んでいたところからこのような表題の本にしたのであろう。なお徂徠学派を蘐園学派という。

この書に展開された激烈な仁斎攻撃によって徂徠は一躍有名になった。しかし徂徠のすすんだ道は、仁斎のそれに根本的に対立するものではない。朱子学的性理の学の批判と復古の学の正当性の主張という点では、彼らは軌を一《いつ》にする。ただその批判の仕方や古学の内容において両者は異なっていた。すでにわれわれは仁斎の学問を「古義学」と呼び、徂徠の学問を「古文辞学」と呼んだが、前者が孔子の教えの意味の哲学的解明をめざす学問であるとすれば、後者は古代の先王の教えを文献学的方法を通じて明らかにすることをめざす学問である。それとともに、仁斎学が儒教をヒューマニズムの学とするものであったとすれば、徂徠学は儒教を治国安民の政治学とするものであった。

公的世界と私的世界の分離

徂徠の思想や学問を検討する前に、それを理解する手つづきとして、少し伝記的な問題を付け加えよう。

徂徠の父は、四代将軍綱吉《つなよし》がまだ館林《たてばやし》侯といっていた頃侍医であったが、あるとき譴《けん》責《せき》を得て今日の千葉県の片田舎にひきこもった。少年徂徠の頭は、一冊の、その著者については いろいろ異論のある『大学諺解《げんかい》』を繰り返し読むことと、江戸ではみることのできなかった農村の生活の現実を眼のあたり観察することによって鍛えられた。彼は自分の経験を基礎にしてこの本を読み、またその読書を基礎にして自己の経験を深め、そこにある問題を解決したといわれるが、これが彼ののちの驚くべき学問と思想上の活動の源泉となった。のち江戸に出て芝の増上寺《ぞうじょうじ》の前の豆腐屋に間借りをしながら勉強し、増上寺の若い坊さんたちに教えていたが、和尚に見込まれ、そのすすめで綱吉の寵臣柳沢吉保《やなぎさわよしやす》に召しかかえられた。これが彼の道のひらけるはじめであったが、このような幸運を生かしたのはやはり彼の力であった。

ところで彼が吉保に仕えて間もない頃、吉保の所領川越《かわごえ》で、ある農民が生活に困り、妻を離縁し、みずからは剃髪して老母をともなって流浪の途中、母が病気して暮らせなくなり、病む母を遺棄して自分だけ江戸に出て、親棄《おやすて》の罪として捕えられた、という事件があった。吉保は多くの儒者たちを召してその意見を聞いたが、彼らは心のあり方の詮議に熱心な朱子学者たちであったから、この男には親を捨てる意志がなかったのだし、この事件は親捨てとは申しがたい、と返答した。それに満足できなかった吉保は、誰か別の考えの者はないかと聞いた。このとき末座に控えていた徂徠は、これらの儒者とはちがった動機から、やはり親捨てとは認めがたいといった。その理由は以下のごとくである。――もし世の中が饑饉にでも見舞われたらこういう人間はたくさん出るだろう。これを親捨ての刑に処するならば、他領に悪い手本を示すことになる。自分の考えでは、このような人間を出したのは、第一、代官や郡奉行《こおりぶぎょう》の責任だし、また家老の科《とが》でもある。この男の咎《とが》はそれにくらべたら軽いものだ。――吉保はこれを聞いてもっともと思い、この後しだいに徂徠を重く用いるようになった。

ここには一人の憐れな男の心情や動機を問うよりも、政治的に責任ある人々の政治的行為の責任を問うという、ウェーバーのいわゆる「心情倫理」にたいする「責任倫理」の優位という考えがある。公の世界には心情倫理を適用してはいけないというのが、彼の考えであった。それは公の世界と私の世界、政治の世界と道徳の世界を連続的に把え、しかも公の世界・政治の世界に心情倫理を適用する一般の儒者たちの考えにたいする大きな挑戦であった。

こうした彼の考えがより劇的な場面に適用されたのが例の赤穂浪士の処分問題であった。大石良雄《おおいしよしお》以下の浪士たちをどのように処分するかは、幕府当局にとっては重大な問題であった。というのは徳川の体制は、一方においては、武士たちの情誼《じょうぎ》的関係を基礎として成りたつ封建的支配組織であるとともに、他方では、それは全国的規模において効力をもつ法によって運営される公権力として中央集権的性格をもっている（浪士たちの行為との関係でいえば、武士たちが主君や親の仇討《あだうち》をすることを義務づけられているのが前者の側面を示すし、殿中で人を殺傷した者は死刑になるという法は後者の側面を示している）。多くの助命論者は期せずして前者を代表する立場であったし、厳刑論者はもちろん中央政府としての幕府権力の強化を支持する人々であった。幕府は、その政治権力としての構造上の矛盾を創業以来もっていたのであるが、浪士の処分問題は、この二重構造のいずれを選ぶかという決断を幕府に迫るものであった。

とうぜん、一つの解答を出すにあたって、幕閣には非常な混乱がおこった。『徳川実紀』はそのさまを「其義を賞して助命せんといふもあり、又は此輩が主のためにせしをもて助《たすけ》られんに於《おい》ては、此後罪蒙《かうむ》りしもの、臣子、報讐を名としひがふるまひして、大乱を引出すもとひとなるまじきにあらずといふもあり、在朝諸大臣の議一決せざりしかば、云々」としるしている。

けっきょくこの事件は、日光門主公弁法親王《こうべんほっしんのう》と徂徠によって提起された方針によって解決された。徂徠の幕府の下問にたいする奉答書と目されている「徂徠擬律書」は次のような簡潔なものである。

義は己を潔《いさぎよ》くするの道にして、法は天下の規矩《きく》なり、礼を以て心を制し義を以て事を制す、今四十六士其主の為に讎を報ずるは、是侍たる者の耻《はぢ》を知るなり、己を潔くするの道にして其事は義なりと雖《いへど》も、畢竟《ひつきやう》は私の論なり、其ゆへんのものは、元是長矩《もとこれながのり》殿殿中を不レ憚《はばからず》其罪に処せられしを、又候《またぞろ》吉良氏を以て為レ仇、公義の免許もなきに騒動を企る事、法に於て許さざる所也、今四十六士の罪を決せしめ、侍の礼を以て切腹に処せらるゝものならば、上杉家の願も空しからずして、尤《もつと》も公論と言ふべし、若《もし》私論を以て公論を害せば、此以後天下の法は立べからず。

これは私の世界と公の世界、個人道徳と政治・法律との連続性を断ちきって、公の世界、政治・法律の優位ということを思想的に確立していた徂徠においてはじめて確言できたことばであった。そしてこの決定によって、幕府は法によって運営される中央集権国家の政府であることをみずから証したと考えてよいであろう。もちろんこのことが封建的支配の側面を完全に消滅させたことにはならなかったけれども。

「徂徠擬律書」にもどろう。徂徠は浪士たちの処分を主張しているが、しかしそれが梟《きょう》首《しゅ》・斬罪等の厳刑ではなく、切腹であったということを見落としてはならないであろう。切腹ということによって、一方においては浪士たちの心情をくみ、武士としての名誉も守ってやりながら、法にそむいた行為は、きっぱりと法の立場で処罰すべきだというのが徂徠の立場である。この浪士たちの心情を察するゆとりがあった点が、弟子の太宰春台《だざいしゅんだい》では消えていく側面であった。そして徂徠の学問と思想は、ここにみられるように、公の政治の世界と、私の情の世界とを分離しつつ、しかも統合したものであった。[5]

古文辞学の成立

話はもとにもどる。いままで紹介した逸話が示唆するように、徂徠は徳川社会の基本的性格が政治的であることを洞察し、道徳から分離した政治の世界を発見し、これを学問的に基礎づけた思想家であるとともに、文学にたいしても非常な理解と関心をもち、詩文の興隆や文学研究にたいしても、否さらに文化の領域全般にたいし大きな影響をあたえた人である。ではこの二つの世界の関係は彼の場合どうなっていたであろうか。二つの世界に架橋したものは、彼の場合、古文辞学としての彼の学問の自覚であった。この彼の古文辞学の成立に影響をあたえたものは、前述の伊藤仁斎と、十六世紀後半の明《みん》の人で、共に古文辞を唱え、秦漢およびそれ以前の文章を摸して才気ある詩文を書いた李攀竜《りはんりょう》と王世貞《おうせいてい》であった。吉川幸次郎博士によれば、「明の文学における『古文辞』は、宋の蘇東坡《そとうば》以後の文学がときどきおちいる平板さに対する反動としてもっぱら唐以前の古代的な書物ばかりを読み、その言葉にそのままねた詩と散文を書き、古代的な強烈さを復活しようという運動であった」。二人は必ずしも一流の人とはいえない。そして徂徠の頃の中国、すなわち清初の中国では、もはや時代おくれの主張であったが、徂徠にとっては、いわば天来の啓示であった。彼はいう、「不佞《ふねい》は、天の寵霊《ちょうれい》に藉《よ》りて、王李二家の書を得て読み、始めて古文辞なるもの有るを識る」。しかし王・李の二人は、それを叙述の文学の創作に応用したにすぎないが、徂徠の大才はさらにそれを古典の解釈に応用し拡張したのである（以上、吉川幸次郎博士の「受容の歴史」筑摩叢書『古典について』所収に拠る）。

この徂徠の古文辞学の基本的な考え方は「精神のもっとも直接な反映は、言語であるとする思想である。したがって精神の理解は、言語と密着してなすことによってのみ、果されるとする思想である。しからば唯一の規範が中国古代の『六経』にのみありとする以上、中国の古代言語に充分に精通することが当然要求されるのであるが、精通の方法として徂徠がとなえたのは、自分も中国の古代人とおなじ形の言語生活に入ることであった。すなわち古典を読むばかりでなく、自分も古典の言葉で書き、考えること、それによってのみ中国古代言語の理解は可能であり、したがって『六経』の精神の把握が可能であるとする」（同上）ものである。これは清朝の考証学に先駆する考え方であり、現代日本においてわたしがいまこの文を引用した吉川幸次郎博士が実践されつつある方法である。

先王の道

さて徂徠のこのような古文辞学の成立の背後には、彼の道についての考え方がある。道を中核とする思想はすでに仁斎において始まったが、仁斎とはちがって徂徠では天道・地道についての関心はまったく背後にひいてしまう。そしてまた四端を存養《そんよう》し拡充することによって道にいたるとする仁斎の考え方に代わって、徂徠における道とは、聖人の道、先王の作為された道であり、国や天下を治め安んずる道、であった。このように彼の説く道はきわめて政治的性格のものであり、徂徠はこのような立場にたって、「儒者ノ輩、聖人ノ道ハ天下国家ヲ治ムル道也ト云事ヲバ第二ニシテ、天理、人欲、理気、陰陽五行ナドスル高妙ノ説ヲ先トシ、持敬、主静、格物、致知、誠意、誠〔正〕心ナド云ル坊主ラシキ事ヲ誠ノ事ト思ヒ」(『太平策』)、かくて是非の論のみ多くなって、聖人の道は政道とはまったくちがうことのように考えられていることを批判している。どれほど至誠惻怛《そくだつ》の心があっても、それが民を安んずることのできないものであれば、それは徒仁《とじん》であり、婦人の仁にすぎない、と考える。

これは為政者が道徳的に立派であれば、同心円的に天下国家も立派に治まる、という朱子学の政治道徳とは根本的に異なる。政治と道徳とは一線を画するべきである。為政者の主観的心術よりも、その政治的行為がどのような結果をもたらすか、ということが問われなければならない、これが徂徠の政治観であって、政治家が道徳的にすぐれた行為に心がけるのは、その方が民が政治家に服するからにすぎない——彼はこのような功利的考えさえ述べている。ここにおいて道徳の世界から独立した政治の世界が発見された、といってよい。

ところでこの政治の内容は何であるか。徂徠のいう治国安民の政治の道は「礼楽刑政」その他先王の制作した制度文物である。道は「自然の道」ではなく、聖人の制作にかかる「作為の道」である。なぜ徂徠は「先王の道は外に在り」(『弁名』)とし、礼楽制度という外面的なものを支配の原理と考えたか。それは彼が心の問題に関してペシミスティックな見解をとったからであり、彼は「心は形なき也。得て之を制すべからず。故に先王の道は礼を以て心を制す」(『弁道』)という。現実主義者で、人間性の冷徹な観察者であった彼は、朱子学的道徳政治にも、仁斎的な道徳への期待も共にもつことができず、制度を通じてなされる政治に多くの期待をよせたのであろう。

さて先王の道が、先王たちの制作した制度文物であるとすれば、それがことばとして客観的に表現された六経は何よりも重要な研究対象となる。ここに朱子学の四書主義にたいして、徂徠は六経主義の立場をとる。この六経の中に展開された先王の道を明らかにするさいに認められねばならない基本的前提は、「世は言を載せて以て遷《うつ》り、言は道を載せて以て遷る」(「学則」)ということである。したがって古文辞学研究の手つづきとして「今文を以て古文を視、今言を以て古言を視」ないことが絶対必要である。朱子学はこの点において基本的に間違っていたし、仁斎の学問といえども充分ではなかった、徂徠はこう考える。

徂徠学の寛容性と聖人信仰

徂徠のいう道はこのようにきわめて政治的なものであったが、「道とは統名《とうめい》なり」ということばが示すように、それはまた包括的な性格をもっていた。彼はこの包括的な内容をもつ道を、たとえば朱子学における理のように、一言で抽象的に定義することを好まない。そして「理は定準なきなり」(『弁名』)と、朱子学の理を否定する。多様なものをその多様性において愛する、というのが彼の現実にたいする基本的態度であり、この考えの極まるところ「諸子百家九流の言より以て仏老の頗《は》に及ぶまで、皆道の裂けしのみ」というところにまで発展する。彼にしたがえば、それらの教えはすべて人情から出たものであり、「聖人の教えは人の情を尽すのみ」であるから、いままで異端とされていた諸子百家や仏教、老荘さえも聖人の道につつまれることになる。これは儒教思想の歴史にとっては革命的な出来事であって、ここには他の思想にたいするかつてない寛容な態度がある。われわれはこのような徂徠の思想に接すると、徂徠は儒教思想の限界を越えるのではないかという気さえするが、それだけに「愚老は釈迦《しやか》をば信仰不レ仕《つかまつらず》候。聖人を信仰仕候」(『徂徠先生答問書』)というような、自由思想家徂徠の口から聞くのが意外なことばを発せざるをえないような心理的必然性が、徂徠にはあったように思える。

徂徠以後、徂徠の古文辞学的方法がいろいろの対象に移されて言語の実証的研究にもとづく古典研究が盛んになり、ついには本居宣長《もとおりのりなが》のようなわが国の学問の歴史にもまれな大学者が生まれたこと、そしてその裾野は広く、徳川中期における学芸の華が繚乱《りょうらん》と咲きひらいたのはとうぜんといえる。あらゆる思想を相対視する富永仲基《とみながなかもと》のような天才的思想史家の出現も、徂徠なくしてはありえなかったであろう。

徂徠の人間観と社会観

次に彼の人間観や社会観の問題に移ろう。さきにみたように、彼は人間の心に関してペシミスティックな考えをもっていた。自己の心をもって心を治めようとするのは、狂人が自分でその狂気をなおすようなものだとさえいっている。自分の心さえ治めえない人間がどうして聖人になりうるのか、ここから徂徠は「聖人は学びて至るべからず」という命題を提出する。それは「人みな聖人たるべし」という宋学の命題からの一八〇度の転回であった。

彼は宋学のように、人間が自己の気質の性を変えて本然の性に復《かえ》る（すなわち聖人になる）ことの可能性を認めなかった。人間の気質は絶対に変化しない、と、彼は気質に関してはこれまでの思想家たちとちがって経験科学的に考えている。気質を変えるのではなく、気質を充実すること、自己の個性を涵養すること――これを彼は移といういうことばで呼んでいる――こそ、人間が学問を通じてやるべきことである、と彼は考え、この気質の移（個性の涵養）によって得たものを、彼は徳と解している。そして徳は得であり、また材である、という。

個人と社会との関係に関しては、道の面からみれば、「人の道は一人を以て言ふに非ざるなり。必ず億万人を合して言をなす」ものであるとともに、為政者の観点からみれば、「君の斯の民をして学びて以てその徳を成さしむるも、将《は》た何《いづ》くに之を用ふるか。亦各〻その材に因りて之に官し、以て諸《こ》れを安民の職に供せんと欲するのみ」ということになる。それぞれの個性を涵養し、特殊技能を身につけた人間を官僚に抜擢して、君主の政治的支配を輔佐させるのが学問と教育の目的だと彼はいう。さらにつづけていう。「農は田を耕して、世界の人を養ひ、工は器を作りて世界の人につかはせ、商は有無をかよはして世界の人の手伝をなし、士は是を治めて乱れぬやうにいたし候へ共、相互に助け合ひて、一色かけ候ても国土は立不レ申候。されば人はものすきなる物にて、はなればなれに別なる物にては無レ之候へば、満世界の人ことごとく人君の民の父母となり給ふを助け候役人に候」（『徂徠先生答問書』）。

このいっさいの人民が役人である、ということばから、われわれは丸山真男氏のように、儒教の政治化という結論をひき出すこともできるであろう。あるいはまた、相互に助けあって、一色欠けても国土は成りたたないという徂徠の認識のうちに、自然経済から商品経済への推移を読みとることもできる。それとともにわれわれが見落としてならないのは、人間の多様性にたいする認識と、それぞれのこの多様な人間が、社会的機能において欠くべからざる役割を果たしているという彼の見解である。これまでたとえば中江藤樹などの場合のように、道の前に人間は平等であるという考えはあったが、社会的機能として人間が平等な役割を果たしているという認識はなかった。

第四章　武士の道徳

1　武士の性格の変化

幕藩体制の成立とともにまず変化を蒙《こうむ》ったのが武士の生活であるが、それとともに武士の性格も非常な変化をとげた。それまでの武士は戦士としてその社会的機能を果たしたのであるが、政治機構の整備、平和社会の出現とともに、武士たちのあるものは政治家として、また行政官僚としてその役割を果たさねばならなくなった。またこの生活の変化をちがった面からみると、武士たちは自己の所行地から離れ、城下町に非生産者としての生活を送るようになった。

この新しい状況で、いろいろの役職についた武士はそれなりに生き甲斐を感じたであろうが、そうでない大多数の武士たちはどこに自己の存在理由を求めたらよいか、ということについて惑わざるをえなかったであろう。たとえその数は少なくても支配的な官僚的武士の性格は、一般の武士たちにたいして影響をあたえずにはおかない。自己の心情の純粋さだけを拠りどころとして生きていた武士たちは、とまどい、反撥《はんぱつ》し、そして多くのものは時の流れにしたがって、自己の行為の結果を思慮する武士に変わっていく。それは社会的秩序が確立し、法による支配が確立した状況においてはきわめて自然な成りゆきであった。他方ではそれまでの武士たちの簡素な生活は、しだいに商業資本の影響を受けて贅沢《ぜいたく》なものになっていく。とくに定府の制度や参観交代の制度によって、武士たちが江戸の生活を送る経験をもったことは武士気質《かたぎ》の上に大きな影響をあたえたようである。

もちろんこうした変化がそのままただちに認められたわけではない。ありし日の武士の単純素朴な生き方への懐旧の念はけっして簡単に消えうせるものではなく、新しい傾向にたいする反撥はとうぜんおこるべくしておこった。大久保彦左衛門《おおくぼひこざえもん》の『三河物語』なども、そうした新しい傾向にたいする反撥の一つのあらわれだし、のちに述べる山本常朝《やまもとつねとも》の『葉隠《はがくれ》』などは最も激烈なプロテストであることはいうまでもない。また西鶴《さいかく》が『武家義理物語』や『武道伝来記』に同情をもって描いた多くの武士たちは、時流に乗らなかった、否、乗ることをみずから潔しとしなかった武士たちであった。あるいは森鷗外《もりおうがい》が、伝統からの断絶が始まる大正はじめの日々に、そのかずかずの歴史小説の主人公に選んだ武士も、そのようなタイプの武士であった。それは誇り高く、信義を重んじ、自己の名を守るためには生命を賭すことをあえて辞さない人々であった。彼らは、このような戦士としての多くの美徳をもちつつも、その反面、新しく形成されつつある法的秩序に順応することがうまくできない一面をもった人々であった。

この戦国武士的エートスは、そのまま徳川社会の武士の指導原理とするわけにはいかない。時代の動向を察知して、旧き時代に帰ることなく、しかも新しい武士の生き方を道義的に基礎づける必要を感じたのは徳川家康であった。馬上をもって得た天下は馬上をもって治めるべきではない、という洞察のもとに彼は儒教を採用した。また殉死にたいしても、彼は好意を示さなかった。

ところで新しい体制のもとに出現した新しいタイプの武士、たとえば西鶴が『武道伝来記』で「今時は武道はしらいでも、十露盤《そろばん》を置きならひ、始末の二字を名乗れば、何処でも知行の種となりて、譜代の筋目正しき者はかならず先知を減少せらる。世は色々にかはりて今より末には、諸侍たる者、刀の代りに秤を腰にさして商ひはやるべしとさたする時……」と描いたような武士は、武士が武士である限り、やはり全面的に肯定されるわけにはいかなかった。戦国的武士ともちがい、またこの商人的合理的武士ともちがう、新しい武士の理想像がどうしても形成されねばならなかった。

奇妙なことに、こうした武士の道義化の方向を推しすすめるために努力したのは、和辻哲郎博士が指摘しておられるように、林羅山その他の御用学者ではなく、中江藤樹、熊沢蕃山、山鹿素行などの浪人出身の儒者であった(6)。藤樹にみられるように、商人的・合理的武士にたいする戦国武士的反撥の感情があり、しかもそこにとどまらないで、それを基礎にして儒教が学ばれたのである。儒教の武教化をはかった熊沢蕃山、山鹿素行においても、同様の心情がはたらいていたように思われる。

いま彼らのことばをみると、中江藤樹は前に述べたようにみずから士籍を脱した人であるが、孟子のことばを引いて「士より上は、心を労して人をおさむるを事とする故に、明徳をあきらかにして仁義をおこなふが、士の所作なり」（『翁問答』）と、儒教によって武士のあり方を基礎づけようとしている。そして喧嘩早い当時の武士たちのことを「かみあひのつよき犬にことならず」（同上）と思いきった批判をしている。

こうした傾向をもっと強く推しすすめたのは弟子の熊沢蕃山である。彼によれば当時の儒者は「渡世のために儒学したるもの」で、けっして士君子の理想を体現した人士ではない。彼は「今日本にていはば、武士の武道に達せる人の、生付《うまれつき》仁愛無欲なるあらん、此人に礼楽文章あらば、古の士君子たるべし」（『集義和書』）と、仁愛無欲の武士気質を儒教の礼楽文章によって洗練することを通じて、理想的士君子が形成されるとしている。

2　山鹿素行と士道の成立

このように儒教によって理想化された武士の生き方を、従来の「武士道」にたいして、とくに士道と呼ぶ。ところでこの士道の形成に最も力をつくしたのは山鹿素行である。彼は多くの研究者たちによっていわれているように、古学思想の形成者としてよりも、儒教の武教化の実践者、士道の鼓吹者としてより大きな歴史的意義をもっているといえよう。

彼は武士の職分についてこういっている。

凡《およ》そ士の職と云ふは、其身を顧《おも》ふに、主人を得て奉公の忠を尽し、朋輩に交はりて信を篤くし、身の独りを慎んで義を専らとするにあり。而して己れが身に父子兄弟夫婦の不レ得レ已《やむをえざる》交接あり。是れ亦天下の万民各々なくんば不レ可レ有の人倫なりといへども、農工商は其の職業に暇あらざるを以て、常住相従つて其の道を不レ得レ尽。士は農工商の業をさし置いて此の道を専らつとめ、三民の間苟《いやしく》も人倫をみだらん輩をば速《すみやか》に罰して、以て天下に人倫の正しきを待つ。是れ士に文武之徳治不レ備ばあるべからず。

（『山鹿語類』）

彼がいおうとしているところは、生産に従事しない武士の職分は、人倫の道を実現し、道徳の面で万民のモデルとなるところにある、と思われる。いやしくも武士たるものはこの職分を自覚し、人倫の道の実現に邁進《まいしん》する勇気をもたねばならない、このためには、(1)気を養う、(2)度量、(3)志気、(4)温藉《おんしゃ》、(5)風度、(6)義利を弁ずること、(7)命に安んずること、(8)清廉、(9)正直、(10)剛操、の心術を養わねばならない、と彼はする。これは第一の段階で、これらの心術を身につけたものはさらに、(1)忠孝を励む、(2)仁義に拠る、(3)事物を詳《つまび》らかにする、⑷博く文を学ぶ、等のことを通じて、道徳の面でも教養の面でもさらに自己を深めていかなければならないとしている。

ここで最も注意すべきことは、彼がこうした心術のあり方や才徳の錬磨というような内的問題を、外的な立居振舞と同一視していることである。心のあり方は外のかたちに必ずあらわれる、というのが彼の信念であった。したがって威儀というのが彼の士道論では非常に重要な部分を占めている。

彼は威儀を正しくするためには、⑴視聴を慎む、⑵言語を慎む、⑶容貌の動きを慎む、等の自敬の術を説いている。さらに彼は衣食住にわたって威儀のあり方をいちいち規定している。

ここでは残念ながらこの規定のいちいちを紹介できない。しかしこれらの繁雑とも思われる規定を通じて素行は何をなそうとしたのか。私は彼が戦国的武士を東洋流のジェントルマン——士君子——に仕立てあげようとしていたように思われる。「おろめけ、空言云へ、ばくちうて」「一町の内にて七度虚言いふが男なり」——これは『葉隠』の中の一節であるが、こうした殺伐な戦国時代の余習をとどめている武士たちを、教養ある武士に馴化《じゅんか》することは当時必要欠くべからざることであった。相良亨氏のことばによれば、そこには「死の覚悟」の武士道から「道の自覚」の士道への転換があった。[7]

ところで山鹿素行の士道は、思想家の観念の産物にとどまらなかった。素行の死後の出来事ではあったが、彼の謫居《たっきょ》の地であった播州赤穂の浪士たちの復讐事件があった。これは主を討たれた武士の激情的な復讐の事件ではない。浪士たちは一年有余の歳月をついやし、その間思慮にみちた行動をしてその目的を達成し、しかも彼らの行為を「義」のための行為と称している。こうした赤穂浪士たちの思想と行動との背景には、山鹿素行の兵学と「士道」があった。少なくとも世人はそう思った。浪士たちの忍耐強い行動と、素行の「我が身たとへ生きながら敵人の手に渡るとも、命は卒爾《そつじ》に棄《す》つべからざると存ずる也。己れが一時の怒に身を棄て、恥を思うて早く死し、死を潔くして一時の思を快くせんことは忠臣の道にあらざる也」(『山鹿語類』)という考え方とのあいだには一脈相通ずるものがあるように思われる。

3 『葉隠』武士道

この素行の考えはひたすら「死の覚悟」をつけることをめざす在来の戦国的武士道にたいする一つの挑戦であった。これはいったい武士道という名前に値するであろうか。『葉隠』の著者山本常朝はこの事件を「浅野殿浪人夜討し、泉岳寺にて腹切らぬが越度《おちど》なり。又主を討たせて、敵を討つ事延々《のびのび》なり。もし内に吉良殿病死の時は残念千万なり。上方衆は智恵かしこき故、褒めらるゝ仕様は上手なれども、長崎喧嘩の様に無分別にすることはならぬなり」と批判した。

この長崎喧嘩というのは、鍋島家の深堀《ふかぼり》屋敷に勤める深堀三右衛門と志波原《しばはら》武右衛門が、長崎町年寄高木彦右衛門《たかぎひこえもん》の仲間惣内《ちゅうげんそうない》と路上でゆきあったとき、たまたまぬかるみの泥水が惣内にかかった、かからぬということが発端になって喧嘩になり、両人の身内、高木方の主人以下家来一同までそれにまきこまれ、事のおこった翌朝には両人およびその身内の者は高木方を襲い主人以下を皆殺して武士の名誉を守り、自分らも切腹して果てたという事件である。(8)

常朝の赤穂浪士にたいするこのような批判と長崎喧嘩の賛美の背後には「武士道といふは、死ぬ事と見付けたり。二つ二つの場にて、早く死ぬかたに片付くばかりなり」という彼自身の武士道観と、「図に当らぬは犬死などといふ事は、上方風の打上りたる武士道なるべし」という、前掲の素行的士道への批判があった。

『葉隠』の著者にとって、主君にたいする忠とは儒教に説くような物々しいことではなく、いわば恋人にたいするような気持で——しかもその恋はあからさまに示されるものであってはならない、忍恋《しのぶこい》こそ恋の至極である、と彼はいっている——主君に仕える情誼的関係であった。主君の死にさいしては殉死こそ彼の選ぶべき道であったが、彼は殉死を禁ぜられた時代の武士であり、時代の流れに抗して自己の一身を賭して献身の美徳に生きる戦国武士の精神の美しさを後世に伝えたいと願った人であり、死におくれた人の無念さが、

『葉隠』全編の中に一種のあやしい気分をただよわせている。この常朝にとって、新しい時代の傾向のすべては耐えがたいものであったろう。

　戦後二十数年をへた今日、『葉隠』を読みかえしてみると、死の問題についての考え方など多くの聞くべきものがある。たとえば、「毎朝毎夕、改めては死に、常住死身になりて居る時は、武道に自由を得……」というような一節は、われわれの創造的生き方ということを、裏からいった表現ともとられないことはない。不断の自己否定をともなわない創造ということはありえないからだ。あるいは『葉隠』の中に示され、奈良本辰也氏の著作にも引用された一挿話――五、六十年前までの侍は、毎朝起きると行水を使い、月代《さかやき》を剃って髪形をととのえ、その髪に香を匂わせ、手足の爪を切って軽石ですり、それに艶《つや》を持たせるために、こがね草で磨き、いつも立居振舞に気を使っていた――などもわたしの胸をうつ。死を決意した人の「清潔で美しい日常」（『武士道の系譜』）、ここには日本人というものを考える場合の一原点がある。日本人の生活における美意識は、このような死の覚悟と無常の明《あき》らめの上に、意識的・無意識的の差を問わず成りたっているかもしれない。日本文化における「菊と刀」の共存の真の意味は美と殺人との共存ということではなく、美と死とが人間の生を浄化するものとして根源的に一つということではなかろうか。

　このように『葉隠』は日本人や日本文化の深層を顕在化しているという点においてすぐれた本だが、しかし『葉隠』をもちあげるために、士道は実際存在したものではなくて、ただ頭で考えられた一種の道徳的理想にすぎなかった、と断定するような考え方には、わたしは躊躇《ちゅうちょ》を感ずる。

4　士道と忠誠心の問題

儒教的士道と封建君主への忠誠との関係は徳川時代の武士たちにとっては大問題で、士道の成立ということで問題が片づいたのではもちろんない。たとえば自分の仕えた君主が無道の君であればどうするか、それにたいしてよくも悪くも君主にしたがうのが臣下の倫理であるとする考え方と、諫言《かんげん》してもききいれられなければ去る、という考え方である。後者が儒教の本来的考え方であり、天下に道を実現することをめざす士は、その可能性をもたない君主のもとを去るのがとうぜんのことと考えられ、山鹿素行もこの考えを支持していた。

しかし世襲原理に立脚する日本の封建社会では、このような考えが簡単に認められるはずがなかった。とはいえ、士道はやはり徳川時代の武士たちに大きな影響をあたえた。たとえば『葉隠』と同じ基調に立つ大道寺友山《だいどうじゆうざん》の『武道初心集』は、士道的考えを受けいれ、「乱世の武士道」とともに「治世の武士道」を説く。そして「教育」という一章を設け「七、八歳の年齢にも生立候に於ては四書五経七書等の文字読をも致させ」といっている。しかもこのような考えから『武道初心集』は、徳川斉昭《とくがわなりあき》や松平慶永《まつだいらよしなが》（春嶽《しゅんがく》）に愛読され、信州松代藩ではわざわざ刊行されて藩士に頒《わか》ちあたえられた。

5　武士道と日本人のモラル・バックボーン

武士が武士である以上、一身を抛《なげう》って奉公すべきであり、しかも庸君・暗君であってもこれに忠節をつくすべきだという考えは、吉田松陰の感悟の説にみられるように徳川時代の最後まで残るが、平和な社会の武士たちは同時に儒教の古典的理想につちかわれた士君子であることが要求された。そうしてこうした士君子的武士を育成するため多くの藩校が設立された。この藩校教育の効果については、折々、武士たちのあいだから反省の声はあがっているが、彼らがその青少年期を、文武両道を兼ねることを理想として、士君子たるべく自己形成の努力をつづけたことは否定できない事実である。ましてこうした武士たちが多く出たことが日本人の国民的性格の形成にも、また日本の近代化にとっても、計り知れぬ影響をもったことはあらためていうまでもない。彼らの知的力は西洋文化を理解する素地になったし、また彼らの道徳的品性は明治国家のモラル・バックボーンを形成したのである。

たとえば明治の実業家のことを考えてみる。外国人の書いた多くの『日本論』の中でも最もすぐれたものの一つである戴季陶《たいきとう》（天仇《てんきゅう》）の『日本論』は次のようにしるしている。

「現在の日本の実業家で、明治の新教育以前に育った八十歳クラスの老人連から、試みに武士出身の渋沢と町人出身の大倉《おおくら》を選んで比較してみよう。前者は誠実な君子、後者は狡猾なブローカー。前者は高尚、後者は卑俗。一方は修養を口にし、他方は利益いってんばりである。この両極端の性格が、武士と町人の差異をくっきりと浮かび出させている」。大倉〔喜八郎《きはちろう》〕も若いときは中村敬宇《なかむらけいう》（正直《まさなお》）のしるしたスマイルスの『自助論』で感動・発奮し、成功後、敬宇先生に感謝の気持をこめて桐の火鉢を送ったという逸話のもちぬしだが、晩年にはスマイルスの感化もはげてしまったらしい。渋沢栄一が晩年にいたるまで論語を愛読したことはあまりにも有名な話である。[9] そして日本資本主義のリーダーであった渋沢だけでなく、幕末から明治中期までの日本の近代化のリーダー、サブ・リーダーとなった人々の大半は、武士出身の人々であった。

6　中期以後の武士のモラル

もとに帰って、山鹿素行以後、武士のモラル、あるいは生き方の問題がどのように考えられたかについて一瞥しよう。まず荻生徂徠であるが、彼は武士の献身の美徳について「御身は主君へ被二差上一、無物《なきもの》と被二思召一候由、是は今時はやり申候理窟に候得共《さうらへども》、聖人の道に無レ之儀に候」「身を我身と不レ存候事は妾婦の道にて候」（『徂徠先生答問書』）と批判する。臣下が自分の身を思わず、自分の不満を出さず、すべて主人の思う通りになるのであれば、君は臣の助けを得られず、一人で世の中を治めなければならなくなる。それでは国がうまく治まるはずはない。臣は君を助けるものであって、君の奴僕ではない。これは幕藩体制が集権的官僚社会となり、武士はその官僚となって仕えた事態によく適合する考え方といえよう。

なおここでもう一つ忘れてならないのは、海保青陵の君臣関係の規定の仕方であり、彼は当時の「義は君臣、情は父子」というような擬制的パターナリズムの風潮に反対して、「古へより君臣は市道なりといふなり。……君は臣をかい、臣は君へうりて、うりかいなり。うりかいがよきなり」（『稽古談』）と、君臣関係をギヴ・アンド・テイクの取引関係として説明する。そして天子や諸侯は、天下や国という財貨をもった豪家で、この財産を民にかしつけてその利息で生活している人と規定し、一般武士は、自分の智力を君に売って、その日雇賃銭で生活している人である、とする。商業資本の発展が、十八世紀末の一自由思想家に武士の社会関係をいまやあらわに透視させる。われわれは戦前の国家体制の中で、徳川時代にこのような君臣関係の規定をした思想家がいたことを教えられなかった。しかしまた、青陵的考え方が当時の一般武士に抵抗なしに受けいれられたとは思えないことも付け加えておく必要がある。

幕末の問題は別の章でくわしく扱うので、ここでは簡単にふれることにするが、幕末の志士や経世家によって、富国・強兵ということとともに「士道」ということがあわせ主張されたことを、われわれは忘れてはならないと思う。士道という精神的要素が、富国・強兵という政治的改革を推しすすめる動力であったのだ。

この士道の内容だが、たとえば幕末の代表的士道論者吉田松陰の場合をみると「剛毅木《ごうきぼく》訥《とつ》の所より鍛錬致し候はでは、武士道の大半相立たず」（「嘉永四年二月二十日上書」）と武士道を儒教的徳目に結びつけて説明する点において士道論者に通ずるとともに、儒教の「敬を主とする」ということを「常住坐臥、死を常に心に存し置」くと説明する点、『葉隠』その他の「死の覚悟」を原理とする武士道論者に通ずる面をもっている。幕末、それは儒教的教養の蓄積された時代であるとともに、死を決意して行動せねばならない乱世であり、道の自覚的士道と死の覚悟的武士道が一個の人格において結合されねばならないゆえんはここにあった。

7　武士道と近代化

さて武士道と近代化との関係であるが、「士魂商才」の問題についてはさきに言及した。そのさい武士道の中のストイシズムがなんらかの役割を果したであろうし、とくに「一諾死をもって守る」という戦国武士以来連綿とつづく彼らの信義を守る生き方が、大きな役割を果したであろう。さらにまた彼らの知的力がすぐれた判断力の基になったことも否めない。

しかしより根本的なものは、武士の中に生きていた自立心であり、独立心であった。山鹿素行はこれを「卓爾たる独立」（『山鹿語類』）といい、吉田松陰は「大丈夫《だいじょうぶ》自立の処なかるべからず。人に倚《よ》って貴《たっと》く、人に倚って賤《いやし》きは大丈夫の深く恥るところ」（『講孟余話』）という。そして明治日本の知的・精神的指導者福沢諭吉が「独立自尊」の唱道者であったことは誰しも知るところ。この福沢は「唯《ただ》真実の武士は自から武士として独り自から武士道を守るのみ。故に今の独立の士人も、其独立の法を昔年の武士の如くにして、大なる過なかるべし」（『福翁百話』）と、みずからその独立自尊のスピリットと武士道の独立心・自立心とのあいだにある連続性があることを語っている。福沢における個人の確立が、ニュートン的数学・物理学的方法に由来することはつとに丸山真男氏が主張されるところだが、このような知的認識にもとづく面を補完するものとして、徳川時代の武士道のスピリットとの連続性の面は今まで案外忘れられていたように思われる。そしてこの独立の精神は「独立の気力なき者は国を思ふこと深切ならず」（『学問のすすめ』）、「一身独立して一国独立す」（『文明論之概略』）と、近代的国家形成のレヴェルにまで高められるのである。

われわれはもちろん、明治時代に武士道の果たした役割を全面的に肯定的な仕方で認めるわけにはいかない。武士道が軍国主義の形成と関係をもっていたことは否めない、しかしまた武士道につちかわれたモラル・バックボーンをもっていた明治人が一つの風格をもっていたことも否めない。徳川社会の伝統を背負った明治の近代化の「愛憎並存《アンビヴァレンス》」の最もよい例の一つを武士道は提供するであろう。

第五章　町人と商業肯定の思想

1　徳川時代の町人の性格

われわれは「武士の道徳」の章で、海保青陵が商業資本の発達を肯定し、それに即応しなければ武士も生活できないことを認識して、武士の主従関係すらも売買関係、取り引き関係によって説明したことをみてきた。たしかに徳川時代の中期以後には、大坂（阪）の町人がひとたび怒れば、全国の大名たちは震えあがるという状況がおこっていたことも事実である。これほど町人の力が強かったのに、なぜ町人自身の手によってブルジョワ革命がおこされなかったのであろうか。

それは前からたびたびいったように、徳川時代の町人はどんなに富を誇っても、その富は彼らが幕藩体制に寄生することによって得たものにすぎなかったからである。同じ町人という名前で呼ばれても、海外貿易をいとなむことによってその富と力とを獲得した安土・桃山時代の堺や博多の町人たちとはちがって、彼らは幕藩体制に寄生し、それなしには商人として生活していくことのできない存在であった。両者には質的な相違がある。だから彼らは棄捐令を布告され、闕所を仰せつかっても泣き寝入りするほかなかったのである。

こうした幕藩体制に寄生することによって繁栄した大町人の立場を最もよく代弁したのが山片蟠桃《やまがたばんとう》である。彼は意外にも「都会市井ノ民ヲシヘタゲテ、農民ヲ引立テ耕作ヲススムル政事ヲスル、コレ第一ノ枢要トナス」とか、「国ヲ治ルハ百姓ヲススメ工商ヲ退ケ、市井ヲ衰微サスニアリ」(『夢之代《ゆめのしろ》』)というような、町人についてのわれわれのイメージとはまったく異なることをいっている。それは彼が、農産物を財政の基礎とする諸藩(とくに仙台藩)、もっと拡張していえば幕藩体制となんらかの仕方で結合することによって利益をあげることができたからである。彼の立場は産業資本家ではなく、商業資本家、それも高利貸資本家として、財政に苦しむ諸藩に金を融通したり、米の売買の仲介をして利益をあげる立場であったから、彼が封建制を擁護したのはとうぜんである。彼の思想の中にはすぐれた経済合理主義があるが、それは右に述べたような枠組の中で追究されたのである。

このような大町人の基本的性格は幕末まで変わらない。したがって明治維新を説明する理論としての下級武士とこれら大町人との同盟説の成りたたないことはあらためていうまでもない。維新前後に三井などが朝廷側に金を出したのは、刀を突きつけて強制的に醵金《きょきん》させられたもので、同盟でも何でもなかった。

このように町人は明治維新の原動力とはならなかった。しかし町人たちの経済力、あるいは彼らの経済についての考え方・態度、等は、明治国家をつくる場合の有力なすぐれた一条件となった。しかしまた彼らが幕藩体制に寄生し、しかも身分的制約を受けて賤しめられ、商人として、あるいは人間としてその可能性を充分に伸ばすことのできなかったことからおこる屈折は、明治以後の日本の商業活動にもなにがしかの暗い影響をあたえたのではないかと思う。

さて徳川時代の町人の問題に移ろう。この時代での町人の人口比は五ないし六パーセント(武士が六ないし七パーセント)とされている。しかもこの町人は商人・職人の両者を含むわけであり、商人の人口は、当時の総人口三二〇〇万として約一三〇万程度にあたる。人数からいえばわずかにすぎない。これは幕末における推定であって、幕府創業当初の商人の人口比はもっと少なかったであろうし、一部の貿易商人を除いてはその社会的勢力は微々たるものであった。幕府は諸大名、農民にたいする苛酷な政策と対照的に城下町をつくるときには商人たちには特恵的条件をあたえて保護している。家康のような思慮深い政治家といえども、この力弱き商人階級が堅固極まる幕府権力の基礎をくつがえすことになるとは夢想だにできなかったであろう。

兵農分離の政策の結果、武士たちは知行地を離れて城下町に集まった。武士はもはや生産者ではなく消費者であった。自然経済の段階では、ある意味では装飾的存在であった商人はいまやこの大消費者の出現によって必要欠くべからざる存在となった。この各城下町における現象をもっと規模を大にしたものが江戸の町であり、定府や参覲交代の政策によって江戸はいわば全国の城下町となった。そして、その一〇〇万の人口の半ばは武士やその家族であったから、その消費量たるや莫大なものであった。武士たちは否応なしに商品経済・貨幣経済の渦の中にまきこまれてしまった。すなわち彼らは農民から得た米を各藩ごとに大坂で売り、そこで得た貨幣をもって、主として上方から運ばれた商品を買う仕組になっていたから、各段階で商人たちに利益を提供せざるをえないことになっていた。しかも将軍の贅沢、幕府のお手伝政策、大名や旗本同士の競争的な華美な交際、等にもとづく消費によって、幕府や大名家の富はみるみるうちに町人たちの手に流れてしまった（各藩の支出の六〇パーセントは江戸表、参覲交代等の費用についやされた）。かくして農業生産を基礎とし、武士や農民を主体とする徳川の封建社会の基礎そのものがゆらぐという結果になってしまったのである。

もちろんいま述べてきたことが一朝にして実現されたのではない。武士側の放漫な政策とともに町人側の主体的努力もあった。あるいは武士、とくに幕府側の権力による棄捐令等の政策に対抗する町人側の処世知の発達もあった。あるいは町人たちの営利的行為を支持するイデオロギーの発展もあった。以下これらの問題について簡単に述べよう。

2 江戸の町人と大坂の町人

徳川時代の町人の基本的性格が幕藩体制への寄生であることは終始一貫しているが、徳川時代の中で時間的には何段階かに分けられる変化があり、また空間的には江戸の町人と大坂の町人とのあいだには性格の相違がある。

(1)江戸の町人は御用商人的出入《でいり》商人的性格をもつ。この特性がまず発揮されたのは三代将軍家光、四代将軍家綱《いえつな》、五代将軍綱吉の頃、将軍家の大建築への欲望と明暦の大火をはじめとするあいつぐ火災によって巨利を博した材木商であり、彼らはいわば投機的商人と呼ぶべきであろう。紀国屋文左衛門《きのくにやぶんざえもん》や奈良屋茂左衛門《ならやもざえもん》がその代表者であり、堅実な努力によってではなく、放胆な投機的方法で利益を得た彼らは、金銭を濫費《らんぴ》して惜しむところがなく、「大気」を誇る。幕府の役人に取りいるためにもこのような大気が必要であり、彼らの浪費は形を変えた投資であったといえよう。

(2)しかしこのような変態的な状態がいつまでもつづくはずがない。綱吉の死、勘定奉行荻原重秀《おぎわらしげひで》の死とともにこのようなタイプの御用商人は姿を消してゆくが、それ以前に元禄期あたりから、幕府と特定の関係をもたず、自分の「智恵才覚」によって町人としての生涯をきりひらく商人たちが出現する。元禄の社会の隆盛には、五代将軍綱吉の奢侈《しゃし》が一つの景気刺激剤となったことは否めないが、ともかくそれは町人にとって可能性にみちた社会であり、こうした社会を背景として西鶴の文学の華もひらいたといえよう。すなわち一方では自己の人間性の解放を性において求める好色物が成立するとともに、他方では自己の智恵才覚によって、町人としての地歩をきずいていく町人たちの生き生きとした生活の姿を描いている町人物が生まれる。「人の分限になる事、仕合《しあはせ》といふは言葉、まことは面々の智恵才覚を以てかせぎ出し、其家栄《さか》ゆる事ぞかし」という西鶴の『世間胸算用』のことばはよく当時の町人たちの姿を伝えるものといえよう。

西鶴の文学にあらわれた町人たちは、資本主義興隆期の町人たちの共通の特徴をもっている。それは勤勉と倹約にもとづいた合理的な生き方である。たとえば貧乏という病気を退治する「長者丸《ちょうじゃがん》」という薬の処方については「朝起五両、家職二十両、夜詰八両、始末十両、達者七両、此《この》五十両を細かにして胸算用秤目の違ひ無きやうに手合念を入れ、是を朝夕呑み込むからは、長者に成らざるといふ事なし」と書かれている。西鶴の描いた模範的町人である三井九郎右衛門（三井家の祖）は、現金掛値なし、商品毎の販売の分担、即時の仕立、というような新商法をあみ出した智恵才覚に富む男であるが、三井家の家憲《かけん》をみると、大名貸しその他の投機事業の禁止、家業を怠らない範囲においての神仏の崇拝、儒学の教養、等を説いている。ここには投機的商人になかった堅実さ、思慮深さがあり、信仰や学問をも商行為における成功の手段として吸収する功利性がある。これが第二期の町人の基本的性格であり、彼らは徳川時代の上昇期の町人の性格を最もよく示している。これらの町人は、江戸で活躍した場合でも、その出身は上方であったことが見落とされてはならないであろう。

このように彼らの考え方や生き方は資本主義興隆期の商人たちと共通の特徴をもっていたが、彼らが西洋のブルジョワジーと袂《たもと》をわかったのは、その功利主義の道徳が公共的性格に欠ける点である。なるほど当時の文献をみると、我欲と公欲の区別はあるが、その公欲というのは一家一門の安泰をはかろうとする欲望のことであって、われわれが今日そのことばで考えるような広い社会性をもつものではない。これはたとえば、商は「只《ただ》利を知りて義を知らず、身を利することのみ心とす」(『山鹿語類』)、「商賈《しやうこ》は一に智を以て機利を射る者也。故に一日或いは数倍之利を得るに必ずしも力を用いず、而《しか》も利を得ること常に多し。最も賤しき所以也」(『産語』)というような山鹿素行や太宰春台等の儒教のことばに示されているように、社会的責任を武士にのみ負わせ、商人を利益の追求者として賤しんだ、当時の封建社会的価値観にもとづくものであり、明治以後の日本資本主義の性格にもなんらかの影響をあたえているように思われる。

福沢諭吉や渋沢栄一が明治初期に近代資本主義を形成しようとするとき、士魂商才を唱えねばならなかったゆえんも、この町人の功利主義の非公共的性格にある。個人や一門の繁栄のためだけでなく、天下国家のために利益を追求するためには、商才に加うるに武士のスピリットがいったのである。

(3)ところで徳川時代の商業資本の発展の結果、商業組織もしだいに整備されて、智恵才覚だけではやっていけない事態がおこってきた。西鶴のことばにしたがえば「唯《た》だ銀が銀を溜める世の中」になった。こうなると町人社会も冒険の精神をしだいに失って、着実性、保守性を強くもつようになってくる。そこでは同業者間の信用が何よりも必要である。当時の商人の借用証書に「万一此の銀子返済致し不申候事に候はゞ人中におゐて御笑被成候共其節一言申分無之候」（『摂陽奇観』）というのがあるというが、これは商人における信用の必要性が一般に認められていたことの一つの証拠であろう。商人社会における信用組織の確立によって、信用の失墜はただちに商人としての生命の喪失を意味する事態がすでに訪れていた。近松の義理・人情の悲劇が成立したのはこのような社会的境位においてであった。貧しい純情な青年たちが自己の恋愛を貫こうとして、この商業資本の組織に抵触《ていしょく》し、ついに心中をとげるというのが、彼がその麗筆をもって繰り返し描いたテーマである。

(4)田沼時代にもう一度たち上がった江戸の町人たちの中心となるものは札差《ふださし》である。彼らは元禄の町人たちの気風に憧れ、いわゆる「蔵前風」なるものがそこに形成された。彼らは意気を尊び、宵越しの金を使わぬことを誇りとする通人たちであった。彼らは、倹約を事とする大坂の町人を「上方贅六《かみがたぜいろく》」として軽蔑したが、彼らの生活態度は幕府の役人たちと結びつく特権階級たることによってはじめて可能だったのであり、徳川時代における経済活動の基本勢力はやはり大坂の町人であった。

3 町人と「家」意識

彼らの経済的実力はいまや「大坂の富商一度怒れば天下の諸侯皆慄《ふる》へ上る」ところにまで達した。大名たちは大坂の富商の協力なしにはやっていけない事態が訪れていた。彼らはまさに「天下の町人」であった。しかし淀屋の闕所事件や、将軍吉宗《よしむね》の、武士と町人とのあいだの金銭の貸借関係についての訴訟の受理中止の政策、等にたいする態度にみられるように、彼らは幕命に抗することのできない、所詮「町人の天下」をきずくことのできない存在であった。[10] 彼らには最後まで、ブルジョワジーとして成長し、みずからの手でブルジョワ革命をひきおこす力はなかった。

さて徳川の中期以後の町人の性格を理解するには、興隆期におけるそれとはちがう封建的性格を見落とすわけにはいかない。というのは商家の経営が個性ある個人経営から多数の人による組織的経営に移るとともに、武士的・封建的意識あるいは家意識が町人の中にはいっていく。彼らには奉公・分限・体面の意識が強くなり、また看板とか暖簾《のれん》が非常に重要視されるようになってくる。また一軒の商家の中では、丁稚《でっち》・手代・支配人（番頭）・主人の位階性が確立する。大きな商家では支配人の上に別家をおくこともある。数代つづいた比較的大きな商家では、主人は奥にひっこみ、支配人や別家が実務をとる。それには天皇が実際政治にタッチしないのと一脈相通ずるものがある。最高責任者の権威に傷がつかないように、そしてそのことによって家の存続がはかれるように、という配慮がそこにある。

この徒弟制度を、われわれは全面的に封建的として否定するわけにはいかない。というのは機能の点で、この徒弟制度は、幕末以前には武士社会ではついに一般化しなかった人才の育成・登庸《とうよう》という実力主義の原理を実現する制度であった。丁稚たちは支配人・手代の、そして手代は支配人の命令を受けて用を果たしながら、商売というものを覚えていった。手代がある程度経験をつめば、失敗をおかす可能性があることも認めて、自由にやらしてみさえした。経験学習を地でいったのである。このようにして武士社会では世襲制度が社会の停滞を招きつつあったあいだに、町人社会ではかえって有能な人材を迎えつつあった。中期以後の町人社会の実際の運営者は、子がい制度によって育てあげられた別家・支配人・手代であった。主人は象徴的存在であり、有能で、誠実な支配人に自分の娘を嫁がせることもしばしばであった。そして明治のはじめに三井、住友のような徳川時代の伝統を誇る大町人たちは、新たに士族出の、そして明治の教育を受けた支配人を迎えることによって、近代企業に転換することに見事成功したのである。

ところで同じ世襲制が、武士の場合と町人の場合とでこのようにちがった結果をひきおこした理由はいったい何であろうか。それは幕末になって外圧を受ける以前の武士社会の目標は、ただ事なく、その家が存続することだけであったのに、町人の場合は、町人同士の烈しい競争や権力者である武士との掛けひきのうちに、存続と発展をはからねばならなかったからであろう。

4　商業肯定の思想と宗教意識

浄土真宗とその職業観

徳川時代の町人の性格については上述したところであるが、彼らの精神構造と商業肯定の思想との内的関連を、彼らの宗教意識に焦点をおいて明らかにしてみたい。ここにいう宗教とは、究極者にたいする態度を意味する。したがって仏教だけでなく、儒教も心学もとうぜん含まれる。しかし儒教に関してはそれを支持したのは大町人であり、彼らの場合はプロテスタンティズムの世俗的禁欲主義を初期資本主義の原理とするウェーバー的発想は適用しにくいのではなかろうか。私にはこの発想が徳川の町人社会に通用しうるのは、中小の経営規模の商人たちに限られるように思われる。また彼らの意識とても、徳川前期の場合は、西鶴の『日本永代蔵』で示されたような勤勉と倹約の精神と快楽主義との混淆ともいうべきものが主流であって、宗教的立場にもとづく世俗的禁欲主義と資本主義との結合が純粋な仕方でみられるのは比較的少ないのではないか、と考えられる。しかしやはりウェーバー的発想の通用しうる場面はあったのであり、これを無視するわけにはいかない。

まず仏教諸派の中で、この問題と一番関係が深いと思われる浄土真宗において、この問題がどのように展開したか、ということから検討したい。特殊のすぐれた人たちだけに許される解脱《げだつ》や悟りの道を説く一般の仏教にたいして、信仰による万人の救済の可能性を説く真宗では、商業、さらに職業一般に関して、早くも蓮如《れんによ》（一四一五—九九）の時期に積極的な姿勢をみせはじめている。蓮如の有名な『御文章《ごぶんしょう》』の一節に次のようなことばがある。

まづ、当流の安心のをもむきは、あながちに、わが心のわろきをも、また妄念妄執のこころのをこるをも、とどめよといふにもあらず、たゞあきなひをもし、奉公をもせよ、猟すなどりをもせよ。かかるあさましき罪業にのみ、朝夕まどひぬる我等ごときのいたづらものを、たすけんとちかひまします阿弥陀如来の本願にてましますとふかく信じて……

この『御文章』をみると、いっさいの繫縛《けばく》をはなれて山林に籠って修行することを説いた道元《どうげん》などとちがって、世俗的な職業生活が認められている。しかしその認め方は殺生罪を犯す職業についてはともかく、商業などの職業について「あさましき罪業」という把え方をしているところをみれば、まだ不徹底といわねばならない。

家康は、幕府創業のはじめにあたって、宗教にたいする政治優位の関係をつくりあげてしまった。他方真宗側でも、蓮如以後、彼を越えるような思想家も組織者も出ず、徳川時代の新しいコンテキストのもとに蓮如における世俗倫理の型が繰り返された。ここにその一例を引用しよう。

外に王法を専ら守り、仁義礼智信の道をわすれず。内心に深く本願を信じ、此世のよしあしは過去よりの因縁に任せて、士農工商己々が家職を第一に心がけるを以て浄土のよき同行とは申也。（沙弥元静《げんせい》『念仏行者十用心』一七七一年）

ここには王法のほかに仁義礼智信の儒教倫理が加わっているが、全体の構造においてはなんら変わるところがない。もちろん「あさましき罪業」というような職業観は消えているが、士農工商の職業倫理を真宗の教義によって基礎づけるということもなかったのである。この点、真宗は仏教諸派の中ではプロテスタントに一番近いとはいえ、やはりそれとは一線を画すべきであろう。しかし、現世の仕事の意義の強調、消費にたいする禁欲的態度において、そこには類似的性格があり、初期資本主義の形成においてそれはやはり大きな役割を果したとみねばならない。とくに真宗と近江商人とのあいだに深い関係があることはこれまでたびたび指摘されたところであるが、この近江商人の中で大坂に移住した者はかなりの数に上るであろうから、この問題は再検討の必要があるかもしれない。

鈴木正三と商業肯定の思想

ところで思想的に商業肯定の線を鮮明にうち出したのは、意外にも鎌倉時代には最も鮮明に反世俗主義の旗幟をかかげた曹洞宗に属する鈴木正三《すずきしょうさん》（一五七九―一六五五）であった。正三は旗本として家康、秀忠《ひでただ》に仕え、関ヶ原、大坂冬の陣・夏の陣にも従軍した歴々の武士であったが、四十二歳のとき出家し、六十一歳の折に見性《けんしょう》したといわれている。このような経歴をもった彼は、最初から出家の生活にはいった人にくらべると、世俗生活の意味についてより深い反省をもっていた。武士の境涯を捨てたときには反世俗的気分もかなり強かったようであるが、のちには「今思フニ、山居ヲ好ムハ異風ズキノダテナ心也。在家ニテ坪ヲ構ヘ、座敷ヲ飾ルト一ツ心也」（『驢鞍橋《ろあんきょう》』）と、宗祖道元の教えであった山林の仏教を排撃する。

彼は出家の尊さと責任を知っていた。それ故にまた僧侶たちの現状をみては、今日では本当の修行は僧侶でなく俗人がするのだ、と考えざるをえない。そしてしだいに世俗倫理の重要さにめざめ、ついには「世法〔世俗倫理〕万事ニ使フト云フ事ヲ云ヒタル人一人モナシ。……大略我ガ云ヒ始カト覚ユル也」（同上）と自負するにいたった。

まず彼が、仏法と世法との関係をどう考えていたか、ということをみてみる。彼は「仏法世法二にあらず」（『万民徳用』）といい、「仏法も、世法も、理を正《ただし》、義を行《おこなひ》て、正直の道を用《もちふる》の外なし」（同上）とする。しかしこの正直には、二つの型がある。一つは世間の正直であり、他は仏法の上の正直である。世間の正直というのは「理をまげず、義を守て、五倫の道、正して、物に違《たがは》ず、私の心なき」（同上）をいう。これは浅いところから深いところにはいっていく道である。これに反して、仏法の上で正直というのは「一切有為の法は、虚妄幻化の偽なりと悟て、本来本法身《ほんらいほんほつしん》、天然自性《てんねんじしやう》のままに用《もちふる》を真の正直」（同上）とする道である。ところで人生における苦の根源は「己《おのれ》、己を思《おもふ》一念」（同上）にほかならない。彼は、このことを知ることを理とし、またこの一念を滅却するはたらきを義とし、この理と義とを用いることによって生死のきずなを切り、正直の旨をうるとしている。このように、世法と仏法とは次元を異にするが、理を正し、義をおこなって、正直の道を用いるという構造においては軌を一にする、というのである。

次に商人の倫理の問題についての彼の考え方を述べる。生産に従事する農民の場合とちがって、売買の利益によって生活する商人にたいして肯定的な態度をとらなかったのは、洋の東西を問わず、中世の宗教の共通の性格であった。かりに商行為が認められたとしても、それは生きるためにやむをえないことだという仕方で認められたのであって、積極的な肯定ではなかった。この「貴穀賤商」の考えは徳川時代の大部分の儒者たちによって支持されたが、正三は「売買をせん人は、先《まづ》得利の益《ます》べき心づかひを修行すべし」といって、利益の追求を肯定する。そしてその心づかいというのは「身命を天道に抛《なげうつ》て、一筋に正直の道を学」ぶことであるとする。すなわち売買の仕事は「国中の自由をなさしむべき役人」としての自己の職分と考えて、利益の追求を目標とせずに、この身を天道にまかせて正直一途に商売をするなら、必ず福徳があたえられるというのである。

　ここまでだったら仏者としての正三の独自性はまだ充分出ていない。彼はさらに、福徳を得ただけで満足してはならない、人間の善なる行為には「有漏《うろ》の善根」と「無漏《むろ》の善根」の両者があるが、われわれは前者を捨てて後者をとらねばならない、という。有漏の善根というのは、この夢幻の世界を実と考えて、それに執著《しゅうじゃく》しながら善をおこなうことをいう。これも福徳の因縁ではあるが、因がつきれば必ず悪道に入る。これにたいして無漏善というのは、菩提の因縁である。すなわち無常の理を観察して、この有為の境界に心をとどめないで、涅槃《ねはん》の妙楽《みょうらく》を願うことである。これこそわれわれの求むべきものである。彼は、売買の作業を無漏善となす願力によって、この身を世界に抛って、一筋に国土のため万民のためと思って、自国の品物を他国に移し、他国の品物をわが国にもってきて諸人の心に叶おうという誓願をおこし、欲をはなれて商売するならば、自己の行住坐臥がすなわち禅定《ぜんじょう》となって、自然に菩提心が成就し、涅槃の妙楽、すなわち無碍《むげ》大自在の人となって、乾坤《けんこん》の間を独歩するであろう、という。ここでは道元の只管打坐《しかんたざ》に代わって、商行為それ自体が聖化されている。

次に彼の職業と社会についての考え方を検討しよう。彼は「鍛冶番匠をはじめて、諸職人なくしては、世界の用所、調《ととのふ》べからず。武士なくして世治むべからず。農人なくして世界の食物あるべからず。商人なくして世界の自由、成《なる》べからず。此外所有《あらゆる》事業、出来て、世のためとなる。天地をさたしたる人もあり、文字を造出したる人もあり、五臓を分て医道を施《ほどこす》人もあり。其品々、隈なく出て、世の為となるといへども、唯是一仏の徳用なり」（同上）という。これは、あらゆる職業がそれぞれの社会的機能を果たす、という徂徠の機能的社会観を先取するものである。もっとも「君の斯の民をして学びて以てその徳を成さしむるも、将《はた》何《いづ》くに之を用ふるか。亦各ゝ、その材に因りて官し、以て諸《こ》れを安民の職に供せんと欲するのみ」（『徂徠先生答問書』）という徂徠と、「本覚真如の一仏、百億分身して、世界を利益《りやく》したまふなり」（『万民徳用』）という正三の思想のあいだには基本的相違はあるが。

『万民徳用』に展開されたこの正三の思想は、のちに心学運動の発展過程において中沢道《なかざわどう》二《に》（一七二五—一八〇三）によってとりあげられたというが、この本の出版された一六六一年（寛文元年）当時の禅宗の信者たちの社会生活にたいして、それが大きな影響をあたえたという確証はない。ここでとりあげる商業肯定の思想において、現実の町人たちの生活に最も大きな影響をあたえたのは、正三より約百年のちの石田梅岩《いしだばいがん》（一六八五―一七四四）であった。

5　石田梅岩と心学運動

心学成立の過程

石田梅岩によって始められた心学運動において最も重要な意味をもつものは、町人によって担われた思想が、彼ら町人自身によって形成され、自覚された町人のための生活哲学であったということであろう。しかもその町人というのは、中小企業程度の町人であった。そして彼らのおかれた状況は、元禄期の町人のように智恵才覚をもって発展する可能性がもはやなく、体制に順応し、商人たちの信用組織によりかかり、しかも大町人の場合のように幕藩体制に寄生しそれを利用することもできず、ただ勤勉、倹約、正直を旨として商人としての信用を博しながら、こつこつと富を蓄積していかなければならないという厳しいものであった。このような時代に、町人たちに生活の方向と自信をあたえたのが石田梅岩である。

梅岩の思想、ならびにその後継者たちの思想において次に注目さるべきことは、そこには神儒仏老荘のすべてが、その体験に裏うちされて生かされていることである。もちろん彼らは学者ではないから、文献の精密な検討や研究をやったわけではなく、独断的な面がなかったわけではないが、自己の主体的要求においてこれらの思想を折衷的に生かし、町人の立場を普遍・特殊の両面から基礎づけたことは注目に値する。この心学の思想は、経験を基礎とし、自己の経験の中にもろもろの思想を摂取し生かすという点において一種のプラグマティックな性格をもつが、それが内省と求道によって裏づけられているところにその特徴をもつ。

梅岩は山鹿素行の死んだ貞享二年（一六八五年）の九月、京都府下の一山村（丹波国桑田郡東懸村《とうげ》）の中百姓の次男坊として生まれた。十一歳の折、当時の風習にしたがって京都のある商家へ丁稚奉公にいったが、主家の家運が傾いたので、十五歳の時、故郷へ呼びもどされた。その後二十三歳まで農村青年として八年の月日を送っているが、この内省的な青年は周囲となじめず孤独な日々をすごしていたらしい。『石田先生事蹟』はこれを「われ生質《うまれつき》理屈者にて、幼年の頃より友にも嫌はれ、ただ意地の悪きことありしが、十四五歳の頃ふと心付きて、これを悲しく思ふより、三十歳の頃は、大概なほりたりと思へど……」と伝えている。

二十三歳以後、京都で奉公した家は黒柳家といった。年齢の上からいってもはや商人として出世する見込みはない。彼自身もその気は全然なく、商人の生活をしながらも、「はじめは神道をしたひ、志したまふは、何とぞ神道を説き弘むべし。もし聞く人なくば、鈴をふり、町々を廻りてなりとも、人の人たる道を勧めたし、と願ひ給へり」（同上）とあるように、伝道者的精神を失わなかった。そしてひまをみては読書にはげんだが、物識りになるためではなく、「学問し、古への聖賢の行ひを見聞き、あまねく人の手本になるべし」という求道的な動機からであった。

彼はその後主人のよき理解のもとに、儒者の講釈を聞いてまわるうちに「性を知る」とか「心を知る」ということばにふれ、そのことばの意味を知ることに彼の全関心が向けられるようになる。そしてついに四十三歳の折、奉公先の黒柳家を辞して師を求めているうちに、小栗了雲《おぐりりょううん》にめぐりあった。そしてみずからの心さえわからずに人の師たろうとする生き方についてたしなめられた。その後苦しむこと一年半、自己とは何かを問いつめた。そしてあるとき悟りをひらいたということで得意になって、師の前に自己の悟りの内容を開陳したら、「お前は、我が性は天地万物の親と見たが、その見た目が残っている。『性は目なし』である。その目を離れてこい」と叱られる。すなわち物を対象化する自己、さらには自己を対象化する自己、の問題が残っている、その問題を解決してこい、といわれたのである。梅岩はそれから日夜、工夫をつむこと一年半、ある夜、夜更けになって疲れはてて、ぐっすり眠りにはいり、ふとうしろの森で鳴く雀の声が聞こえてくる。その瞬間、彼は見性した。『事蹟』はその時のさまをこうしるしている。

その時、腹中《ふくちゅう》は大海の静々たるごとく、青天の如し。その雀の啼ける声は、大海の静々たるに、鵜が水を分けて入るがごとくに覚えて、それより自性見識の見を離れ給ひしとなり。

その後彼は、迷ったとも悟ったとも思わず、飢えれば食い、渇《かわ》けば飲むばかりで、まるで生まれたばかりの赤ん坊みたいな状態になりきってしまった、と梅岩は語っている。アメリカの哲学者・心理学者で西田幾多郎《にしだきたろう》や鈴木大拙《すずきだいせつ》にも多くの影響をあたえたウィリアム・ジェームズがもし梅岩のことを知っていたら、おそらくこれをその著『宗教的経験の諸相』の中に入れたにちがいない。そのかたちはちがっても多くの宗教家や宗教的タイプの思想家の経験に通ずるものが、そこにある。しかし梅岩はそこにはとどまらなかった。「性を知る」だけでは充分ではない。これを実践しなければ賢人とはいえない。聖人の場合は性を知ることがただちに実践することになるであろうが、凡人の場合はそうはいかない。苦しみながら実践の努力をせねばならない。しかしもしそれをやりとげたら、凡人も聖人や賢人と同じになる——彼は苦労の末、このような結論に到達した。これはのちに「形ニ由ルノ心」という思想に結晶し、梅岩の思想を独自なものとした。

享保十四年（一七二九年）——それは徂徠のなくなった翌年であったが、彼は京都の自宅ではじめて公開講釈をした。これが心学運動の発端であった。次はその時表の柱に出した書付である。

何月何日開講。席銭入り申さず候。無縁にても御望みの方々は、遠慮なく御通り御聞きなさるべく候。

これはおそらく儒者の講釈にも、僧侶の説教にもなかった新しいスタイルの講釈だったにちがいない。そしてそれは聴衆者参加の講釈に発展し、その時の質疑応答をもとにして著作が生まれていくのである（以上の伝記的部分については、石川謙博士の『石田梅岩と「都《と》鄙《ひ》問答」』に負うところが多い）。

天人合一の思想

わたしがいままで比較的くわしく梅岩の伝記を書いたのは、それが彼の思想の理解のために重要だと思ったからである。梅岩の体験は禅の見性に非常に近いもののように思えるが、彼はその体験を主に朱子学的に表現する。すなわち大宇宙と自己との合一（天人合一）という体験を朱子学的に性や心の問題に結びつけ、それを中心として自己の思想を形づくる。次のことばは彼の基本的考えを示す。

孟子ノ性善ハ直《ヂキ》ニ天地ナリ。如何《イカン》トナレバ、人ノ寝入タル時ニテモ、無心ニシテ動クハ呼吸ノ息ナリ。其呼吸ハ我息ニ非ズ。天地ノ陰陽ガ我体ニ出入シ、形ノ動クハ天地浩然ノ気ナリ。我ト天地ト渾然タル一物ナリト貫通スル所ヨリ、人ノ性ハ善ナリト説玉《トキタマ》フ。自然ニシテ易《エキ》ニ合ヘリ。……易ハ天地ノ上ニテ説玉ヘバ、凡《スベ》テ無心ノ所ナリ。其無心ノ陰陽ガ一タビ動キ一タビ静ナリ。是ヲ継者《ツグモノ》ガ善ナリトノ玉フコトナリ。（『都鄙問答』）

ここには、易、孟子、朱子学等に一貫する思想がそのまま採用されている。われわれの立場からすれば、天地を継ぐことがなぜ人間にとって善であるのか、それは善悪の彼岸ではないか、という疑問がわかないでもないが、孟子系の儒教思想の伝統にしたがって、天地の心を心とすることが善であり、その時われわれは性を得、心を得たとされる。逆にいえば、「心ヲ尽シ性ヲ知」って「天ヲ知ル」ということが学問の至極とされる。ところでこの性と心との関係は、彼の説明では必ずしも明瞭ではない。しかし朱子学の伝統にしたがって理の人間に宿った姿である性が体、心はその用、と考えていたと理解してよいであろう。われわれは性を知ることを通じて天を知らねばならない、そのための工夫として心を尽さねばならない、と彼は考える。

この「心」は、聖人の心も常人の心と同一である。したがって聖人の心の表現である経書を読む時には、文字の表面だけでなく、その心を読まねばならない。そうでない学者は「文字芸者」であり、「書物箱」にすぎない。彼においては儒仏の教えも老荘の教えも要するに「我心ヲ琢磨種《みがくとぎくさ》」にすぎない。彼は禅とはちがって学問を大事にするが、しかしそれにもかかわらず、天人合一の理は、格物窮理によってではなく、実践（内省）によってしか把握できないと考えていた。

商工は市井の臣

さて梅岩のこのような基本的思想は、どのようにして彼の商業肯定の思想と結びつくのであろうか。カリフォルニア大学のベラー教授は『日本近代化と宗教倫理』（未来社）の中で梅岩の天人合一の思想を「宗教神秘主義」、日常生活における実際的——倫理的志向を「世俗的神秘主義」と名づけ、両者が無媒介に交流すると説明することによってこの問題を解決しようとしている。しかしそれは石川博士も指摘しておられるように、梅岩に即しては無理な解釈だと思われる。

梅岩は彼の普遍的な天人合一の理（性理）を特殊な経験の世界に実現する手つづきとして二つのことを考えている。第一は「形ニ由ルノ心」である。このことばは『荘子』や熊沢蕃山の『集義和書』に出るが、梅岩がそれを何から得たかはよくわからない。それはともかく、このことばについて、たとえば「ぼうふら」は水中にあっては人を螫《さ》さないが、蚊になったらたちまちに人を螫す、これが形に由るの心であると梅岩はいっている。この考えを拡張すると、武士には武士の道があり、商人には商人の道があることになる。これを正しく踏みおこなうことによって、それは天の道につらなる。梅岩はこのようにして普遍的道徳を特殊な町人の道徳と結びつけた。

第二の手つづきは、次の引用にみられるような人間中心主義、人間肯定の思想である。

天道ハ万物ヲ生ジテ、其生ジタル者ヲ以テ其生ジタル物ヲ養《ヤシナヒ》、其生ジタル物ガ其生ジタルモノヲ喰フ。万物ニ天ノ賦シ与フル理ハ同ジトイヘドモ、形ニ貴賤アリ。貴キガ賤キヲ食フハ天ノ道ナリ。（『都鄙問答』）

梅岩の心の立場は禅と相通ずるものであった。しかし禅では、殺生戒を第一の戒律とする仏教である以上、人を殺すことはもちろん、他の生きとし生けるものを殺すことは認められなかった。しかしここに示される梅岩の思想は、他の生物を殺して食うことによって生きる人間の生存を積極的に基礎づけるものであり、他の生物との関係において人間中心主義の立場をとる点についてはキリスト教と共通性をもつ。

このように二つの手つづきは、彼を普遍的な形而上学の世界から具体的で特殊な人倫の世界にもたらした。このことから生じた第一の結果は身分制社会の肯定である。第二は、身分上の差にもかかわらず、職分上、人は平等である、という機能的社会観の主張である。

ここでは第二の問題についてだけ述べる。彼は「銘々ハ世ヲ互ニシ、救ヒ助ル役人ナリト知ラルルト見ヘタリ」「士農工商ハ天下ノ治ル相《タスケ》トナル。四民カケテハ助ケ無カルベシ。四民ヲ治メ玉フハ君ノ職ナリ。君ヲ相《タスク》ルハ四民ノ職分ナリ。士ハ元来位アル臣ナリ。農人ハ草莽《サウモウ》ノ臣ナリ。商工ハ市井ノ臣ナリ。臣ニシテ君ヲ相ルハ臣ノ道ナリ。商人ノ売買スルハ天下ノ相ナリ」(同上)という。このような彼のことばに接すれば、それが徂徠の社会観と非常に共通していることがわかるが、彼は徂徠のように商人の存在を、幕藩体制の存続の邪魔になるものと考えず、「商工は市井の臣」であることを誇りに思い、「売利ヲ得ルハ商人ノ道ナリ」(同上)と利益を得ることをとうぜんのこととして肯定する。そして流通者としての商人の存在がなくなり、農工のような生産者だけになったら、社会が存続しえないであろうことを指摘する。彼は武士が禄を得て生活するように、商人は利をとってはじめて生活ができるとし、そしてまた「利ヲ取ハ商人ノ正直ナリ」と考えてこの利を得ることの中には相場の上下によって利を得ることも含められる。商人が正当な利益をあげることは、彼にとっては、「欲心」に根ざす行為ではなく、二重の利益をあげるような不当な商行為だけが欲心に根ざすものとされる。

正直と倹約の思想

右に述べたように、梅岩は正当な仕方で利益をあげることが商人にとっての正直であるとしているが、他の箇所では、所有関係や契約関係をきっちり守るのが正直である、そしてこの正直がおこなわれるならば、世間一同に和合し、「四海の中皆兄弟」のようであるとしている。このように彼は、正直を人倫の基本であるとし、さらにそれを商業社会成立の基本条件であるとみなす。投機的商人が跋扈《ばっこ》する社会ならばいざ知らず、堅実な、信用を基本とする商業社会では、たしかに正直ということは社会成立の基本条件であった。

ところで、彼においてこの正直の徳と分かちがたいものと考えられたのは倹約の道であった。彼はいう、「倹約をいふは他の儀にあらず。生れながらの正直にかへし度為《たき》なり」(『斉家論』)。

正直と倹約の重視は、カルヴァン(一五〇九—六四)やフランクリン(一七〇六—九〇)においても資本主義の精神の重要な要素として強調されているところであるが、梅岩における「倹約」は、普通そのことばによって予想される以上の深い意味をもっている。それはさきに述べた中江藤樹が、「孝」ということばに普通とは異なる深い意味をもたせたようなものである。

梅岩は倹約について次のようなことを述べている。「倹約と云(ふ)ことは世俗に説

（く）と異なり、我（が）為に物ごとを吝《しわ》くするにはあらず、世界の為に三つ入（要）る物を二つにてすむやうにするを倹約と云（ふ）」（『石田先生語録』）。このことばは吝嗇《りんしょく》と倹約とのちがいを説明したものである。彼が世界のための倹約としてまず出している例は、人君が諸事を倹約することである。それは人民の税の負担を軽減し、民のうるおいとなる、と彼は考える。しかし彼のいう倹約はこれだけにつきない。体験的に思索する梅岩は、次のようなことを告白している。若い時、内臓の弱かった梅岩はずっと二食主義を励行した。健康のため、という理由もあったが、自分の倹約した一食がまわりまわって世界の助けになる、と考えたからでもあった。しかし四十五歳になって開講した時に、朝夕声をつかって苦労する人は食を控えたら短命になる、ということを聞き、もっともと思って三食に復したという。そしてそれまでの「二食の養（ひ）は田舎向の倹約」にすぎなかったと述懐している。三食とることによって一人でも多く道を伝えたならば、これまでの小恵を大きな仁に替えることができると考えたからである。

こうしてみると、彼の倹約は、たんに物を節約するのではなく、物を生かすことであるとともに、さらには人を生かすこと、という意味をもっている。梅岩は自分の倹約についての考え方を要約して「万事物の法に随《したが》ふのみ」（『答問集』）という。物の法にしたがうというのは、物のあり方にしたがうこと、物の効用にしたがい、物の効用を最大限に発揮する、ということである。だとすれば、梅岩における倹約は、初期資本主義の段階における倹約の意味をはるかに越えて、今日の経済社会に適用できるような側面さえもっている。このことは、当時の徳川社会の経済の発展が、初期資本主義の段階を越えていたことを物語るものであろう。さてこのような倹約の思想に立脚する梅岩の考え方のうちで、今日、最も想起されねばならないのは「実《マコト》ノ商人ハ先モ立《タチ》、我モ立ツコトヲ思フナリ」（『都鄙問答』）ということである。われわれは、各自の利益の追求は、見えざる手の摂理によって、大きな調和をもたらす、というアダム・スミスの考え方を、無意識の経済上の行動原理としているのではなかろうか。しかし現実の経済社会には、そのような予定調和は必ずしも成立しない。「我ノ立ツコト」のみを考えての利益の追求は、なるほど短期的にはわが国に大きな経済的発展をもたらした。その結果「先ガ立タズ」、したがって「我モ立タナクナル」破局が訪れるかもしれない。世界諸国の相互依存性が非常に緊密になっている今日、われわれは徳川の濃密社会の中で得られた生活の智恵をもう一度蘇《よみがえ》らせるべきではなかろうか。

梅岩以後の心学運動

さて梅岩の歿後、組織力と教化力に秀でた手島堵庵《てじまとあん》（一七一八―八六）によって、心学運動は京坂地方で大きな社会勢力となった。彼には梅岩のような独創性はなかったが、「生まれながらの正直」ということを「ありべかかり」ということばに、「性を知る」「心を知る」という梅岩の表現を「本心」ということばにおきかえた例からもわかるように、心学を俗耳にはいりやすいものとした。さらにその後、堵庵の門弟の中沢道二《なかざわどうに》（一七二五―一八〇三）は江戸に出て、そのエネルギッシュな活動によって、江戸はもちろん、関東一円、さらには九州を除く日本のほとんど各地に心学運動を広めた。そして心学運動は町人・農民のあいだだけでなく、武士社会にさえも受けいれられた。心学運動家たちは儒者たちよりはるかに実践的・行動的であり、佃島《つくだじま》の人足寄場の収容者たちの教諭にあたったり、農村での間引きの弊を減少するために「陰徳箱」の制度を設けて、困窮者の小児教育費に宛てる、等の積極的教化策を示し、また福祉事業を試みたりしている。嘉永四年（一八五一年）、諸藩の実情調査に上った横井小楠は、風害・水害のために飢えに追いこまれた庶民たちにたいして京都の心学社中が積極的な窮民救済の策を講じて、京都だけは餓死者がない、と家老の長岡監物《ながおかけんもつ》に報告している。このことからも心学運動は生命ある活動であったことが窺われる。

しかしその過程において梅岩の中にもあった分限思想の面が、彼以後の心学者たちに増幅して受けつがれ、身分社会・幕藩体制を即自的に肯定し、これを内側から支える役割を強くしていったことも否めない。明治政府はやがてこれを国家主義的教化運動に利用したりする。

さて経済的近代化という点から考えれば、心学運動は、日本近代化の有力な条件ではあっても、動力ではなかった。当時すでに存在した大商業資本、それと結びついた幕末の下級武士層の出身者を中心とする政治的・経済的企業家たちによって明治以後の経済的近代化は推進され、梅岩および梅岩以後の心学者たちの教化した中小企業者層たちは、これを支えたのであった。

第六章　十八世紀の開明思想

1　第一次啓蒙時代としての十八世紀

ここに十八世紀というのは、正確にいうと徂徠以後、十九世紀のはじめに外圧の問題がおこり、知的世界の雰囲気が一変するまでの時代をいう。徂徠の死は一七二八年であるから、十八世紀後半の五十年を中心として、その前後に二十年ずつぐらいの幅をもたせた時代と考えていただければよいかと思う。この時期の徳川日本は、第一次の啓蒙の時代を迎えた。その啓蒙の力が弱く、あるいはその及んだ影響の範囲は広くなかったことは認めねばならないとしても、当時の日本はまごうかたなく啓蒙期を迎えた。富永仲基《とみながなかもと》（一七一五生）、三浦梅園《みうらばいえん》（一七二三生）、前野良沢《まえのりょうたく》（一七二三生）、平賀源内《ひらがげんない》（一七二八生）、杉田玄白《すぎたげんぱく》（一七三三生）、司馬江漢《しばこうかん》（一七四七生）、山片蟠桃（一七四八生）らがその推進者であり、海保青陵（一七五五生）もその余光の中にいた人といってよいであろう。われわれは明治のはじめに福沢諭吉、西周、津田真道《つだまみち》、中村敬宇、等々の人々によってはじめて日本の啓蒙運動が推進されたかのように考えているが、それ以前に内発的な啓蒙期があったことを忘れてはならない。

では何を目してこの時期を啓蒙期というのか。またどういう理由で、封建社会たる徳川時代にこのような時代が訪れたのであろうか。

まず前の問題から考えてみたい。この時代を日本の第一次の啓蒙時代というのは、まず第一に、理性にたいする確信とそれを担う自己にたいする信頼とにもとづいて、従来の伝統的考え方や価値観を疑い、相対化し、そして批判するような新たな精神的態度が出てきたことである。

この時期の思想家たちがどのように合理的思惟を展開したか――この合理的思惟は朱子学的・思弁的合理主義から解放された経験的合理主義とでも規定していいものであった(11)。彼らはもはや荻生徂徠のように「理は定準なきなり」(『弁名』)とか、「神妙不測なる天地の上は、もと知られぬ事に候間、雷は雷にて可レ被ニ差置一《さしおかるべく》候」(『徂徠先生答問書』)といってすましておくことをしなかった。彼らは自己を含めて天地万物に理があることを信じ、自己のうちなる理性によってそれを認識しようとした。その代表的人物は条理の哲学を形成した三浦梅園である。また彼らがいかに自己を信ずる念が強烈であったかは、次の「必シモ論・庸・孟ノ外、孔子ノ言語ヲ実トシテ信ズベカラズ、然ルニ之ヲ取捨スルコトハ抑《ソモソモ》我賢ニアルノミ、悪キ語ハ孔子ト云《イヘ》ドモ執《トル》ベカラズ、苟《イヤシク》モ善言ナランカ、其人ニカカハルコトナシ、アニ人ヲ以テ言ヲ廃センヤ」(『夢之代』)という山片蟠桃のことば、あるいは三浦梅園の「聖人と称し仏陀と号するももとより人なれば、畢竟我《わが》講求討論の友にして、師とするものは天地なり」（「多賀墨卿《ぼっけい》君に答ふる書」）ということばにも明らかである。彼らの明確な自己意識の前には、それまで極東世界において絶対的価値とされていた儒教あるいは仏教、そしてまたその創始者である孔子も釈迦もすべて相対化される。あるいはまた、本居宣長によって絶対化されたわが国の古代の道も、山片蟠桃によって理性の光をあてることによって相対化される。儒教・仏教・神道のそれぞれが人間の知的努力によって歴史的に発展したものであることを文献学的に明らかにし、そのことによってそれぞれの思想を相対化する作業をおこなったのが、富永仲基である。そして理性の立場から最も強烈に迷信の批判や霊魂不滅の思想の否定、その他の宗教批判の作業をなしたのが山片蟠桃である。

この章ではこの時代のきわめて魅力ある人物のすべてを網羅するわけにはいかないので、主としてこの三人の思想家を中心として、この第一次啓蒙期の特質を描いてみたいが、その前にそのさいに洩れるであろう一般的問題をあらかじめ述べ、徳川社会の知的文化の成熟の中から、啓蒙の精神の芽生えてきた理由についても考えておきたい。

(1)啓蒙の前提となるものは知性にたいする信頼と、それにもとづく知的冒険と、そしてそれらの精神を自己の中に具現した人間の登場である。啓蒙の精神は哲学や一般の学問によって体系化し知的凝固をなす前に、まず人間として感性的に表現されねばならない。そうした人間の代表的人物は平賀源内（一七二八―七九）であろう。彼は一浪人として、この時代を最も自由に生き、自己の存在と行動とを通じてこの時代の精神を象徴した人間である。そして彼の次のことばは彼の多彩で、そして悲劇的な結果に終わった一生の行動の動力となった精神を示すものである。

何なりとも御はじめ、二つも三つも御しくじりなされ候へば、自《おのづか》ら巧者に相成り候。手を空しうして日焼を待つは愚民の業にて御座候。何なりとも御はじめ、天地の恩を奉じたまはば、自ら恵みも御座候。考へて見ては何でも出来申さず候。我らはしくじりを先にし候。（「渡辺桃源への手紙」）

ここに示された失敗を恐れない知的冒険の精神、これがまたこの時代の新しい精神であった。彼の弟《おとうと》弟子の司馬江漢の一生にもみられるように、この時期の思想家たちは知的好奇心のかたまりであった。

(2)伝統的考え方への根本的批判は、まず伝統的な宇宙観へ向けられる。この時期の思想家の大方は、陰陽五行説、とくに五行説にたいして批判的考え方をとるとともに、天についての形而上学的考え方をしだいに脱却していった。たとえば次の司馬江漢の「天ノ虚《キヨクウ》ハ虚ニ非ズ。天ノ蒼々タルハ空色ナリ。天必《カナラズ》色ヲ不レ設。天気ノ之ニ塞《フサガリ》満テ空隙《スキマ》ナシ」

（『和蘭天説』）、「夫《ソレ》天トハ仰見ル青天ヲ云。此青キハ気ノ積リテ青キヲナス。水淵ニ沮《ハバ》マツテ底深キ所、其水ノ色青キカ如シ。天ノ遠キ事、限ナシ、又形ナシ」（『天地理譚』）ということばをみられたい。ここでは天は自然科学的に、感覚的に把えられ、そしてわれわれの仰ぎみる青天以外の何ものでもない。

すべての思想家が天についての観念をここまで単純化し、徹底させているのではない。たとえば前野良沢の場合、彼はまだ利瑪竇《りまとう》（マテオ・リッチ）の天の考え方――それはカトリックの採用したアリストテレス・プトレマイオス的天観の段階にすぎない――に従っている。しかしそれに立脚することによって、一微点ともいうべき地球上において、権力を求めて蠢動《しゅんどう》する人間の虚しさを彼は自覚した。あるいはまた海保青陵は、天が地球の外の空なるところをさす名前であることを知ることによって、地球の万分の一にすぎない中国の天帝をめぐる因果応報の教義が、地球上のあらゆる人々にあてはまる普遍的な教義ではないことを知った。

(3)このような天についての新しい考え方と、合理的思考とが結合するとき、人はもはや自国中心主義をとらなくなる。この時期の思想家を特徴づけるものは、普遍主義への志向であり、中華意識からの解放である。このような傾向は、前野良沢や司馬江漢の書いたものの中にあらわれているが、最も徹底しているものは洋学者大槻玄沢《おおつきげんたく》であり、その中華意識批判は中国に対してだけでなく、自国を「ミッテルランド」と称するオランダにも、グリニッチ天文台を「天度ノ初メ」とするイギリスにも、「ナカツクニ」と誇称するわが国にも向けられている。この時期の思想家にも、たとえば山片蟠桃や大槻玄沢の場合のようにナショナリズムの意識はあったけれども、それは国学者や尊王攘夷論者たちのように日本を絶対視するのではなく、世界の中に日本を位置づけて、その中で日本のあり方を考えてみようとするものであった。

われわれはこの時期の普遍的精神のすぐれた一表現を「芝蘭堂《しらんどう》新元会図」の杉田伯元《すぎたはくげん》（玄白の養子）の「九千里外に知己存す、五大洲中比隣《ひりん》の如し」という賛にみることができる。このような普遍的意識を成りたたしめたのは彼らのかいまみた科学的真理であったが、杉田玄白との往復書簡の中で東北、一関《いちのせき》の医者建部清庵《たてべせいあん》は、『解体新書』の翻訳によって「オランダ医術は漢文の通ずる国々、……アジアの同文の国々にあまねく行なわれるようになって、その恩恵をこうむる者は万々億兆にもおよびましょう」（『日本の名著』22芳賀徹訳による）といい、その歴史的意義を鳩摩羅什《くまらじゅう》の仏典翻訳にたとえている。ここに清庵がいっていることばは同時に『解体新書』グループの人々のひそやかな願いでもあったろう。彼らもまた日本だけでなく、アジアの啓蒙を願っていたにちがいない。

(4)このような普遍主義への志向は、国際社会にひろがっただけでなく、国内社会にも向けられる。たとえば「古も今も何所の国にても人間と言ふものは、上天子より下万民に至るまで、男女の外別種なし。然るを上下を分ち夫々《それぞれ》の位階を立て、又其の人々に名を命じ四民の名目を定めしものにして、人なることは同じ人なり」（『形影夜話』）という杉田玄白のことば、あるいは諸侯も農夫、商工も「天ヨリ是ヲ定ムレバ同シ人ナリ」（『和蘭天説』）として、西洋では同じ人間である庶人が貴人を肩輿《けんよ》した図をまだみたことはない、という司馬江漢のことばにこのような志向を読みとることができる。彼らはまだ身分制を否定するところまではいたっていないが、人間が人間として貴いこと、人間は本来的に平等である、という認識は明確にもっていた。

(5)最後にこのような新しい発想の基礎になったのは経験や観察にもとづいて事物の理を明らかにする経験的合理主義である。「書を読む計《ばかり》を学問と思ひ、紙上の空論を以て格物窮理と思ふより間違も出来るなり」という平賀源内のことばに示されるように、彼らはもはや朱子学の空理・空論には耐えなかった。しかしまた徂徠のように理は定準がない、といって、自然界における理の追究を避ける考えもとらなかった。経験の世界の理、――虚ではなく実の世界における理、すなわち実理の探究こそ彼らのめざしたものであった。このような実理の探究にもとづいて天下国家のために有用なものをもたらそうとする学問が、この時期での実学であり、このような性格の実学にもとづいて、彼らは新しい時代をきりひらいていこうとしたのである。この開拓者の精神こそ彼らの精神的境位であり、そして次の杉田玄白のことばは、彼らがいかなる覚悟をもって前人未到の境地をきりひらこうとしたかを示している。

さりながら一番鑓《やり》を入れ候には槍玉《やりだま》に上り候覚悟にこれなく候へば相成るまじく候。併《しか》し一人なりとも槍付け候はば、本望の至りに御座候。……一度着実の論を唱へ候はば、また千載の誤りも改り候時節あるべく候と存じ候ばかりに御座候。

（「建部清庵への手紙」）

もちろんこのような思想も、時代による制約や限界をもたないわけではない。しかしこの問題についてはあとで述べることにして、なぜこの時代に、こうした新しいタイプの思想や思想家を生み出したのか、ということをまず考えてみたい。

われわれはこの問題について、ほぼ三つの原因を考えることができる。一つは商業資本の発展と、その発展に即応しようとした田沼意次《たぬまおきつぐ》の政治である。第二は徳川時代における知的文化の内的成熟である。第三は、長崎を窓口としてはいってきた西欧の文化や思想の触発である。ここでは第一の問題については省略する。そして第二の問題を中心として第三の問題もあわせ考えてみたい。

十七世紀の思想状況とここで問題にする十八世紀のそれとのあいだには確然たる相違がある。十七世紀では儒教が思想界の主流を占めるが、それは内面的・求道的であった。ところが十八世紀の思想界——儒者を中心とするが、洋学者・国学者も含まれる——の知的関心は外面の世界へと変わり、彼らの生にたいする態度は遠心的になっていった。儒者であれば、十七世紀の場合は、仏教ないし切支丹にたいして、儒教の思想としての正統性を確立すること、あるいは儒教の内部において真の儒教とは何か、ということを探究することが、とりもなおさず内面的自己の確立の問題であるとみなされていた。しかし十八世紀になると、儒教思想家と目される人々のあいだにおいても、儒教はもはや真理探究の対象ではなく、他の中国思想とともに、真理を求めるための、あるいは彼らの求めた真理を説明するための道具として使用される、という新たな事態が生じている。彼らは儒教の用語を使い、時には儒教思想を援用したりしているが、十七世紀の思想家のように儒教的真理を必死に求めるのではなく、自己の主体的要求によって真理一般を求めている。われわれは十八世紀において新しい質の思想的発想がなされていることに注目すべきである。

このような事態成立の一番大きな原因としては、徂徠という大きな思想家の出現をあげねばならない。「先王の道は外に在り」（『弁名』）ということばに示されているように、徂徠の学的関心は外部世界に向けられた。彼自身は儒教思想の枠の中の思想家だったけれども、彼の提起した「道」は「諸子百家、九流の言、仏老の頗《は》」に及ぶものであって、自由探究への門は彼によってひらかれた。彼の前と後では、思想や学問の世界の空気は一変している。

たとえば徂徠の影響を受けた京都の古方《こほう》医家の吉益東洞《よしますとうどう》（一七〇二—七三）は「夫れ理

は定準なく、疾は定証あり。豈《あ》に定準無きの理を以て、定証あるの疾に臨む可けんや」（『医断』）といい、陰陽五行説を身体の構造や医学に応用した陰陽医や、道教の仙丹《せんたん》の教えに立脚する仙家医たちの見解をすべて根拠のない「臆見」であると批判し、治療の世界に一新生面をひらいた。さらに徂徠以後、徂徠の影響を受けた経世的実学者たちは社会や経済の問題にたいする関心を拡げかつ深めていった。あるいはまた古文辞学・考証学系の儒者たち、あるいは国学者たちは、ことばの問題への関心を精密にしていった。その研究対象は異なるにもかかわらず、いずれも自己の外なる世界、徂徠のいわゆる「物」の世界にその知的関心を集めた点においては共通している。われわれはここに、実証の世界がひらけつつあるのをみる。

ところでここに残された問題がある。第一は、自然の問題である。徂徠はこの問題については、無関心もしくは判断中止の態度をとった。あるいはまた朱子学の思弁的理を否定するために、非合理主義的言辞を弄した(12)。徂徠のこの側面の影響を受けて医学の方面に活躍したのが前述の吉益東洞である。彼は名医として謳われた人だが、要するに病気はよくなればいいので、病気の原因を探る必要はないと考えた。しかしこれでは自然科学の成立は不可能である。かくして徂徠によってひらかれた実証主義と彼において残された合理主義の結合がはかられねばならなかった。これが徂徠以後の大きな思想的課題となった。この課題解決への知的刺激をあたえたのが、長崎その他を通じてほそぼそと伝わり、しかも当時の少数ではあったがすぐれた思想家たちによって、渇《かわ》くように求められた西欧の文化であり思想であった。

たとえばコペルニクス以後の天文学、地動説が伝わらなかったならば、徳川時代の思想家たちはあいかわらず朱子学の宇宙論や仏教の須弥山《しゅみせん》説を奉じていたかもしれない。彼らは西洋の天文に関する科学思想を学ぶことによって、朱子学から学んだ合理主義を純化することができた。また杉田玄白は、『鈐録《けんろく》外書』という本に展開された徂徠の軍理の思想にふれて、そこにある経験合理主義の精神にもとづいて、因果関係を具体的に明らかにしようとする西洋医学の考え方の正しさを知った。また彼らは西欧の社会や文化を学ぶことを通じて、東洋文化の欠点をも知ることができた。

このようにみてくると、十八世紀の思想家たちにおける西欧の思想や文化の受容は、鏡が物を映すような仕方で西洋の思想や文化が彼らの心に映じたのではないことがわかる。彼らの得た知識がわずかで、また不正確であったという制約からくるゆがみもあるけれども、徳川の社会の中に、またその中のだれだれの特定の個人の中に蓄積され沈澱した東洋の思想と、彼らの得たごくわずかの西欧の思想と文化との出会いによって形成されたものが、十八世紀の開明的思想家たちの思想であった、とわれわれはみなすことができよう。

2 三人の開明思想家——仲基・梅園・蟠桃

まずよく引用される内藤湖南《ないとうこなん》博士の次のことばをここでも引用する。

之を前輩の言に聞く、三百年間、其の一毫人《いちがう》に資《よ》る所なくして、断々たる創見発明の説を為《な》せる者、富永仲基の『出定後語《しゆつじやうごご》』、三浦梅園の『三語』、山片蟠桃の『夢の代《しろ》』、三書是のみ、関東学者、頭を四子五経に埋めて、門戸の主張に一生の精力を耗す、而して関西には則ち、往々能く流俗見に超脱して、心を根柢の疑問に用ゐたる者あり。

（『近世文学史論』）

わたしもこの紙幅の限られた本書では、この三人に限定して、十八世紀の開明思想の諸側面を略述したい。

(1) 富永仲基と伝統思想の相対化

まず生誕の順序にしたがって富永仲基（一七一五—四六）から始めることにする。彼は多くの十八世紀の開明思想家の中でも、西欧の思想や文化から影響を受けた形跡のない例外的な一人である。この彼を、ここで開明思想家のグループにことさら入れたのは、別に湖南先生に引っぱられたためではなく、仲基において東洋の伝統的思想を相対化する作業が最も根本的になされているからである。彼は山片蟠桃のように烈しい批判のことばをあびせかけることはしない。しかも相手のたっている地盤そのものを崩してしまう。彗星のようにあらわれて、十八世紀前半の黎明《れいめい》の空に美しい光芒を残して去ったこの怖るべき天才児は、やはり啓蒙の世紀の第一にあげられるべき人だろう。

仲基（号は謙斎）は、近松門左《ちかまつもんざ》衛門《えもん》が「国姓爺《こくせんや》合戦《かっせん》」を竹本座で初演した正徳五年（一七一五年）、大坂で生まれた。父は富永吉左衛門、芳春と号し、道明寺屋という醤油屋を営む富裕な町人であった。母は左幾といい、教養ある人であったが後妻である。家業は異母兄の毅斎が継いだので、仲基は学問で身をたてた。

当時の大坂は人口三十五万に達し、全国の経済的中心としてその繁栄を誇っていた。豊かな町人たちはその余力をもって教養を高めることにつとめ、仲基の父芳春も他の富商たちとともに、当時大坂で私塾をひらいていた三宅石庵（一六六五―一七三〇）の門で儒学を学んだ。そして一七二四年、石庵のそれまでの私塾の焼失した機会に、他の四人の商人たち（三星屋武右衛門〔中村睦峰〕、備前屋吉兵衛〔吉田《よしだ》可久《かきゅう》〕、鴻池《こうのいけ》又四郎〔山中宗古《やまなかそうこ》〕、舟橋屋四郎右衛門〔長崎克之〕）らと協力し、新しい塾舎を建設した。そのさいみずからの所有地の一部を敷地に提供した。このような経緯でできた私塾は懐徳堂《かいとくどう》と名づけられた。

他方、当時の将軍吉宗は、洋書の禁を弛《ゆる》めて産業の振興をはかるとともに、儒教によって道徳的頽廃《たいはい》の改善をはかろうとした。そして一七一八年には昌平坂学問所に一般人向けの講座をひらくとともに、一七二二年には室鳩巣《むろきゅうそう》に命じて道徳訓話『六諭衍義《りくゆえんぎ》大意』を編ましめ、翌二三年には菅野兼山《すがのけんざん》が江戸にひらいていた私塾会輔堂《かいほどう》に補助金をあたえた。そして大坂においてもこのような学校にたいして援助する意向をもっていた。かくして陽明学者三輪執斎《みわしっさい》と石庵の高弟で竹山・履軒両兄弟の父にあたる中井甃庵《なかいしゅうあん》の尽力によって、懐徳堂がその選にはいることになった。こうしたいきさつによって、懐徳堂は大坂町人の向学心と将軍吉宗の教化政策が見合ってできた学校で、爾後、徳川時代の学問と教育の歴史の上でユニークな地位を占めることになる。

三宅石庵の立場は三宅の鵺《ぬえ》学問と呼ばれるように外朱内王の立場であった。伊藤東涯に時に講師に来てもらう等、塾の学風は比較的自由だったのではないか、と想像される。しかしなんといっても準官立の学校である。ところでこの門にはいった少年仲基は、その才能を自由にはばたかしてやがて『説蔽《せっぺい》』という、幕府の教化政策に反するような本を書いてしまう。この本は今日一冊も伝わっていない。われわれは『翁の文』の第十一節において彼自身がしるした梗概《こうがい》によってこの本の内容を推察しよう。

この本の記述によれば、『説蔽』は、のちに述べる「加上《かじょう》」の法則にもとづいて、先秦時代の思想発展の歴史を略述したものと思われる。これによれば儒教はもはや絶対の正統思想ではない。諸子百家の一つとして、先秦諸思想の発展の歴史の中に位置づけられる。仲基はこれらの諸子百家の中では、儒教にたいして一番好意をもっていたように思われるが、「是（加上の法則にもとづく儒教思想の発展）をしらずして、宋儒は皆これを一なりと心得、近頃の仁斎は、孟子のみ孔子の血脈を得たるものにして、余他の説は、皆邪説也といひ、又徂徠は、孔子の道はすぐに先王の道にて、子思《しし》・孟子などはこれに戻れりなどといひしは、皆大なる見ぞこなひの間違たる事どもなり」としるしているところからみると、彼は儒教のどの一派にもコミットすることを好まない。冷徹な思想史家の眼をもって、儒教思想の発展の法則を明らかにするのが、おそらく仲基がこの本を書いた動機であろう。儒教の権威を相対化するこの本の中に危険な傾向をみてとった師の石庵はこの若き俊秀を破門したと伝えられている。おそらく仲基の十五、六歳当時のことであろう。

仲基はやがて異母兄の家を出、母や弟妹たちと大坂のどこかに住む。徂徠の親友で池田に住んでいた田中桐江《たなかとうこう》とも知り合ったらしい。しかし世間の交際の大方は断って、若き隠者として個人教授や著作に従事した。その間、官命を得て黄檗《おうばく》の大蔵経出版の際の校合にあたったという説もあるが、確証はない。今日残っている主著は『出定後語』と『翁の文』である。弟の東華の書いたものによると、仲基は清潔で穏やかな人柄だったが、気の短い人だったらしい。気が短かったのは自分の人生の短いのを無意識のうちに知って先を急いだからであろう。わずか三十一歳でこの世を去っている。

仲基の基本的立場は、彼自身の次のことばに要約されている。「吾は儒の子に非ず、道の子に非ず、亦仏の子に非ず、傍ら其の云為を観て、且つ私にこれを論ずること然り」。

仲基以前にも以後にも、荻生徂徠や本居宣長のようなすぐれた人文主義者が出ている。しかし彼らはいずれも儒学の徒であり、国学者である。いきおいその視野は限られ、その物の見方は偏らざるをえない。仲基は、儒教も、神道も、仏教も、あるいは老荘思想もすべて相対化して、それを歴史的発展の相において把える、という自由な立場にたった。徂徠はかつて「諸子百家、九流の言、仏老の頗《は》にいたるまで道の裂けしのみ」と語ったが、自分自身の研究はなかなかそこまでは及ばなかった。また彼は、自分は釈迦の代わりに聖人を信ずるといって、儒教の枠内にとどまった。仲基はいまや儒教の枠を越え、東洋の伝統的思想を批判しつつ、それらを相対化した。こうしてみると、仲基は徂徠となんの師弟の関係もなかったけれども、徂徠なくしては仲基はありえなかったであろうし、いわば古文辞学者徂徠の鬼子《おにご》というべき人であろう。

では仲基の学問を成立させている方法は何か。彼はあらゆる思想体系の解明に適用しうる普遍的方法として、第一に加上の法則というものをあげる。そしてこれと関連して、第二に彼が「三物五類」と名づける言語・思想を規制する諸要素の分析がある。そして第三に、比較文化論・比較国民性論がある。これは彼の比較思想的研究の産物である。

まず一番基本になる加上の法則について説明する。「加上」とは文字通り「加え上《の》ぼす」

ことである。仲基は思想発展の過程において、思想家たちは、前説の特異な点を選び出し（揀異《かんい》）、自説をその思想体系の始祖の所説であるかのように装い（託）、自分の説は正統的なものであるとして、前説の上に自己の説を「加え上ぼす」という作業をやる、ということを『出定後語』で指摘している。

周知のように大乗仏教の発展過程において、それぞれの思想家たちは、自分の所説が釈迦自身の「金口の言」である、としてその正統性を主張している。この何百年かの思想発展のあいだに生じた矛盾をどう解釈するかは、のちの時代の人々にとって大きな問題となった。とくに数百年の歴史の発展を無視してあらゆる仏教経典が同時にはいってきた中国では、その間の経緯がわからないから、仏教思想家は非常に解釈に苦しみ、「教相判釈《きょうそうはんじゃく》」という方法を考案した。これはあらゆる経典をその形式と内容にしたがって分析・分類し、最もすぐれたもの、それに次ぐもの、等々の位階をつける方法である。天台・華厳の教相判釈が最もすぐれたものであり、空海《くうかい》の『十住心論《じゅうじゅうしんろん》』はそれらに立脚したおそらく最もスケールの大きなものであろう。

ところで、法然はこれにたいして「選択《せんじゃく》」という第二の方法を考えた。これは自己のたましいの救済という主体的観点から、経典・仏説の中から自己に最もふさわしいものを選択する方法である。これによって信仰の内面化・主体化の道がひらかれ、親鸞もまたこの道を歩いた。

仲基の加上の理論は、これらにたいする第三の道であって、彼はこれによって自由で客観的な仏教研究の道をきりひらいた。

彼はこの研究方法を『翁の文』では神道にまで適用する。もともと日本の神道の歴史が自律的な思想発展から成るものではなかったから、その成果は必ずしも仏教の場合におけるほど明快ではないが、仲基の業績を評価するような寛い心をもちながら、いざ自分のこととなると古道を規範化して、他の立場からの批判にたいしてはいきりたった本居宣長にくらべると、仲基ははるかに自由な精神のもちぬしであったように思われる。

第二の「三物五類」の問題に移る。これは仲基がことばについてたてた原則である。三物とは、(1)用語が学派や経論によって異なること(言に人あり)、(2)同一のことばでも時代によって異なること(言に世あり)、(3)ことばには類別がある(言に数あり)、ということである。

五類とは三物の第三である「類」をさらに五つに分けたものである。この五つについては、『出定後語』第十一章にしたがえば、(1)本来の意味を拡大したもの(張)、(2)拡大する以前の本来の狭い一部のもの(偏)、(3)包括的に使われたもの(泛)、(4)激発的に使われたもの(磯)、(5)反対的な使い方をしたもの(反)、となっている。このほか第二十五章では転義(転)というもう一つの類別も加わっており、これを前の五つとどう結びつけるかについては、仲基の真意は不明である。

第三の問題について、仲基は「国に俗あり、道之が為めに異なり」（『出定後語』）として、国の俗（民族性・国民性）を思想形成の重要な要素とみなしている。そしてインド人は「幻」（幻術性・神秘性）、中国人は「文」（文飾性・誇張性）、日本人は「絞」（直情性・切迫性）というそれぞれの国民的特性をもっているとしている。簡にしてよくそれぞれの国民性の特色を突いているように思える。この「絞」ということばをみると、わたしはある国際会議で、日本人はまじめすぎる、と一亡命中国人学者にいわれたことを思い出す。仲基はもとよりインドや中国に行ったことはなく、またそれらの国々の人に接触したことはないけれども、文献の研究を通じてこのような結論を得たのであった。

彼はこの問題に関して、『翁の文』でもほぼ同様のことを繰り返しているが、神道について「扨又《さてまた》神道のくせは、神秘・秘伝・伝授にて、只物をかくすがそのくせなり。凡《およそ》かくすといふ事は、偽盗《いつわりぬすみ》のその本にて、幻術や文辞は、見ても面白く、聞ても聞ごとにて、ゆるさるゝところもあれど、ひとり是くせのみ、甚だ劣れりといふべし」という。これはこの時代に書かれた最も率直な日本人の国民性についての内部からの批判であるように思われる。

これまで述べてきた仲基の、東洋の伝統的思想を相対化して、その歴史的発展の相を明らかにするという作業を可能ならしめた根拠は、いったい何であったろうか。仲基はただの相対主義者だったのだろうか。そうではない。彼をして思想の絶対的ドグマ性を破壊させたものは、彼が「道の道」たる「誠の道」という倫理的立場にたったからである。彼は、道は実行可能でなければ――「いまの世の日本」において実行可能な道でなければ、誠の道ではないと考えていた。そしてその観点から、思想の歴史的粉飾性をはぎとる作業をしたのであった。そしてこの剝離《はくり》の作業をなし終えたとき、神・儒・仏の三教もみな「誠の道」に帰するというのが、彼の帰結であった。このある意味では常識的な道徳的信念にもとづいて、彼の思惟の革命的作業もなされた。ちょうど常識的なカトリック信仰の上に、デカルトの思惟の革命の作業がなされたように。

(2) 三浦梅園と条理の哲学

富永仲基が、荻生徂徠のきりひらいた道の延長、または発展の上に出てきた思想家とすれば、三浦梅園(一七二三―八九)は徂徠の回避してきた問題を解決すべく、思想史の舞台に登場してきた人である。すなわち自然の問題、宇宙の問題についての哲学的思索が、梅園の最大の関心事であった。

この問題についてのそれまでの日本人のもっていた思想は、『古事記』の神代記にみられる宇宙開闢《かいびゃく》論や、仏教の須弥山説、儒教の陰陽五行説などであり、江戸時代になると東洋世界で最も洗練された宇宙論、宇宙生成論である朱子学の学説がひろく一般にゆきわたった。この朱子学の理気二元論にたいして、伊藤仁斎のように気一元論を唱える思想家も出たが、実証的な考えがしだいに社会に定着するとともに、このような問題に頭を使うことは無用とし、宇宙の生成や構造、あるいは自然現象の問題にたいしては不可知論を唱え、「雷のことは雷にて差《さ》しおかるべく候」として、ことばの分析を手がかりとして、もっぱら人間や社会の問題に思いをひそめた荻生徂徠のような思想家も出てきたわけであるが、人知のすすむところ、宇宙の謎にたいしてもなんらかの合理的説明を試みざるをえない。朱子学の理気二元論にかわる宇宙論の形成は時代の課題であった。吉宗の禁書解禁ののち、長崎を通じてはいってくる天文学その他の自然科学についての知識を手がかりとして、他方では東洋の在来の宇宙論を検討し、独自の自然哲学をあみだしたのが三浦梅園であった。

梅園は今日の大分県国東《くにさき》郡富永村の生まれ、天文学者麻田剛立《あさだごうりゆう》はその友人である。相模《さがみ》の三浦氏の後裔で家は代々村長であったという。十六、七歳の頃綾部絅斎《あやべけいさい》（杵築《きつき》藩藩儒）、藤田敬所《ふじたけいしょ》（中津藩藩儒）について学んだが、その後はまったくひとりで学んだ。二十歳当時には「渾天儀《こんてんぎ》」をみずからつくっている。彼はその友人への手紙の一節に、自分は僻地《へきち》に成長し、教えを受けるべき先生にも恵まれず、また家事に追われ、あちこちの先生を訪ね、自分の疑問を質問することもできない。暇のとき、たまたま一、二の典籍を読んでもたいして益を受けることがなく、いきおい自得したことを是《ぜ》とせざるをえない、と訴えている。

しかしわれわれは彼の訴えをそのまま受けとるわけにはいかない。なるほど国東半島は江戸や京都のような学問の中心地ではない。しかし彼のいっているほどの僻遠の地でもない。彼は長崎へ二回旅行を試み、通詞吉雄耕牛《よしおこうぎゅう》、松村君紀《まつむら》（元綱《げんこう》）を知る機会をもち、彼らから最新の西洋の科学・知識を得ている。また山片蟠桃の師である大坂懐徳堂の中井履軒（一七三二―一八一七）と文通し、知的刺激を交換している。また恩師綾部絅斎の二男であり、当時の最高の天文学者麻田剛立（一七三四―九九）は、彼の親友であり、彼への科学情報の提供者であった。このような環境の中で彼は適当な知的刺激を得つつ、しかも都会の学者たちのように面倒な交際に煩わされないで、わが国では稀な体系的思想家として自己を形成したのである。

彼の思想体系は、独自な仕方で、彼の懐疑と思索の過程から生まれた。彼は幼少の頃から納得ゆくまで徹底的に物を考えぬかねばやまない性格であったようであるが、二十歳をすぎた頃はじめて西欧の天文学にふれ、天体現象の科学的説明に教えられるところが多かったという。だが彼は、経験科学としての天文学に満足できず、宇宙の諸現象を根源的立場から説明する自然哲学を樹立しようとした。

このような大きな課題をみずからに背負った梅園は、その主著『玄語』を一七五三年、三十一歳で稿をおこし、五十三歳で完成、稿を改めること二十三回に及ぶといわれる。この『玄語』と『贅語《ぜいご》』（一七七三年、『玄語』を敷衍《ふえん》して現象界とくに人事について考察）、『敢語』（一七六七年、政治論、人生観を述べる）を梅園三語という。よりわかりやすいかたちではは、梅園の基本的考えは岩波文庫に収められている「多賀墨卿君に答ふる書」に示されている。

ところでこのような大きな課題にたいする解答は、よしそれが最もすぐれた思想家によるものであったにせよ、今日の立場からすれば批判の対象とならざるをえないであろう。梅園といえどもその例外ではないが、彼において今日も生きているのは、その懐疑的精神と方法的自覚であろう。

彼は幼時から自分のふれるところのもののすべてを疑い、いいかげんな説明では満足できない少年だった。なぜ火は熱く、水は冷たいか。人はいう、火は陽であり、水は陰である、だから火は熱く水は冷たいと。彼は疑う、陽なるものはなぜ熱く、陰なるものはなぜ冷たいのか。また疑う、陽はなぜ軽くてのぼり、陰は重くくだるのか。人はいう、雷は陰陽のたたかいである、と。彼は疑う、では陰陽とはそもそもなんなのだろう。そして彼は、自分は天地の原理を知っていると思っている人たちのすべてが、その実、なにも知らないことを発見する。そしてこう語る、われわれが智を天地に達しようと思うならば、雷を怪しみ地震をいぶかる心を手がかりとして、この天地をくるめて一大疑団とせねばならない、と。

彼はまたこうもいっている。このような広い世のなかに数限りもない人が思慮をついやしながら、日夜なんら隠すことなく自己を示している天地（の条理）を、なぜ見うる人がないのであろうか。それは人が生まれてまだ物心つかない頃から、ただ見なれ聞きなれふれなれて、なんとなしに癖がついて、これが自分のなずみとなって、物を怪しみいぶかる心が萌《きざ》さないからだ。彼によれば、われわれが「知っている」と思うことは、ただなれくせで頓着《とんちゃく》なしに（反省的思考なしに）知っていると思うことにすぎないのであって、それは真の知り方ではない。世の人は雷は鳴るはずだから鳴り、地震は動くはずだから動くというふうに「はず」というものをつくってそれで説明がついてしまったとしている。われわれはこの「はず」をうちやぶらねばならない。

彼のいおうとするところは習慣知を疑い、臆見をうちやぶれということにあるが、彼はそのためには「人の執気《しゅうき》」を去れ、という。人が人の執気を去り、人間中心的に、人間を規準として天地をみるという偏見——彼はこのような主観的認識を「窺窬《きゆ》」ということばで呼んでいる——を去ったとき、はじめて天地の条理はみえるという。

ところで「人の執気」をひきおこすものにはいろいろあろうが、その最大の源は書物である、と梅園はいう。ここに生まれたばかりの赤ん坊が二人いたとする。一人は浄土宗の僧侶に、他の一人は日蓮宗の僧侶のもとにあずけられ、それぞれの教育を受けて十年後に相会したとすると、二人はそれぞれの十年の執気のためにお互いに他を認めず、相譲ろうとしないだろう。梅園はこのような例を出しながら、われわれの師とすべきは自然である、とする。自然を師とするとき、書物は参照すべきものとしてその意味をもってくる。ここからさきに引用した「天地達観の位には聖人と称し仏陀と号するももとより人なれば、畢竟我《わが》講求討論の友にして、師とするものは天地なり」（「多賀墨卿君に答ふる書」）というようなことばも出るのである。

われわれは右に述べた彼のかずかずのことばから、ヨーロッパの近世初頭に、イドラから解放されて自然そのものから学べ、としたフランシス・ベーコンや、方法的懐疑を唱え、近代哲学の出発点に立ったデカルトなどの、近代西欧の思想家のことを想起する。そして彼の次の語は、自然を師とする彼の学問の総決算として、大いに聞くべきものをもっている。

此の書を読む者、天に観て而して合ふあらば、則ち宜しく之を取れ。天に観て而して誤あらば、則ち宜しく之を舎《お》け。晋（梅園の名前）何ぞ与《あづ》からん。（『玄語』）

これまでみてきた懐疑的精神、習慣的知識をはなれて真の認識へといたる一種の方法的自覚、あるいは人間中心主義や擬人主義をはなれて自然を師とする彼の態度において、梅園は不朽の意味をもっている。ところでこのような基本的態度の上にうちたてられた彼の自然哲学はどのようなものであろうか。

彼は自分の自然哲学の体系を「条理の学」と呼んでいる。この条理の学には易の陰陽の考え方の影響がかなりに強いように思われるが、彼自身は、いままでの陰陽の説明の仕方ははなはだ不充分で、自分の条理の学こそ陰陽の真の意味を明らかにするものだとしている。

ではこの条理とは何か。彼の『玄語』における説明は必ずしも明瞭ではない。しかし「条理は則ち天地の準なり」「条理は則ち物中に具する性体」等々の定義からみれば、われわれはこれを、宇宙におけるいっさいの存在を成りたたしめている原理である、と解してさしつかえないであろう。また次の「天地は広き量にて候程にいれざる者なく候。容れざる者なく候程に、達観の位に学流の門戸なく候。……其達観する処の道は則条理」（「多賀墨卿君に答ふる書」）である、という定義をみれば、それは認識と洞察の道である、ともいえる。このようにして条理は、存在の原理であるとともに認識の方法でもある。

彼はわれわれがこのような条理に達するためには三つの手つづきが必要である、という。それは、(1)反観合一《はんかんごういつ》、(2)捨心之所執《しゃしんのしょしゅう》、(3)依徴於正《いちょうおせい》、の三者である。このうち、捨心之所執とは、前に述べたように心の執気をはなれることである。依徴於正とは、われわれの判断の基準を正しいものにとる、という意味である。このさい彼が、われわれの感覚的経験は必ずしも正しくない、たとえば日や月は西にゆくような徴表があるが、その実は東に行くのだ、といっていることは注目すべきことであろう。

この中で一番ややこしいのは、反観合一である。これについて彼はこういっている。

天地の道は陰陽にして、陰陽の体は対して相反す。反するに因《より》て一に合す。天地のなる処なり。反して一なるものあるによつて我これを反して観、合せて観て、其本然を求むるにて候。此故に条理は則《すなはち》一有《ゆう》二二開《かい》一。二なるが故に粲立《さんりつ》して（対偶相称をなして）条理を示し、一なるが故に混成して罅縫《かほう》を越没す。反観合一は則これを繹《たづ》ぬるの術にして、反観合一する事能はざれば陰陽の面目をみる事能はず。

（「多賀墨卿君に答ふる書」）

非常にわかりにくい表現だが、一つの譬喩《ひゆ》として、西田哲学の一即多の関係を思い浮かべるといくらか理解がしやすいように思われる。つまり西田が一即多といっているところを、基本的に易の原理にたつ梅園は、一即二、二即一と考える。一は実在の統一の面であり、二は実在の多様性の面（万物の世界）である。統一の面からいえば二（多）であるが、それはつねに統一されるものであるから一なのである。西田のいう多は、陰陽の立場をとる梅園においては二であり、二はあい反しつつ、あい反するが故に合一する。この原理を彼は反観合一と呼んだのである。そして西田の一即多は一即一切の仏教の考え方の系譜をひく一種の直観知であるが、梅園の一即二の二はどこまでも分析される点に、その特質があるように思える。梅園は、この一即二、二即一の原理が、宇宙のすべて、自然のいっさいを貫くと考えた。これが彼のいう条理であり、この条理に従って宇宙の構造を根源的に説明しようとする学問の体系が「条理の学」と呼ばれるものである。

彼の一即二、二即一という反観合一の原理は、具体的には気と物との関係として展開される。天地は一見すると多くの物から成りたっているようにみえるが、ほんとうはただかたちある物一つとかたちのない物一つ以外にはない、と彼は考える。このかたちのない物が気なのである。ところでこのかたちのない物＝気は、一般に虚空であるとか、虚無であるとか空無であるとか考えられるが、彼はこれを虚ではあるが体あるもの（虚体）として通説から区別する。そしてこの考え方の説明として、このかたちのない気が真の空無であったら、太陽や月や星、さらにはわれも物も存在しえないであろう、といっている。ここには西欧の自然科学の間接的影響がみられる。

気がこのような性格のものであるとすれば、気は実体である地の中にも、虚体である天にもみちみちている。したがって天は気であり、地は物であるけれども、この地上の物も気と物とからなり、この物もさらに気と物とからなるというように、はてしなく一は二に分かれていくとともに、二は一に帰して、ついには一大天地に帰する。梅園はこのように、宇宙の大から万物の小にいたるまで、宇宙の構造のすべてのうちに一大シンメトリーをみる。これが彼の把えた天地の条理なのである。

(3)　山片蟠桃と霊魂不滅の否定

山片蟠桃（一七四八―一八二一）は、徳川中期の町人の知的水準の向上を身をもって示した存在である。彼は大坂の両替商升屋《ますや》の番頭として主家の再興に力をつくし、主家の再興後はそれを背景に経済界に縦横の腕をふるった商人であるが、思想家としての彼の存在も、商人としてのそれに劣らない重要な意義をもっている。彼は主人升屋平右衛門《ますやへいえもん》のよき理解のもとに、大坂の町人たちによって設立された懐徳堂に学び、中井竹山（一七三〇―一八〇四）、履軒（一七三二―一八一七）の兄弟儒者の弟子となり、他方では三浦梅園の友人でもあった麻田剛立について天文学を学んだ。彼の合理主義的思考は、反徂徠の旗幟をかかげつつも、徂徠的実証主義を学んだ自由な朱子学者中井兄弟の儒教教育、麻田剛立を通じて学んだ天文学、ならびに彼の大町人としての経験の中から学んだものに由来するように思われる。彼の主著は『夢之代《ゆめのしろ》』といい、その死の前年に完成した。この書は、彼の経済や社会についての思想を縦横に述べた本であるとともに、天文、地理について論じ、さらに彼の得た科学的知識にもとづいて、仏教、儒教、神道の前科学的宇宙観――とくに国学者たちによる神代の合理化の試みを鋭く批判し、霊魂観についても徹底した合理主義的態度を貫いている。

総じていえば、彼の思想の特色は、その深さや緻密さによりも、その批判の鋭さと明快さにあるように思われる。そして蟠桃はその批判性において第一次啓蒙時代を代表する思想家といってよい。彼の著作は、朱子学が西洋の自然科学に接することによって、その合理的思考の側面をますます強くしていったことの模範的な例である。

まず彼の思考の特色がよく出ている霊魂観からみてみよう。それは『夢之代』の巻の十、巻の十一の「無鬼」論の中に展開されている。彼のいう無鬼とは、人間の死とともに、生きている人間を司っていた精神作用は活動を停止し、霊魂不滅ということは存在しない、ということである。この問題について、彼はこういっている。

元来人及ビ禽獣魚虫草木ト雖《イヘド》モ、少シヅツノソレ〴〵ノ差異ハアルベキナレドモ、天地陰陽ノ和合《ナジ》ムシタテニヨリテ、生死熟枯スルモノ、ミナ理ヲ同ジクシテ、天地自然ノモノナリ、山川水火トイヘドモ、ミナ陰陽ノ外ナラズ、別ニ神（精神作用のこと）ナシ、又生熟スルモノハ、年数ノ短長ハアレドモ、大テイソレソレノ持前有テ死枯セザルハナシ、生ズレハ智アリ、神アリ、血気アリ、四支心志臓腑皆働キ、死スレバ智ナシ、神ナシ、血気ナク、四支心志臓腑ミナ働クコトナシ、然レバイカンゾ鬼アラン、又神アラン、生テ働ク所コレヲ神トスベキナリ。

これをもっと簡単にして「死シテ何《イツ》クニ霊アリヤ、寤《サメ》テコソ霊ナリ」とも表現しているが、彼のなそうとしていることは、生命ならびに精神作用の唯物論的説明であり、死とともに精神の活動は終わって、「鬼」という名前で古来呼ばれてきた死後の霊魂は存在しない、ということである。

この死後の霊魂不滅の問題は、人類の心の歴史の上でも、あるいは日本人の精神史の上でも非常に重要な問題であった。死について問われたとき、いまだ生を知らずとして死について語ろうとしなかった孔子の態度をみても、あるいは五蘊皆空《ごうんかいくう》を説く原始仏教の立場をみても、日本人がその影響を多く受けた儒教や仏教においては、死後の霊魂の存在の問題にたいしては、消極的もしくは否定的な態度をとった。しかしこれらの高度の宗教も、死後の霊魂の存在を怖れ、あるいは願う人間の原始的心理を容易に消し去ることはできない。『源氏物語』や謡曲における物の怪《もののけ》や怨霊は、仏教と日本人の伝統的霊魂観との結合の一様態である。徳川時代にはいってからさえも、近松、上田秋成《うえだあきなり》、馬琴《ばきん》などの文学作品には、死後の霊魂の存在が描かれている。また盂蘭盆《うらぼん》の行事などをみると、古代から連続的に存続する日本人の霊魂観が、普遍的宗教であった仏教を、いかに日本的なものに変容させたか、ということがわかる。

徳川時代になって、儒教が幕府によって正統的教学として採用されたとき、儒教の一般化を推しすすめたのは、人々の俗世にたいする積極的関心と社会秩序への要求であり、そしてやがて仏教の葬礼によって葬られることを潔しとしない儒者たちもそうした雰囲気の中から出てきて、儒者棄場ができたくらいであったが、死後の霊魂の問題は儒者にとってもやはり大きな問題であった。そのことは、徳川時代の生んだ最も卓越した合理主義思想家である新井白石がその晩年、『鬼神論』を書き、鬼神の問題やその祭祀について少なからぬ関心を寄せたことからも察することができる。

儒教はもともと鬼神の存在を否定しているのではない。しかし「鬼神を敬して遠ざく」という、同じ『論語』の中のことばもあるように、この問題は敬遠したいという含みももっている。ところでこの問題にたいする儒者たちの態度は曖昧であった。なぜ蟠桃はいま死後の霊魂の存在を決然と否定した無鬼論を書いたのか。彼は、師の履軒にしたがって、聖人がおられた古代であれば、わざわざ無鬼論など書かなくてもよいと考える。しかし仏教、キリスト教、道教、神道が、鬼神の存在を積極的に主張している今日では、儒教はこれまでのような曖昧な態度をとれなくなった。儒教でいう鬼神の存在は認めて、他の教えで説く鬼神の存在は認めない、というのでは、論理的に首尾一貫しないからである。だから、今日では人情を捨てて無鬼論を主張せねばならないのだ、という。蟠桃のこうした考えは、合理性を基本とする儒教の純化過程を示すものといえよう。

さて蟠桃の無鬼論は、どのような論拠において成立しているのだろうか。彼は次の二つの論拠から発想している。第一は、『中庸』の「天下の人をして斉明盛服《さいめいせいふく》して、以て祭祀を承《う》けしむ。洋々乎《ようようこ》として其の上に在ますが如く、其の左右に在ますが如し」という鬼神を祀る問題をとりあつかった一節の解釈の仕方であり、第二は、陰陽二気によって万物の生成・消滅を説明しようとする唯物論的自然哲学である。

まず第一の点について。蟠桃は、「其の上に在ますが如く、其の左右に在ますが如し」の如しという字に注目せねばならない、という。「其の上に在ます、其の左右に在ます」とも、「其の上に在ます無し、其の左右に在ます無し」とも書いてないところに、無限の意味がある。もとより鬼神は存在しない。しかし、われわれは斉明盛服して、誠実恭敬をいたして祀るときは、故人の霊魂がその上に在ますが如く感ぜられるのであって、ここでは祀る人のまごころが問われているのだ、と彼はいうのである。第二の論拠に移る。彼のこのような無鬼論の背後には、いっさいの存在の生成・消滅は陰陽の離合集散によっておこる、という自然哲学がある。人間といえどもその例外ではない。しかし彼はその後さらにその考えを一歩すすめて、「集散」ということの代わりに「有無」ということを主張するにいたった。人間の魂魄《こんぱく》は、人間の生とともに有り、死とともに無し、というのである。集散という考えをとると、死後、魂が他の人々に依憑《えひょう》するという間違った考えも出てくる、と彼は考えたのであった。

蟠桃のこの無鬼論は、啓蒙主義の中の最も重要な要素の一つである宗教的側面の啓蒙の最もすぐれたものといえる。ヨーロッパにおいてはこの宗教的側面の啓蒙ということは、ある意味では啓蒙運動の中核にもあたることであり、宗教からの知性の独立は、長いあいだの流血の惨をくぐりぬけてはじめて達成された。わが国の場合、この問題は明治の啓蒙運動をまつまでもなく、すでにここに達成されている。そしてこの蟠桃の思想は、儒教の合理主義の側面の一帰結であった。われわれは儒教の果たした役割について、これまであまりにも単純な帰結を出しすぎていたのではなかろうか。

さて蟠桃の批判は、死後の霊魂の存在を信じている人たちだけでなく、雷は悪人を殺すという俗信、鬼門の考え方、日や方角の吉凶、等々、自然現象と人間の運命を結びつけようとする考え方のいっさいを排撃する。また仏教の須弥山説や神道の宇宙開闢論もその鋭い批判の対象となる。そしてこれらの批判の根拠になっているものは、儒教的合理主義のほかに彼が受容した地動説以後の天文学である。彼は志筑忠雄《しづきただお》の『暦象新書』を通じてニュートンの万有引力の考え方にさえ通じていた。そして在来の東洋の宇宙についての考え方が、「居ナガラ天地ヲ測ルモノ」「管ヲ以テ天ヲ窺フガ如クナル」ものにすぎないことを指摘し、信頼するに値するものは、西欧諸国がやったように実地を踏むことであり、実試してみることであり、実見することである、とした。そして世界中の国々を実地を踏み、実見することを通じて得た知識が西欧人の勇気の源泉であることを指摘している。

蟠桃において、儒教と西欧の自然科学とを接合したものは朱子学の「致知格物」という考え方である。彼は致知格物ということを最も大切なことと考え、しかもその中でも、「凡《オヨソ》致知格物ノ大ナルハ天学ナルベシ」という。この天学が近代西欧の天文学であることはいうまでもなく、彼は天学については西洋の糟粕《そうはく》をなめる以外に仕方がないと考える。

ところで彼が天学を致知格物の大なるものとする理由については「天学ヲ以テ大ト云所ノモノハ、天アリテ後《ノチ》地アリ地アリテ後人アリ、人アリテ後仁義礼智忠信孝悌アリ、ミナ人ヲ治ムノ道ナレバ、コノ件々ハ天アリテ後ノコトナリ、然レバ則ソノ元ハスベテ天ニアリ」という。すなわち天を出発点として、天・地・人とつらなる連続関係を承認するという前提にたって、人倫の問題を解決するには、まず天について知らねばならない、と彼は考える。われわれが見落とすことができないのは、彼が封建的社会秩序を基礎づけるのに、天文学の知識を用いていることである。

この問題は、ひとり蟠桃の問題だけでなく、この十八世紀のわが国の第一次啓蒙期の基本的性格にかかわる問題である。これまでに紹介した彼らの合理的・懐疑的・批判的精神はまさに啓蒙的精神の一つの顕現であった。彼らには国際社会における普遍主義への志向もあった。人間の尊貴と人間の本来的平等性の感情の芽生えさえあった。また実学の考え方をみても、『夢之代』に展開された蟠桃のそれと、『学問のすすめ』における福沢のそれとのあいだにはほとんどちがいがない。これらの点だけみると、この十八世紀の第一次啓蒙思想と、明治初頭の第二次啓蒙思想とのあいだにどのような差異があったのか、という疑問すらおこってくる。

ではどこがちがうのか。それは社会と個人についての考え方の相違である。なるほど十八世紀の場合でも、すぐれた思想家の場合は強い自我意識があった。しかしこの強い自我を基礎として、平等な社会関係をつくるという意識はなかった。身分制社会はやむをえないものとして受けとられていたのである。これにたいして、明治の場合は、個人の独立心が武士意識との連続性をもつにせよ、この独立心はやはり個人の権利意識によって裏づけられ、平等な権利をもつ個人の契約によって社会や国家が構成されるという社会観があった。これが両者の基本的相違である。

第二の相違はコミュニケーションにかかわる問題である。十八世紀の場合は、梅園三語にしても、蟠桃の『夢之代』にしても、あるいは前野蘭化《らんか》(良沢)の著作にしても公刊されていないことを、われわれは忘れてはならない。これらの著作は筆写されたにせよ、その伝播の範囲はわずかである。十八世紀の開明思想を「啓蒙運動」として把えるならば、公刊された著作とそうでないものとを区別し、それらの伝播の範囲を明らかにせねばならないであろう。十八世紀のそれは啓蒙思想とはいえても、まだ啓蒙運動にまでは成熟していなかった、というのが現在のわたしの見解である。

第七章　経世家の思想と民衆の思想

1　徂徠以後の経世観

序章でみてきたように、徳川社会は社会の基礎構造としては封建社会であることには間違いなかったけれども、いわば封建制と集権制という性格を異にする二頭の馬によって牽かれる馬車のようなもので、いつかはその矛盾を露呈せざるをえない構造をもっていた。徳川時代の中期には、武士たちは全国的な規模の商業組織に圧迫されて、日一日と経済的には窮乏していった。そして武士たちの窮乏は、農民たちのより大きな窮乏となった。直接の、そして間接のより重い課税が農民たちの肩の上にかかってきたからである。この状況の中で、武士側にたつ経世家はどう対処しようとしたか、農民側に同情した知識人はどういうことを考えたか、また農民自身はどういう態度をとったか、等々のことを本章では考えてみたい。

徂徠の問題把握

まずこの問題に勇気をもって立ち向かった経世家として荻生徂徠をあげよう。わたしの考えでは、徂徠こそは徳川社会の現実政治の問題に関して、その直面した困難が徳川社会の封建制、集権制の二重構造に由来するものであることを洞察した最初の人であると思われる。個々の政策、たとえば武士土着論などについては、徂徠よりも熊沢蕃山がより早い首唱者である。銭貨の鋳造による通貨膨脹政策についても、徂徠以前にたびたびそのような政策はとられている。しかし問題の核心がどこにあるかを構造的に把握した点では、徂徠がその嚆矢《こうし》であった。

徂徠は、中国の歴史観の伝統にしたがって、ある王朝、ある政府の政権の存続の長さは、その創設者の制度のたて方によって決まると考えた。彼は城下町制度が戦国の余習を和らげ、全国の統一を容易にしたことは認める。しかし、全国統一に成功した段階においては城下町制度を廃止し、武士の土着をはかって商業資本の網の目から脱するほかはない、と彼は考えた。ここで彼が根本的対策として主唱していることは、(1)武士が旅宿の境界をやめて知行地に土着すること、(2)戸籍をつくって庶民の都市への移動を禁止すること、(3)制度を確立して、身分にしたがって欲望を制限し、需要と供給のバランスをとること、の三点である。

彼のこの具体的な政策のプランは、武士や農民を商業資本の圏外に出し、自然経済に復帰させることによって、問題の現実的解決をはかろうとしたものである。彼自身が気づいていたように、商業資本の発展はあまりにも顕著であり、彼の主張は時代錯誤的観があって現実化されなかった。しかし彼の鋭い構造的な問題把握、そしてたんなる対症療法的な政策でなく、根本的な制度の立て直しが必要であるという主張は、その後の治国安民の経世論への道をひらいたのである。徂徠の解答には満足しなくても、徂徠の提出した問題を無視しては一歩もさきに進まれなかった。

覇道的経世論者春台

徂徠につづいて、武士の立場から経世済民論を展開した人に太宰春台《だざいしゅんだい》（一六八〇—一七四七）がいる。彼は「厳毅端方《げんきたんぽう》」と評された人物で、徂徠の弟子の大半が古文辞学、詩文の道に進んだのにたいして、師の経学と経世済民についての思想を祖述し、さらに展開した。

彼の経済についての基本的考えが「貴穀賤商」の立場であることは徂徠と同様であり、そしてそれは時代の共通の傾向でもあった。春台は、士農工商をそれぞれ「礼義を知り、身に君子の行ある士」「土に食《は》む者」「芸事を執りて、其力に食む者」「貨物に食する者」と規定し、その身分の差を、勤労多くして利を得ることの少ない者は貴く、勤労が少ないのに利財の所得が多い者は賤しいというように、利益を得ることの難易多少によって決定されると考えていた。ここにみられるように彼の経済論には道徳論的観点がはいっている。そして農民にたいしては「民は小児の如《ごとく》なる者也。上の政と教とに依て、善くも悪くも成也」（『経済録』）と、上からのある程度の強制と教化政策によってはじめて人民の幸福は実現されると考えている。

いままで紹介した春台の見解は儒者たちの一般の考えとほとんど同じで、それをより強くいったものにすぎない。春台において注目すべきことは、(1)精神主義の立場をとらず、経済の安定が道徳の維持に非常に密接な関係をもつことを主張したこと、(2)「富国強兵」ということをはじめて唱道したこと、(3)「貴穀賤商」の立場にもかかわらず、土地の利用、特産物の奨励等のことを主張して、積極的な興利政策の立場をとり、商品経済の発展に即応するような態度をとったこと、(4)武士のあいだのことに限られたとはいえ、「義倉」制を唱えて、福祉ということに一歩を進めたこと、等である。

「武士は食わねど高楊子《たかようじ》」といってすましておけない事態が訪れたのであり、春台はこれを「士は恒産なけれども恒心を失はぬ者と孟子はいへれども、士も大抵は恒産なければ、恒心を失て節義を欠く事多し」（『経済録』）という。この現状認識の上に、春台の、徂徠よりより積極的な政策が構想されたのである。彼は「富国強兵」の必要を説いて「富国強兵を覇者の術といふは後世の腐儒の妄説也。堯舜より以来孔子の教に至るまで聖人の天下を治る道、富国強兵に非《あらざ》るはなし」（同上）といい、この後の「富国強兵論」へのスタートを切る。ただし彼の場合は「富国は強兵の本」とするものであった。そしてその具体的方法が、第三にあげた特性に応じた土地の利用、特産物の奨励ということである。彼は、当時流行の新田開発が民の害となることが多いことを知って、右に述べたことを考えたのである。そして春台のこの考えは、のちの藩営マヌファクチュア、藩専売制等につながっていくものと思われる。

梅園の王道論からの批判

ここで春台によって唱えられた藩専売制の方向は、諸藩の実情に副うものであったから、諸藩こぞってこの方向へ踏みきった。その結果、諸藩の窮境は当面かなりに改善されたけれども、農民の窮乏はかえってつのるばかりであった。なぜなら藩政府自体がいわば大きな規模の商人となり、しかも権力をもって生産に従事させ、その利益は一方的に吸い上げるばかりだったからである。この現状をみて、王道政治の立場から藩専売政策に反対したのは三浦梅園である。彼は「商賈は利を以て利とす。経済は義を以て利とす」（「価原」）という立場にたって、藩政府は聚斂《しゅうれん》の政になる藩専売制をやめ、倹約を旨として、士農工商の四者が共に繁栄する道を講ぜねばならない、としている（「丙午封事《へいごふうじ》」）。このさい、商人は自力で繁栄する力をもっているが、それをもたない農民と職人にたいしては保護を加えねばならないとする（梅園は哲学者らしく経済の問題を考えるのに独自の貨幣論を展開するが、ここでは省略）。

中井竹山の『草茅危言』

梅園と同じ王道論の立場によって、より具体的な経世策をたてたのは懐徳堂の儒者であり、前に述べた山片蟠桃の先生であった中井竹山（一七三〇―一八〇四）である。彼は反徂徠の一方の雄であったが、こちこちの朱子学者ではなく、「吾等は林氏にあらず、山崎にあらず、吾が一家の宋学なるのみ」と自称するように、徂徠のよさをも吸収した自由な朱子学者だった。

竹山の経世論は老中松平定信《まつだいらさだのぶ》に呈した『草茅危言《そうぼうきげん》』その他に示されている。彼の経世論には、信頼できる責任ある政治家に呈したという事情もあって、当時何人も言うを憚った幕政のあり方についての発言がみられるところに一つの特徴があるように思われる。すなわち彼は、(1)定府の制の廃止、(2)参観交代の制の緩和、(3)国替の廃止を主張している。前にしるしたように、諸藩の費用の六〇パーセントは、定府や参観交代その他のお手伝いの費用についやされた。この問題をぬきにして、当時の経済問題の解決はありえなかったのである。

さらに注目すべきことは禄制度の変更を主張していることである。武士たちの俸禄はもちろん世襲であり、先祖の功績によって決定したものであるから「位牌《いはい》俸禄」ということばがあるくらいであった。竹山はこれを実力本位の俸禄に変えたらいいといっている。

大名たちのつもりつもった負債はどうするか。これにたいしては困窮の度に応じて年限を限って公役を免ずべきことを主張する。その期間大名たちは「修斉治平の実学に篤志し、文武の芸術を怠り無して士大夫を引廻し、随分賢に任じ能を使ひ、異日に庶富教の基本を固め、年中の経費は五万石は一万石の格、十万石は二万石の格に従」(『草茅危言』)って節約すれば、必ず問題は解決するという。

経済問題に関して彼のいっていることで大切なことは、インフレーション抑止策であり、彼は物価騰貴の原因として、(1)通貨膨脹、(2)株仲間の独占権、(3)運上、すなわち町人への課税、の三原因をあげる。そして米価調節の方法として、大坂に常平倉《じょうへいそう》をおくことを提案している。

その他の点では彼が交通問題に著目《ちゃくもく》し、大井川に一大石橋を架すべしという意見を出していることは本多利明《ほんだとしあき》の先蹤《せんしょう》として注目すべきだし、社会政策として「社倉」をつくり、庶民の福祉に寄与しようとした点は、明治以前の社会福祉的思想の先駆的役割を果たしていたといえよう。

この竹山の考え方は具体的で大切なポイントをよくついているが、この改革案を受けた定信は現実政治家としてどう考えたであろうか。公役の中止、運上金の廃止をやれば、もうゆきづまり状態になっている幕府財政をさらに逼迫《ひっぱく》させることになってしまうだろう。定府の制の廃止以下のことは、いわば幕府権力の中枢にかかわる問題であり、またこの改革案を実施した場合の江戸の疲弊は眼にみえて明らかであるから、このことの実施が各藩の財政状態の改善に役立つことはわかっていても、その実現には容易に踏みきれなかったのだろう（事実、この問題の解決は文久二年、横井小楠が政事総裁職松平春嶽《まつだいらしゅんがく》の政治顧問となったとき、はじめて実現された。それを可能にしたものは国防の急という新たな事態であった）。政治家として現実にできることは、せいぜい倹約策をしき、政治家・行政官のモラルを高めること以外にはなかったのではあるまいか。

2　経済合理主義者海保青陵

いままで述べてきた思想家たちよりもさらにより強く、商品経済の発展に即応すべきことを説いたのは海保青陵《かいほせいりょう》（一七五五—一八一七）である。彼は徳川社会の困難が基本的には商品経済の発展、商業的経済機構の発達に由来することを認識した点において徂徠の後裔であったが、武士の土着などによって問題を解決しようとした徂徠とはちがって、徳川社会の基本的矛盾は、商業資本を肯定し、商業的社会・経済的機構を伸ばすことによって解決されると考えた。しかし、青陵のこの商業資本の肯定は、商人の立場においてではなく、経世家の立場において各藩が並立・割拠している徳川社会の基本的体制の維持・存続ということを目的としてなされた。

では青陵はどのような立場で問題の解決をしようとしたのか。彼は『書経』「洪範《こうはん》」の「水は潤下し、火は炎上す」という考え方にヒントを得る。水が潤下するように形なきものは下にさがり、火が炎上するように形なき気は上にあがる性質をもっている。この両者のバランスのとれている状態が天理にかなった状態であり、またそれが失われた状態は凶であり、天の理にそむく。したがって為政者は、上下そのいずれかに力が集中しないようにせねばならない。

ところで、治世が長くつづくと、富はしだいに下にさがる傾向がある。このような時代には、これをまた上にまき上げる必要がある。そして青陵は、彼の生きている時代がまさにそのような時代である、とした。したがって彼は、利息をとることも運上をとることも天地の理であると考え、『周礼』にならって十分の一税を、農民はもちろん、商人にも課すべきであるとしている（農民にたいする課税が正式には十分の四、商人にはタテマエとしては課税していなかったことを想起されたい）。

このような基本的立場にたって、青陵はどのように具体的に各藩の経済の問題を解決していこうとしたのか。彼は、国を富ますには、(1)「自国の土より物の生ずることの多くなる」王道的方法と、(2)「他国の財貨を自国へ吸いこむ」覇道的方法とを併用せねばならない、と考える。とくに注目すべきことは後者であって、全国的商品経済の市場が形成されたとき、各藩はその力をつくして他藩の富を吸いとることに努力せねば、自藩の存続ははかれないという考えは、国家対国家の規模を藩対藩に縮小しているとはいえ、その基本的性格において重商主義のパターンに属しているといえよう。

青陵は「藩営商業」とか「藩専売制」の立場をとるけれども、その具体的方針は、藩の中の有力な商人を通じて藩が商売するとか、各藩は商売の資本金を大坂の大町人から「実意借り」せよ、というのであって、従来の封建的支配の対立原理と考えられていた商品経済のネットワークの中にはいって各藩はその権力の維持をはかるというのであるから、社会構成の原理についての観念の基本的転換が、彼の中におこっているように思われる。

すなわち青陵の考え方の根底には「物を売て物を買は世界の理なり」（『稽古談』）という、売買を世界の理とみなす考え方、「田も山も海も金も米も、凡そ天地の間にあるものは皆しろもの（経済的財貨）なり、しろものは又しろものをうむは理なり」（同上）と、経済的財貨が新しい経済的財貨をうみ、あるいはこの財貨を売買して新しい財貨（収益）をあげることは天理である、という考え方があった。このように、青陵は生産関係、なかんずく売買関係を天理として認め、この売買の取引を公正なるものとして承認した。そして政治の目的は、この経済社会の天理に即して上下を富ますことにあるとした。青陵は、経済ということばを儒教的経世済民の意味から解放したはじめての人といわれているが、彼の構想した政治は、経済世界の原理に立脚した政治を樹立することであった。

このことが可能なためには、あらゆる人々にホモ・エコノミックスという自覚をあたえねばならない。農民もこの自覚に乏しいが、最もこの観念に乏しいのが武士である。青陵はその著作を通じて、当時の最大の非生産者である武士階級に、商業資本主義機構の一員であるという自覚をあたえることに力をつくす。そして売買関係、取引関係が理であるという考え方を、封建的社会の基本的人倫たる武士社会の君臣関係にまで適用し、「古へより君臣は市道なりといふなり。……君は臣をかい、臣は君へうりて、うりかいなり。うりかいがよきなり」(『稽古談』)として、君臣関係をギヴ・アンド・テイクの取引関係として説明する。あるいはまた、「天子は天下といふしろものをもちたる豪家なり。このしろものを民へかしつけて、その利息を喰ふてをる人なり」(同上)と、普通、温情的に説明される支配関係をそのあらわな姿で説明し、一般武士にたいしては、「卿大夫士は己れが智力を君へうりて、其日雇賃銭にて喰ふておる人なり。雲助が一里かつぎて一里だけの賃をとりて、餅を得、酒を得るに何もちがいはなし」(同上)とまで極論する。

彼にとっては、商品経済の機構を離れては一日も生活できないのに、金をいやしみ、商行為をさげすんで、一日一日と窮乏していく武士の姿が笑止であった。彼は武士の窮乏を救うためには、武士は商行為から超然たる存在である、という偏見を除かねばならないとし、武士たちは金を貴ぶ人を笑うけれども、まず大国の大名にしてからが年々米を売ってそれによって公用その他の費用をととのえている。だから大名以下武士たちはみな商売中の人である。商売中の身でいながら、商売を笑うから、自分の分と所行とがちがってくるのだという。

今は……乱世にもあらず、売買をせねば一日も暮されず。金銀を賤《いやし》む世にあらず、商売を笑ふ時にあらず。笑へば先《ま》つ己れが身から笑ふが順なり。あやまり証文の手形をかく男を笑ふべし。……是れ笑ふべき所を笑はひで、笑ふまじき所を笑ふと云ふものなり。

(『善中談』)

ここに示されている武士観を、士は「耕サズ造ラズ沽《ウ》ラ」ざるが故に三民の道徳的儀表《ぎひょう》たるべきとした山鹿素行の士道観と比較しよう。百五十年の歳月が、人々の気づかないうちに徳川社会の構造を変え、その間における商品経済の発展が、それを認めなくては武士社会を存立させないところにまでいたった事情を、われわれは青陵を通して知ることができる。問題は来るところまで来たというのが、われわれの率直な感想である。

おそらく青陵は、徳川社会の経済的矛盾にたいして、もっとも大胆な現実主義的アプローチを試みた人であろう。しかしこの現実主義が政治の世界に適用されると、その「扨今《さて》日は唯《ただ》江戸へ参覲交代して、御手伝も首尾よう勤め、無理な金をもからずに、領分に百姓一揆もおこらず、江戸の御同席のつき合をようしてをればよきなり。天下を取るの、殷《いん》湯《たう》・周武をするのと云ふことは乱心ものはしらず、先づ〳〵今の世にはとんと役に立ぬことなり」（『稽古談』）ということばに明らかなように、徹底した保守主義者、現状維持者となるのである。彼から、徳川の政治機構にたいする批判はなに一つきかれないし、また開国の問題については全然ふれられていない。これらは彼につづく人々によって答えられねばならない課題であった。

3　マーカンティリスト本多利明

青陵において残された問題は、鎖国の問題と、現存体制の矛盾の問題であった。維新という政治変革がおこなわれなければ、青陵によって把握された経済問題の解決もできなかった。しかしわれわれは維新の動乱が始まる前に、開国問題が問題解決の唯一の方法であることを指摘した本多《ほんだ》利明《としあき》（一七四四―一八二一）の存在があったことを見落としてはならない。

利明は先人の見落としたことに注目して交通問題の重要性を説く。この交通には、陸上交通の問題も海上交通の問題も含まれる。彼は、真の仁政をおこし、農民を経済的困窮から救うためには、交通路をひらき、産物の流通をなめらかにする以外にはない、と考える。

また海上交通の権は商人の手から離して幕府が掌握せねばならないともした。

利明の海上交通論はひとり国内の海上交通だけに限らず、何人もあえていわなかった開国の問題に発展する。彼は際限ある土地から生じる産物によって、際限なく生じる万民の衣食住の需要をみたすことはもともと無理な話であり、しかも二百年の太平の間、種々考えぬいたあとであるから、「今更日本の土地限りのやりくり経済は迚《とて》も埒明《らちあく》べきにあらず」（『経済放言』）と判定を下す。そして百四、五十年前までは日本も異国貿易に船舶をつくった例もあるから、その先例にならって官船をつくり、積極的に海外貿易をなすべきだという。

さらに彼の夢ははてしなくひろがる。小笠原諸島などの属島をひらくとともに、北海道、樺太、カムチャツカを開拓し、これを大日本といって、カムチャツカに首都をきずき、北辺の諸国と貿易を営む。彼は当時の一般の人々のように、貿易は有用の品を出すことによって日本の損失になるとは考えず、貿易によって利するのは相互である、という見解をいだいていた。しかし「異国貿易は相互に国力を抜とらんとする交易なれば、戦争も同様なり」（『経世秘策』）ときびしい現実の直視も忘れない。青陵が藩対藩の規模でいったことを、利明は国家対国家の規模で考える。彼は幕末の代表的マーカンティリストであった。

右に述べたような交通路の開拓や積極的貿易の考え方を支えたものとしてユニークな人口論があるが、残念ながら割愛する。われわれの見落としてならないのは、彼における海洋国日本の自覚である。彼は日本が長いあいだモデルと仰いだ中国は、大陸国であるがゆえに海洋国日本の手本とすべき国ではないとし、日本は万国に船舶を派遣し、国家に必要な産物や、金銀銅を抜きとって国力を厚くすべきだという。そして中国のような侵略による国家の発展ではなく、西洋のような貿易による国家の発展を考えねばならない、とする。

彼はこのように、立国のモデルを西洋に仰ぐとともに、国字問題にも注目し、西洋の二十五字のアルファベットが西洋文化興隆の基礎であるとみなし、日本人は数万の漢字をおぼえるのに汲々《きゅうきゅう》としないで、仮名を活用することが便利ではないか、という。また、西洋における学問の公開が西洋の興隆の源となっていることに注目して、秘伝を公開しない日本人のあり方を反省する。そして彼はさらに、学問としては西洋の窮理学の採用がなによりも大切だと考える。学習の手つづきとしては、数理、推歩《すいほ》、測量の法からはいって、まず天文、地理、渡海の書を学ぶべきだとする。彼はまた、今日においては、日本の直面する問題の根本的解決には才徳能の兼備が必要であるが、才と徳とは支那学によって達成されるけれども能の一つだけは西洋から学ぶ以外はない、とする。この能とは、彼によれば天文、地理、渡海の法をいう。そして国民の代表ともいうべきエリートたる士は、「寸陰をも空《むな》しくせず、古今和漢西域の事蹟《じせき》に心を用」いねばならないとした。

ここにいたって、幕末に武士階級によってすすめられた日本の和魂洋才への道は、はっきりとその進路を定められた感がある。しかしそれとともに、彼は一般国民の問題にも注目し、「余りに国民の愚魯《ぐろ》は他国より掠《かすむ》るの憂あり」と、国民の知的水準の向上の必要を説く。この点においても彼は明治の木戸孝允《きどたかよし》らの政治家の見識に先駆する。利明はまさに、江戸の中期の終わりにたって、幕末維新の日本に橋をわたす重要な役割を果たした思想家であった。

4　安藤昌益とユートピア思想

これまで紹介してきた経世家らが、いわば現実主義的思想家として、武士の立場・経世家の立場から徳川社会に内在する問題に対処してきたのにたいして、日本の思想史にもまれなユートピア思想家が十八世紀の半ば頃、東北の辺境八戸《はちのへ》にあらわれた。それはいうまでもなく安藤昌益《あんどうしょうえき》（生没年未詳）である。彼は医師を業とする一知識人であったが、農民への深い愛情のもとに農民の立場にたってその思想を形成した。彼の思想はある意味ではあまりにも急進的であったために、現実への適応性に乏しかったが、問題の本質を透視する直観力・洞察力において、またその批判力において他の何人も及ばないものがあった。彼の存在が今日もなお、神秘のヴェールにつつまれているように、彼の著作（彼の主著『自然真営道』は未公刊稿本で、もと百一巻九十三冊あったが十五冊を残して関東大震災で消失）も数奇なる運命にもてあそばれて、彼は「忘れられた思想家」であるよりも、当時からすでに、ごく一部の人を除いては「知られざる思想家」であり、時代への影響はほとんどなかったと思われるが、そのことは彼の思想家としての偉大さをそこなうものではない。
昌益は、同時代の思想家たちが現存の社会機構・政治制度の存続を前提として、諸矛盾の実際的調整に苦慮したのにたいして、いっさいの権力組織を否定し、農業を基本とする無政府主義的・平等主義的な「万人直耕」の生産社会を構想した。それは当時の賢明な現実主義的思想家たちの思いも及ばない発想であった。彼は、封建的支配の構造そのものを批判していう。

転下〔天下〕を治むと云ふは失《あやま》りなり。自然には乱も無く、治も無く、唯《ただ》直耕安食安衣あるのみ。故に天地に継ぎて直耕安食安衣し、其余力を以て他を養ふ直耕者は、是れ転〔天の意〕の赤子なり。直耕して米穀を生じ、王侯等凡て不耕者を養ふ。是れ転の生道を継ぐ者なるが故に、真に転の赤子なり。此直耕者は王侯将士、僧侶、神官等凡て不耕貪食者の父母なり。（『統道真伝』）

彼はこのように、すべての人が支配することも支配されることもない、万人が「自然に直耕する」という無政府主義的ユートピア思想をいだいている。農民こそ彼の理想的人間のあり方であり、彼は農民を人間の生き方のモデルとする。彼によれば、人は自然に直耕して生き、互いに支配することも支配されることもない状態にあるとき、ことばの真の意味において人である。このような社会関係が実現している社会を、彼は「自然ノ世」という。そこには搾取もない代わりに、恩恵や慈悲もない。平等で、独立した人間の集まりである。これは、いわば彼の「自然状態」といってよいであろう。彼はルソーと同じく、自然状態を理想的な状態とみなしている。

このような自然状態（自然ノ世）を現実にもたらすことが彼の願いであり、その実現をはばんでいると思われる封建的支配関係やそれを基礎づけるいっさいのイデオロギーを彼は批判する。

なぜ理想的な「自然ノ世」はこの世に実現せず、力あるものがみずから働くことなく、自然に直耕する者を支配し、これを搾取するような社会——彼はこれを「法世」という——が実現しているのか。かつて「自然ノ世」はあった。これを「法世」に変えたもの、すなわち人を禽獣の状態におとしいれたものは「聖人」である。

彼のいう聖人とは、社会の現実の支配者、ならびに社会における支配関係を正当化した知的・道徳的指導者のいっさいをさす。秀吉や家康のごとき支配者だけでなく、儒者たちによって理想的君主とされた堯も舜も、あるいは聖人として仰がれた孔子をはじめ孟子以下の儒者たち、さらにまた老荘までが彼の鋭い批判の対象となる。彼らは、法も制度もない理想的な自然の世に、みだりに私に法をつくり制度をたて、支配関係をつくって、法世を実現した連中である。

こうしてみると、社会思想における昌益の位置は、徂徠とまったく逆になることが明らかである。徂徠においては、人がまだ禽獣と変わるところのない無知蒙昧の自然状態に礼楽刑政の制度をたて、文化をもたらしたのが聖人（先王）であったが、昌益は、支配する者も支配される者もない自然の理想状態を、支配する者と支配される者との社会関係、つまり禽獣の状態に変えたものと、聖人をみなす。内容は異なるが、それはホッブスからルソーへの転回に類比することができよう。

彼の聖人批判は、儒教に説くパターナリズム（慈恵主義）を批判することによって、最も徹底したものとなる。あらためて説くまでもなく、儒教の政治理想は専制主義を肯定するものではなく、政治は人民のためになされなければならないとする民本主義的傾向を強くもっている。儒教理念に浸透された支配者たちは民をわが子といい、あるいは仁政をしくことを自己の政治の理想とした。王覇の弁は古来やかましい問題だが、儒教の王道思想はこのような支配者のパターナリズムにもとづいて成立してきた。とくに当時、徳川社会の矛盾の激化、お手伝政策による幕府の大名への圧迫、矛盾のいっさいを引き受けねばならない農民たちの蜂起、という事態の中で、儒教の王道意識に浸透された上杉鷹山《うえすぎようざん》（一七五一―一八二二）や細川重賢《ほそかわしげかた》（一七一八―八五）らの名君といわれる人々が出て、涙ぐましいほどの努力をしたのであったが、現実への距離をもって問題の所在を透視した昌益の眼からすれば、覇道主義者はもちろんのこと、このような王道主義者すらいい加減なものであった。

彼はいう、「己れ民に養われて民の子で有りながら、民は吾が子と云えり、只狂人なり」(『統道真伝』)。あるいは仁という儒教道徳の根本ともいうべき徳目にたいしては「聖人、仁を以て下民を仁《めぐ》むと云う。甚だ私失の至りにて笑うべきなり。聖人は不耕にして、衆人の直耕、転業の穀を貪食し、口説を以て直耕転職の転子なる衆人を誑《たぶら》かし、自然の転下を盗み、上に立ちて王と号す。故に己れの手よりして一粒・一銭を出すこと無く、我物と云う。持たざる者は聖人なり。然るに何を施してか、民を仁むべけんや」(同上)。そして「仁と云うは、罪人の根なり」(同上)とさえ極言する。これは徳川時代においてなされた封建的イデオロギーにたいする最も根本的批判である。

彼はいったいどのような根拠において、時流をはるかに抜く発想をし、封建社会そのものを批判したのだろうか。

彼はつねにわれは無学であるとか、われに師なし、われ生まれながらにして知る、といっているが、このことは彼が儒教や老荘、あるいは仏教の古典を学ばなかったことを意味するのではない。彼の文章はよい漢文とはいえないが、彼はこれらの古典についてはひろく学び、またこれらを充分に理解する力はもっていたようである。しかし彼はこれらのおびただしい書物からよりは、大自然から直接に人間社会の真のあり方を学んだようである。

この問題に関する彼の見解をいくつかに要約し、現代ふうに解釈しなおしてみよう。
(1)自然ははじめも終わりもない。自然は自己原因である。
(2)天地ははじめもなく終わりもなく、また上もなく下もなく、尊卑の別もなく、先後の順位もなく、ただささながらの自然である。
(3)天地も人も物も、宇宙間のいっさいのものは微塵《みじん》にいたるまで、相対的存在であり、相補的であり、そしてそれ故に相互作用的である。万物の相対的、相補的性格を「互性」と呼び、この「互性」ゆえに生ずる万物間（天と地、男と女、等々）におこる相互作用を「活真」と呼ぶ。この相互作用によって自然は進退を繰り返す。
(4)宇宙間のいっさいのものは、天と地、日と月、男と女、雌と雄、善と悪、生と死、……等のように常に二つに分かれて現象するが、これらは自然の一つの真なる営み（真営）の進退であり、これらの多種多様の仕方で、二つの対なるもののあいだにおこる進退が自然の一真営なのである。

この昌益の自然観をみると、二つの点において独自な点をもっている。一つは相対的・相補的関係にある二つのもののあいだの相互作用をきわめてダイナミックに把えたことであり、二つは易経の影響を強く受けながらも、そこにある上下尊卑の価値観を徹底的に否定したことである。昌益の立場は互性、活真という自然観にたって、宇宙間の万物は相対的・相補的存在であり、その間に価値の優劣の差はないとし、それらの相対的・相補的存在のあいだの相互作用の中に自然の真営をみていこうという立場なので、天地、上下、優劣（とくに昌益は「男女の優劣の差」というイデオロギーを問題にする）というような人為的範疇をつくり、これらの関係を固定的に、あるいはまた絶対的に考えようとする思想を徹底的に批判したのであった。昌益の立場からすれば、天地、上下、優劣というごときものは聖人たちが自分の支配を正当化しようとする私法にすぎない。

このようにして、昌益の自然観は人間の平等という一種の自然法思想を生み出した。これは東洋世界においては稀有《けう》のことであり、また徳川の封建社会の価値観とは根本的に相対立する。彼の現実の徳川の封建社会にたいする批判は峻烈をきわめた。彼が知己を百年ののちに求めて、その主著『自然真営道』を出版しなかったことも当然とせねばならない。

5　民衆の思想

(1)　二宮尊徳における天道と人道

右のような事態にたいして民衆はどう対応したか。民衆側の対応には、民衆自身が生産力を増し、互助組織をつくって自衛した場合と、そのことが不可能なほど追いつめられて蜂起した場合、の二つのケースがある。前者に属するものに平田派の国学者の一派もあるけれども、ここでは二宮尊徳《にのみやそんとく》の場合を考えてみよう。

農政家としての二宮尊徳（一七八七―一八五六）の業績には、米作中心主義で他の商品農産物の奨励には及んでいないとか、荒蕪《こうぶ》地の開拓に限られて現存の耕作地の生産の向上をはかっていないとか、その限界に関していろいろの批評が可能であろうが、農民それ自体の中からその生活経験をもとにして生まれた思想として、彼の思想は注目に値する。

尊徳はこれまで述べてきた多くの中期以後の思想家と同じように、特定の学派に所属せず、自分の経験を基礎とし、天地を師として学ぶという共通の性格をもっていた。思想としての表現においては、儒教を中核とし、神儒仏を一丸とするところがあったが、それらの教えから帰納して自己の思想を形成するのではなく、むしろ自得したものを経典に引照して説明したというべきだろう。この点についてはこれまで述べた多くの十八世紀の中期以後の思想家と共通のものをもっている。彼は稀にみる強い自信のもちぬしで、古典を読むさいにどうしても納得できないときには、その箇所を破ったとさえ伝えられている。このようにして彼が自己の生活経験の場において天地から学んだのは、「一円相」とか「一円仁」という名で呼ばれる円環の思想である。彼はその思想の基本を、春夏秋冬の四季の循環や、種が土中に死して芽として復活し、やがて花ひらき実を結ぶ、という農作物の循環など、農耕人としての彼の体験的直観の中から得たに相違ない。

彼はこの一円ということばの示すものを、ある時には無極とか太極とかの朱子学的用語で説明し、またある時は渾沌とした無名の世界として老子的用語で説明したりするが、それはあらゆる対立した契機をその中に含みつつ循環力動やむことのない存在の窮極の姿を説明する努力とみなしてよいであろう。しかしこの一円の中の対立した契機は、相補的であるとともに相互的である。次のことばはこのことを示すであろう。

　天のほかに地なく、地のほかに天なし、天地合して、一元をなす。
　……………
　生のほかに死なく、死のほかに生なし、生死合して、一人をなす。
　有のほかに無なく、無のほかに有なし、有無合して、一物をなす。（「大円鏡」）

これらのことは昼夜、古今、因果、寒暑、貧富、君臣、男女等についてもいわれる。この尊徳の相対的・相補的な天地万物の把え方には昌益のそれに一脈相通ずるものがあるように思われる。ただし昌益の互性の概念は、往復的ピストン運動のようなイメージを与えるが、尊徳は天地万物を、「夫《それ》世界は、旋転してやまず」という彼のことばが示すように、円環運動のイメージにおいて把えたものと解してよいであろう。

なお昌益とのもう一つの重要なちがいを付記するならば、昌益の思想においては、大自然の真営のはたらきの如実の姿はよく把えられているが、このはたらきへの人間の参与の仕方についての手がかりとなるものは意外に少ない。そうした昌益の思想の欠陥は、彼が農民への誠実な同情者ではあっても、農民として天地の化育《かいく》に参ずる主体的体験をもたなかったことにもとづくものであろう。尊徳の思想は、この点において昌益にない特徴をもっていた。この問題を検討するためには、尊徳における天道と人道の考え方を検討せねばならない。

徳川時代の生産の問題をとりあつかった思想のほとんど全部が、生産のはたらきの根源を天（大自然）の生成のはたらきに求めていたことはいうまでもない。天の無心のはたらきを継ぐものが人間の善であるというのがその基本的な考え方であり、天と人間とのあいだに連続性を認めるという仕方で、人間の生産のはたらきを基礎づけるのがつねであった。尊徳は、天道と人道とを断絶的に把え、天道にたいする人道のはたらきを強くうち出した。

尊徳は天地のはたらきを、徳川時代の他の思想家のように善とみなしてはいない。「天理より見る時は善悪はなし、其証《その》には、天理に任ずる時は、皆荒地となりて、開闢のむかしに帰るなり、如何となれば、是則天理自然の道なればなり」（『二宮翁夜話』）ということばが示すように、彼は大自然のはたらきを善悪の彼岸にあるものとして把えている。彼は自然の恵みと同時に、自然の人間に与える災害についてもよく知っていた。それは彼自身の少年期の悲痛な体験にもとづいて得られた智恵であった。

天のはたらきをそのように把える尊徳にとっては、人道はけっして無心の天地を継ぐものであってはならず、「人造」であり、「作為の道」であり、「人の立《たて》る処」であり、「人の為に立たる道」でなければならなかった。このように天道に対立する人道の思想を出していることは、徳川時代において画期的なことであったといわねばならない。そしてこのような人道の思想が「天理は万古変ぜず、人道は一日怠れば忽《たちま》ちに廃す、されば人道は勤《つとむ》るを以て尊しとし、自然に任ずるを尊ばず」（同上）ということばが示すように、勤労を基礎づけることはいうまでもない。

彼の人道の考えのもう一つの特徴として、「推譲《すいじょう》」「譲道」という考え方をあげねばならない。尊徳のいう「推譲」には二つの種類がある。第一は「今年の物を来年に譲る」という貯蓄の道である。個人にあっては家計を計画化し、合理化する道である。もちろんこれは、家計だけでなく、藩の経済にも国家の経済にもあてはまる。彼の仕法の道が、分度《ぶんど》（自己の実力に応じて生活設計をすること）と推譲を中心とすることはいうまでもない。第二の推譲は、第一の推譲が「我為《わがため》の譲」であったのにたいして、親戚朋友のための譲り、郷里のための譲り、国家のための譲り、である。つまり他の一切衆生のための譲りである。彼は第一の推譲のできない人間は、人にして人にあらずといっているが、第二の譲りは教えによらなければできにくいものである、という。彼は第一の推譲をミニマム・エッセンシャルとして要求し、第二の最大多数の最大幸福ということを人間に課せられたより高い課題とした。そしてここで、この推譲の内容として、富だけでなく、道も加えていることは注目すべきである。

尊徳のこの第二の推譲の考え方は、報徳社という信用互助組織の確立をみるにいたった。そしてそれはとくに遠州地方において、明治十年代に岡田《おかだ》良一郎《りょういちろう》を中心として産業資本の確立に貢献した。[13] しかし明治末年には、この報徳社運動が国民道徳確立のための政府の運動の中に繰り入れられたことも否定しがたい。それは尊徳の視野の狭隘《きょうあい》さにもとづくものであろう。彼は、維新の志士たちがしだいに世界的視野を獲得する中にあって、生活苦に悩む農民のただ中にはいって、いわば大地を匐《は》うようにして農民たちの更生に努力した。したがって世界資本主義の中で農業のあり方を問うことはなかった。だからといってそれが幕末の時点で無意味であったとはいえないであろう。石田梅岩が東洋思想の町人への定着の姿を示すとすれば、尊徳は東洋思想の農民への、日本の大地への定着の姿を示すものといえよう。

(2)　民衆運動の思想

青木虹二氏の研究によれば、徳川時代の百姓一揆の件数は二九六七件に達し、一年間の平均は一〇・六件になるという。そしてこの厖大な百姓一揆の件数は、享保期（一七一六—三五）を境に増加し始める。[14] ちょうどそれは、徂徠が吉宗の諮問《しもん》にこたえて『政談』を書き、武士の土着を説き、商業資本の網の目をのがれる以外に解決の方法はないとこたえた時期であった。しかし武士以上に農民はつらい立場にあった。一部の名君を除いては、大名の経済的困窮はつねに農民に肩代わりさせられたからである。したがって百姓一揆の原因の大半が、封建的諸負担の軽減を求めるものであったのはとうぜんのことであった。

ここで問題なのは、なぜ大規模の百姓一揆が可能だったかということである。それを可能ならしめたものは「民衆相互間における共同の利害の形成とその意識化」であり、「農民的商品経済の展開とそれに対応しようとするあらたな収奪体系樹立の試み」(安丸良夫「民衆運動の思想」)であった。この問題はわれわれのこれまでみてきた太宰春台や海保青陵らの思想と結びつく。すなわち土地に見合う特産品の奨励(春台)、あるいは藩営商業(春台、青陵)、さらには商人を利用した藩財政の改革(青陵)がそれである。藩側では特権商人の擡頭《たいとう》や経済官僚の出現という事態がおこり、米作の貢納のほかに米作以外の農民的商品を収奪することによって藩財政のたてなおしを計ろうとする。そしてこれが場合によっては農民の耐えうる限度をこすとき一揆になるが、このさい苛酷な特殊商人や経済官僚の廃止が一揆の目標になる。一揆をおこした農民側をみれば、彼らはもはや米をつくる農民だけにとどまらず、商品作物の栽培者であり、彼らの意識の上にも変化がおこって「百姓は生かさぬよう、殺さぬよう」ということでは満足できない農民となっている。

(1)まずここにみられることは農民たちの自持心《じじしん》の向上であろう。「百姓共カラ〳〵と打笑ひ、汝等《なんぢら》百姓抔《など》と軽しめるは心得違ひなり。百姓の事を能く承れ。士農工商天下の遊民皆源平藤橘の四姓を離れず、天下諸民皆百姓なり。其命を養ふ故に農民ばかりを百姓と云ふなり。汝等も百姓に養るなり。此道理を知らずして百姓抔と罵るは不届者なり。其処をのけて通せ」という『遠野唐丹《とうに》寝物語』にはある程度フィクションがはいっているにしても、まるで安藤昌益のことばを聞くようである。

(2)次に彼らの行動を支えたものは、自己の道義性にたいする確信であり、特権商人、経済官僚、村役人層の不正、道徳的腐敗にたいする怒りである。

(3)ここから出てくるのは、一揆をとうぜんの権利とするような考え方である。「誠に壱人貪戻《たんれい》なれば一国乱を起す事民の道に有レ之」(『上田《うえだ》縞《じま》崩《くずれ》格子《ごうし》』)、「ハイ、上がゆがむと下は猶《なほ》ゆがみます」(『鴨《かも》の騒立《さわだち》』)というような農民のことばもついにはみられるにいたる。

(4)農民たちは、悪徳商人や不正官僚が排除され、正義派・温情派の人々が登場することによって満足し、幕藩体制そのものを批判するにはいたっていない。しかし追いつめられた人々の人間解放の要求は、おのずと封建的支配そのものを否定する声に変わることもある。たとえば『那谷寺《なたでら》通夜物語』(正徳二年＝一七一二年、加賀大聖寺《だいしょうじ》藩)には、

免切らずめの大盗人共(役人たちをさす)、世界にない取倒しめ、今からは我らが心次第に、したい儘《まま》にするぞや。仕置が悪しくば、年貢はせぬぞ。御公領とても望《のぞみ》なし、仕置次第につく我々ぞ。京の王様の御百姓にならうと儘ぢやもの。やれ早く打殺せ。打

たヽけ。

としるされている。これは感情的レヴェルの思想であり、「京の王様の御百姓」ということばもそれほど現実感のあるものではないが、しかしふだんに彼らの意識の底にこういう希求がなければ、咄嗟《とっさ》の場合にこうした声は出てこないであろう。

眼を転じて一揆の指導者たちをみると、不充分な仕方ではあるが、新しい意識も出始めている。たとえば南部藩における幕末の百姓一揆の指導者の一人三浦命助《みうらめいすけ》（一八二〇―六四）は「天ハメグマセ玉ヒドモ、国守ノメグミナキ故ニ、諸事ナンギ致也」（『獄中記』）と、従来のように彼らの日常接触する下級官僚だけでなく、藩権力そのものに絶望している。もっとも彼の場合、それが「公義」（幕府）への強い期待と結びついているが。しかし彼は投獄される前に脱走して京都に行き、二条家の家臣となって帰国しており、中央勢力の何と結びつくかについてはまだ未決定の状態にあったといわねばならない。福島の菅野八郎《かんのはちろう》（一八一〇―八八）の場合でも、幕藩体制的身分秩序を肯定しているにもかかわらず、家康の使者から海防策をさずかる夢をみ、その霊夢の内容を幕府の責任ある者に直訴したり、後期水戸学に共鳴したりしていて、やはり現在の秩序を越える何物かに魅かれている。彼の意識はもはや強い分限意識にしばられ、自分や自分をとりまく村の生活以外のことは考えようとはしない徳川時代の農民の意識ではない。彼は民衆の政治的無関心を歎《なげ》いては

「仮令《たとひ》士民の身なり共、代々安穏に年月を送りし、御国恩の重き事、何ぞ上下尊卑の差別あらんや。然るを、士民は其事に不レ拘《かかはらざる》の法なり迚《とて》、唯他所事《ただよそごと》に思ふは、不信とや言《いは》ん、闇愚《あんぐ》とや言ん」（『八老独年代記』）という。ここには近代的国民意識の萌芽さえみられる。

　この指導者たちの生活意識をみると、三浦命助の場合は「ふっきはんじょう」（富貴繁昌）ということを主軸として、その『獄中記』は展開されている。この富貴繁昌は、自己の健康と勤労によって生まれる。彼はこの健康の維持のために、毎日酒を飲み、魚をたべ、栄養を充分とって人一倍はたらき、人一倍消費すべきことをすすめる。そして普段の日の烈しい労働と、休みの日の休養の必要を説く。ここでは労働はもはや人間のための労働である。人間尊重の念に裏づけられた労働である。なぜなら彼によれば、人間は三千年に一度花咲くという優曇花《うどんげ》のように貴重なものだから。この彼の人間観を形成したものは、商品作物の生産者＝販売者としての生活経験であろう。彼は、妻や子にたいして利益の多い野菜の合理的栽培をすすめ、「糀《かうぢ》・酒・油・しやうゆ・す・みそ・もろごし・もつ・だんご・せんべい・とうふ」等の農産加工物の製造販売をすすめる。これらをみると、まるで第二次大戦後の農民の生き方のモデルのようである。彼は、どんなに苦労しても賃労働者になるな、前借金を借りて年季奉公に出るようなことはするな、独立生産者として生きよ、ということを獄中から子どもにすすめる。この気概が、彼の生活と運動を支えた最も根本のものであろう。

われわれはこうして農村への商品経済の浸透が、一方では経世家の新たな視点を生み出すとともに、他方では農民自体の意識をも変えつつあるのをみる。共通にみられるものは人間の肯定、農民としての生き方への誇り、独立自営農民としての自信、そして藩を越えたナショナルなものへの感触であり、最も静態的な社会であった農民の生活の中にも、新たな胎動が始まりつつあるのをみるのである。

第八章　国学運動の人々

1　宣長以前の国学運動

国学の性格

これまでみてきた多くの思想運動のほかに、われわれの見落とすことのできないのは国学の勃興である。国学はその学問の方法論としては、徂徠学のような「辞」を通じての「事」、あるいはことばを成りたたせている精神、の解明という、実証的な文献学的方法をとり、人間観としては、朱子学の理をもって人欲を抑える、という理性的人間観にたいして、理性よりも感情・情緒を重んずる主情的人間観をとった。この点、国学者たちは、意識のレヴェルではつねに古学者を批判しているが、彼らもまた、古学者たちを動かしたのと同じ時代の精神によって動かされていたといえよう。

古学者たちと国学者たちの基本的相違は、前者が朱子学の思弁的合理主義から離れて、孔子そのもの、あるいは孔子以前の先王の道に帰ろうとしたのにたいして、後者は儒教・仏教等の外来思想から解放されて、日本の古代の姿をありのままに把えようとしたところにある。つまり、中国の古代の聖人の道を理想とするか、わが国の古道を理想とするかが、彼らの基本的相違であって、学問の方法の上では差異がなかったのである。

国学は二つの側面をもっている。一つはわが国の古典の文献学的研究の側面であり、他の一つは、古典に示されたわが国の古道を明らかにするという側面である。つまり実証的学問研究と神学の樹立という、両立しがたい要素の統一を自己の課題としてかかえていたわけで、そこに国学運動の思想としての混乱もあるように思われる。

普通、国学の四大人として、荷田春満《かだのあずままろ》（一六六九―一七三六）、賀茂真淵《かものまぶち》（一六九七―一七六九）、本居宣長（一七三〇―一八〇一）、平田篤胤《ひらたあつたね》（一七七六―一八四三）の四人が国学史上の最も重要な人物として掲げられるが、この系譜は維新当時、古道（復古神道）的側面のみを重視する平田篤胤の弟子大国隆正《おおくにたかまさ》によってつくられたもので、こんにちわれわれは、国学の文献学的方法を基礎づけた契沖《けいちゅう》（一六四〇―一七〇一）から国学についての叙述を始めなければならない。

国学の創始者契沖

契沖は、儒教における古学運動とは別個に、日本の古典を対象として、帰納的・実証的な研究方法を確立した国学運動の祖ともいうべき人であろう。この点、宣長が「ある人の、古学を、儒の古文辞家の言にさそはれていできたる物なりといへるは、ひがこと也、わが古学は、契沖はやくそのはしをひらけり、かの儒の古学といふことの始めなる、伊藤氏など、契沖と大かた同じころといふうちに、契沖はいさゝか先《サキ》だち、かれはおくれたり」（『玉勝間《たまかつま》』）といっているのは本当である。宣長の高い評価にもかかわらず、契沖はこれまで不当に無視されてきた。それは彼の研究領域が、平田派の国学者の苦手とした、あるいはその意味を解することのできなかった文芸の領域に限定されたからにすぎない。契沖は篤胤のような古道神学はつくっていないが、厳正な方法にもとづいた文芸の研究を通じて、埋もれた民族の精神を把握しようとした人で、彼の存在がなければ、国学の学問的成果があれほど実り豊かなものであったかどうかは疑問だと思う。わたしはこの点「古学とは、すべて後世の説にかゝはらず、何事も、古書によりて、その本を考へ、上代の事を、つまびらかに明らむる学問也」（『宇比山踏《うひやまぶみ》』）と国学を規定し、「此《この》学問、ちかき世に始まれり、契沖ほふし、歌書に限りてはあれど、此道すぢを開きそめたり。此人をぞ、此まなびのはじめの祖《オヤ》ともいひつべき」（同上）といった宣長の契沖観に賛成である。われわれはいまこそ平田派的偏向を正さねばならないと考える。

契沖の生家は加藤清正《かとうきよまさ》の遺臣であった。当時の多くの浪人たちと同じく一家離散の運命をたどった彼は、十三歳の折、出家して真言宗の僧侶となった。真摯《しんし》で多情多感な青年であった彼は、世俗化した高野山《こうやさん》の生活にあき足りず、時には流浪の生活を送り、ある時は自殺を試みて失敗したりしている。しかし彼がほかの宗派ではなく真言宗の僧侶になったことは、彼のその後の国学研究にとっては大きなプラスであった。

契沖は空海にたいする尊敬の念を終生もちつづけていたが、空海はわが国の思想界においてはまれにみるスケールの大きな思想家で、その著『十住心論』にみられるように、いっさいをその中につつむ包容的で普遍的な精神のもちぬしであった。彼のたてた教えによると、彼が異生羝羊心《いしょうていようしん》と呼んだ人間の動物的側面も、儒教の教えも老荘の教えも、小乗仏教も顕教《けんぎょう》系の大乗仏教も、すべて宇宙の大生命たる大日如来の中に包摂される。また彼の樹立した真言宗は在来の神道にたいして融和的で、両部神道が彼に由来することは周知の通りである。

さらにまた空海自身の文章、書、彼の指導の下につくられた仏像などから明らかなように、彼はたぐいまれな芸術的感覚のもちぬしであったが、それにふさわしく、彼の奉ずる真言密教の世界は、曼陀羅《まんだら》にも示されるように、美と宗教の根源的同一性の信念の下に成立する教えであった。言語の世界をみても、その「声字実相論」が示すように、空海は声や字と実相との深い内面的関係を信じ、言語は宇宙の実在の象徴的表現であるという立場をとっていた。「苟クモ大師ニ学デ偏党無カラント欲ス」と、歌を学び、わが国の古典を研究することは、けっして祖師の教えにもとることではなかったのである。あまつさえ、契沖は空海によってもたらされた悉曇《しったん》の学（サンスクリットの文法）を学び、それを通じて文献学的研究法を身につけていったものと考えられる。

しかし契沖をたんなる真言の学徒にとどめなかったのは、元禄文化を生んだ時代の精神であろう。彼がその流離のさいに自殺を試みたのは、自然の美にうたれたためであり、その試みに失敗したとき、彼がこの世に生き、人間の世界の中に美を発見しようと決意したことを、われわれは想起せねばならない。この後彼は、時代の潮流である人間解放の精神の中に生きたのである。そしてさきに述べた仁斎などの古学者たちと同じく、色を好むという自然的存在としての人間性そのもののうちに、なさけという価値を見いだし、かつそれがとくにわが国の文化の特徴であることを指摘して、この点においても本居宣長の先《せん》蹤《しょう》としての地歩を占めている。

晩年の彼は徳川光圀《とくがわみつくに》の援助を得て、心ゆくまで古の心になりきって『万葉代匠記』その他の著書をあらわし、やがて本居宣長をして国学の道に開眼せしめる機縁をつくった。

国粋主義者荷田春満

契沖についで国学史上にあらわれる重要な人物は荷田春満（一六六九—一七三六）である。彼は契沖の没した元禄十四年（一七〇一年）には三十三歳であったが、両者のあいだには直接の師弟の関係はなかったようである。

春満は京都の伏見稲荷の神官の子として生まれ、父祖伝来の神道と歌学を基礎として自己の学問を形成していったといわれるが、彼は契沖や宣長のように恋のあわれに真の人間性を見いだし、このような人間観を基礎として学問を形成するのではなく、「ふみわけよ大和にあらぬ唐鳥の跡をみるのみ人の道かは」という彼の歌に示されるような国粋主義的感情が、彼の国学の基礎であった。そして彼の学問の骨骼をつくったものは、国史・律令・有職《ゆうそく》故実《こじつ》の研究と和歌と神道の三者であった。

この国史・律令・有職故実の研究の面において、彼はほかの国学者にない特徴をもっていたが、彼が国学の四大人の一人としてあげられたのは、神道の側面において、契沖とはちがって非常に積極的だったからである。ところで彼の著書に「……童子問」という名前の本が多いことから察せられるように、仁斎の古学の影響はかなりに強く、とりわけ徂徠の影響は決定的といわれる。彼の著書と目される（いろいろ疑問もあるようである）『創学校啓文』の一節の「古語不通。則古義不明焉。古義不明。則古学不復焉。先王之風払迹。古賢之意近荒……」は、古学者の口吻《こうふん》そのままである。しかし彼が仁斎や徂徠の思想を深く理解したか、その理解が彼らの思惟方法の本質にかかわるものであるかどうかは疑問である。要するに彼の国学は、儒教における古学派の成立に触発されたが、彼の学問はまだ草創期の欠点をまぬがれることはできなかったといえよう。

彼は隠者的な契沖にたいして行動的であり、江戸に出て幕府にはたらきかけ、国学を世にひろめようとした。そして一七二八年（享保十三年）、幕府に『創学校啓文』を提出して国学の学校をつくることを願い出たが、これは実現できなかった。

真淵における万葉と古代精神

賀茂真淵（一六九七―一七六九）は契沖に遅れること五十八年、元禄十年に浜松在の村社の禰宜《ねぎ》の子として生まれている。両親は向学の人であり、和歌を好み、とくに万葉集のよさを認める人たちであったので、彼は幼いときから万葉憧憬の精神をいだいていたといわれる。少年時代、生活の辛酸をなめたようであるが、その間にも和学や漢学の面で、田舎としてはそれぞれ最良の師に恵まれたようで、とくに漢学の師の渡辺蒙庵《わたなべもうあん》の影響は大きいとされている。蒙庵は徂徠の弟子の太宰春台との親交が深く、また老荘にも通じていた人であるが、彼を通じて真淵は、古文辞学と老荘の世界に眼をひらかれていく。後年、彼が徂徠の門人で文人派の服部南郭《はっとりなんかく》と親友になる機縁はそこに始まるといってよいであろう。しかしやはり彼の学問の方向を決定づけたのは、その師荷田春満と在郷中に出会ったことである。

この間の彼の生活のことについて簡単にふれておくと、彼は養家の妻に死別して出家まで決意していたようであるが、その後、現実生活と妥協して本陣の梅谷家に再度養子に行っていたのである。ここで生活の安定を得て修学上の便宜を得たわけであるが、詩人肌の彼は商家の風になじみがたく、また妻とのあいだも必ずしもしっくりいかなかったようである。しかし実父の死とともに、彼はこうした繋縛《けばく》をふりきって、四十歳近い身で妻子をよそに当時江戸にあった荷田春満をたより、単身江戸へ上って学問一途の生活にはいることになる。しかし師の春満は、三年後、彼の帰省中になくなってしまう。彼はこの不幸にもめげずこの道を歩きつづけ、万葉調の歌人としても著名な国学者田安宗武《たやすむねたけ》を通して万葉の世界に分けいったのである。

真淵はここで真の自己を発見したといえる。彼の研究の基本的態度は、他の国学者たちと同じく古文辞学的線に沿うものであったが、詩人的精神のもちぬしであった彼は、たんなる文献学者に終わらず、万葉の調べそのものの中に古代精神を把握したのである。詩の律動の中に時代の精神は最も鮮やかに形象化される、というのが真淵の基本的な考えであった。「古き世の哥《うた》ちふものこそ、ふるきよの人の心詞なれ」(『万葉集大考』)という彼のことばがこれを示している。そこには表現されたものの解釈を通じて、表現した人の精神を了解しようとするディルタイの解釈学に近いものがみられる。ことばの表面的解釈でなく、ことばの響きの中に沈潜し、作者の心の動きを追体験しようというのが彼のねらいであった。

さらに古歌の研究は、古語の研究にとって必要欠くべからざるものであった。史書においては文の脱漏が折々あるだけでなく、ことばの使い方がルーズであり、時には漢文の影響もみられるが、詩においてはひとつひとつの表現が抜きさしならないものである、というのがその理由であった。われわれはここに、真淵の一つの見識を認めることができる。

しかし真淵の研究は詩人らしい直観的洞察の反面、契沖のもっていた質実な実証の確かさに欠ける面があったことも否めない。

このような手つづきをへて発見された彼の古代の精神とはどういうものだったろうか。それは作為を排した無為自然の世界であった。そこは人々が「天地のまなる心」において生きた原始自然の世界であった。真淵は「から国にては只老子のみを真の書なる」と、この世界が老子の世界に通ずることを暗示している。それは種々の法度に縛られ、朱子学的理に縛られていた徳川社会にたいする強い反措定であったといえる。しかしそれは反措定以上の意味はもちえなかった。

2　国学の大成者本居宣長

国学者宣長の形成

賀茂真淵のあとを受けて国学運動を大成したのは、いうまでもなく本居宣長（一七三〇―一八〇一）である。彼は国学運動における巨峰であるだけでなく、日本の思想史においても、仁斎・徂徠とともに徳川時代を代表するチャンピオンである。哲学者としては三浦梅園という峨々《がが》たる孤峰がいるが、人文主義者《フマニスト》としてはこの三人に指を屈する。とくに学者としての業績の点からいえば、宣長が最高・最大である。

彼は今日、松坂牛で名高い伊勢の松坂の木綿問屋小津家に生まれた。吉野水分神社《よしのみくまり》の「御子守ノ神」に父が祈ることによって生まれた子どもだといわれている。十一歳の折父がなくなり、家産もようやく傾いたが、賢明な母のはからいで、幼いときから上方の商家として期待できる最高の教育を受けたようである。彼の母はその子が商家の後継ぎにふさわしくないことを認めて、医者にさせることにし、彼の二十二歳の折、京都に遊学させる。当時は医者といっても漢方医が主であるから、彼は医学を学ぶ準備として、まず堀景山《ほりけいざん》の門にはいった。

景山は惺窩の弟子の堀杏庵《ほりきょうあん》の四世の後裔で、朱子学派に属する人であったが、徂徠とも親交があり、古文辞学から多くを影響された人であった。この師を通じて、宣長は徂徠の古文辞学の方法や文学についての考え方を学んだ。この点彼はこの影響関係をあらわに語っていないけれども、大野晋氏によれば、宣長はその青年時代に徂徠の『徂徠先生答問書』『論語徴』『蘐園《けんえん》談余』『徂徠集』『蘐園随筆』『弁道』『弁名』等を読み、その読書ノートを取っていたという(15)。宣長の学問は、辞と事の解明をその研究課題とする徂徠の古文辞学の研究方法をマスターすることなしには成立しなかったにちがいない。その儒教批判をみても、徂徠学を自家薬籠中《じかやくろうちゅう》のものとして、それを逆手にとって鋭い批判をやっている箇所がみられる。さらにまた歌道と古道をあわせ生かそうとする宣長の道についての考え方自体が、徂徠から示唆されたところが多いにちがいない。

さらに景山は和学の方では契沖の孫弟子にあたり、宣長に契沖に親しむ機会をあたえた。『玉勝間』における彼の回想によれば、契沖の『百人一首改観抄』を景山から借りて読み、やがて『古今余材抄』『勢語臆断』等の契沖の著書に読みふけり、それらに魅了されて完全に契沖の徒になってしまう。

もうすでに古典に属する村岡典嗣《むらおかつねつぐ》博士の『本居宣長』によれば、宣長が契沖から学んだのは、(1)自由討求の精神、(2)古書に遡《さかのぼ》らんとする根本的学風、(3)客観的な学風、の三者であったようだが、宣長は契沖からここにしるされたような厳密な文献学的方法を学ぶとともに、「歌道のまこと」を学んだのである。

彼はのちに、契沖が「つひにゆく道とはかねて聞きしかどきのふけふとは思はざりしを」という在原業平《ありわらのなりひら》の辞世の歌を激賞した態度を称讃し、「ほうしのことばにも似ず、いと/\たふとし。やまとだましひなる人は、法師ながら、かくこそ有けれ。から心なる神道者歌学者、まさにかういはんや」といっているが、宣長の考え方の中でも重要な位置を占める「物のあはれ」の考え方の基礎はおそらく契沖に触発されたものであろう。彼はこの京都遊学中に『排蘆小船《あしわけおぶね》』を青春の記念碑として書いているが、この著作において文芸の独自性についての彼の根本的な考え方はもう出来上がっている。契沖の影響がどんなに強かったかがわかるであろう。

真淵との出会い

では彼における真淵の影響はどうだったのだろうか。松坂への帰国後、彼ははじめて真淵の『冠辞考《かんじこう》』を手にする。最初のあいだは思いもかけないことばかりで、これを信ずる心はさらになかったようであるが、繰り返し読んでいるうちに、そのすぐれていることがしだいにわかってきて、ついにその卓見に服するにいたった。契沖の手堅い実証主義的な方法になれていた彼には、真淵の学問は独断にみちているようにみえたのであろうが、一見独断と思われたものが、実は古語を古意の表現として把え、古語の解釈を通じて古代精神を把えようとする真淵の解釈学的方法の独自性にもとづくことを彼は知ったのである。

真淵の説の中には詩人的な魂をもった学者にありがちな独断を含んでいることがあったが、宣長はけっしてこれには服さないで、契沖の実証的方法を基礎とし、しかもその基礎の上に真淵の方法を適用した。そしてそれとともに彼の関心は、中古から上代へと拡がっていく。三十四歳の折（一七六三）、彼はたまたま松坂の旅宿にあった真淵をたずね、心ゆくまで語りあい、翌年から『古事記』の研究を始める。二人が会ったのはこの時一回だけであったが、これ以来江戸と松坂のあいだで手紙の往復がつづけられる。

しかしけっして師の真淵のたんなるエピゴーネンではなかった。彼は後年こう語っている。

……師の説なりとて、かならずなづみ守るべきにもあらず。よきあしきをいはず、ひたぶるにふるきをまもるは、学問の道には、いふかひなきわざ也。又おのが師などのわろきことをいひあらはすは、いともかしこくはあれど、それもいはざれば、世の学者その説にまどひて、長くよきをしるごなし。師の説なりとして、わろきをしりながら、いはずつゝみかくして、よさまにつくろひをらんは、たゞ師をのみたふとみて、道をば思はざる也。宣長は、道を尊み古を思ひて、ひたぶるに道の明らかならん事を思ひ、古の意のあきらかならんことをむねと思ふが故に、わたくしに師をたふとむことわりのかけむことをば、えしもかへり見ざることあるを、猶《ナホ》わろしと、そしらむ人はそしりてよ。そはせんかたなし。われは人にそしられじ、よき人にならむとて、道をまげ、古の意をまげて、さてあるわざはえせずなん。

（『玉勝間』）

ここにはもう中世的な秘事口伝の世界はない。学問における真理の前には、人間の一人一人は平等であり、またその力は有限である、弟子は師を越え、その弟子はまたその師を越えていくことによって、われわれは真理に一歩一歩近づいていくという認識がある。親鸞的な用語を使うならば、師も弟子も真理への旅の御同行であるといえよう。事実、自分の一生で果たすことのできないことがどんなに多いかを知っていた真淵は、自分の期待する宣長に惜しみなく教えている。

しかしその気質を異にした両者には、もちろん全面的同一化はおこなわれず、共感と傾倒とともに、時には火花の出るような反撥の感情が飛び散ることもあった。それが彼らの関係を生産的なものとしたといえよう。このような緊張のうちにたぐいまれな師弟関係が樹立されたのは、両者が共に偉大な学者であり、真理を頒ちあう喜びを知っていたからであろう。

宣長はこのようにして、師を越えるものこそ真の弟子である、ということを身をもって示しながら、自分につづく者のためにこういっている。

吾にしたがひて物まなばむともがらも、わが後に、又よきかむかへのいできたらむには、かならずわが説になななづみそ。わがあしきゆゑをいひて、よき考へをひろめよ。すべておのが人ををしふるは、道を明らかにせむとなれば、かにもかくにも、道をあきらかにせむぞ、吾を用ふるには有ける。道を思はで、いたづらにわれをたふとまんは、わが心にあらざるぞかし。（『玉勝間』）

このような態度は学問する者の亀鑑《きかん》として仰ぐべきことであろうが、こうした学問の公開性の自覚を成立せしめたのは、これまで多くの先人たちによっていわれたように、文献学的方法の自覚であった。

さて宣長が師の真淵を尊敬しつつも、師の説に無条件にしたがわなかったこと、もしくは師の説を発展させたことの中で、重要なことが二つある。第一は、「古言をしらでは、古意はしられず、古意をしらでは、古の道は知りがたかるべし」(『宇比山踏』)という真淵の学問の基本的考えに共感、それを承認しつつ、「言と事と心とは其さま相かなへるものなれば、後世にして、古の人の、思へる心、なせる事《ワザ》をしりて、その世の有さまを、まさしくしるべきことは、古言古歌にある也」(同上)と、それを事の世界、すなわち人間の行為の世界にまで拡げたことであろう。この考えの基礎には、「まづ大かた人は、言《コトバ》と事《ワザ》と心《ココロ》と、そのさま大抵相かなひて、似たる物にて、たとへば心のかしこき人は、いふ言のさまも、なす事《ワザ》のさまも、それに応じてかしこく、心のつたなき人は、いふ言のさまも、なすわざのさまも、それに応じてつたなきもの也」(同上)という宣長の人間観がある。詩の世界、具体的には万葉の世界だけであれば、真淵のことばとこころということだけで事足りたかもしれない。しかし散文の世界、具体的な人間の日常の生活の世界には、そのほかにどうしても「事《わざ》」、すなわち行為の問題が加わらねばならない。その行為の問題を加えることによって宣長の人間観はより完全なものになり、そして『古事記』研究も可能になったのである。この考えの生まれる背後には、あるいは「辞」と「事」とをあわせ重んずる徂徠の学問、あるいは契沖を通じて空海の身・口・意の三密の考え方が暗々裡に影響したかもしれない。それはともかく、ここにことばの研究を通じて人間のこころと行為、すなわち人間存在を研究するという人文科学の基本的考えの一つが確立したのである。

第二はむしろ師の説にしたがわなかった事柄だが、真淵が万葉にあらわれた「ますらをぶり」をその文芸的価値評価の基準としていたのにたいして、宣長は新古今に示されている「たをやめぶり」を文芸と人間性理解の基礎と考えていた。この問題に関しては彼は頑として師の説を受けいれなかった。宣長にとって、わが国の古典文化は王朝文化であり、万葉の世界は素朴なる時代の素朴文学にすぎなかった。

宣長の人間論

宣長はすでに真淵に出会う前に、「人情ト云モノハ、ハカナク児女子ノヤウナルカタナルモノ也。スベテ男ラシク正シクキットシタル事ハ、ミナ人情ノウチニハナキモノ也」(『排蘆小船』)という人情観を公けにしているが、この考え方はその後も変わらず、やがて『紫文《しぶん》要領』『石上私淑言《いそのかみささめごと》』(以上真淵に出会う以前の作品)、『源氏物語玉《たま》の小櫛《おぐし》』(『古事記伝』完成の二年前)における「物のあはれ」論となって展開する。そして『紫文要領』と『源氏物語玉の小櫛』とのあいだには基本的な考え方の相違はないのであるから、彼は終始一貫して王朝文化に示された女性的なものを、文芸と人間の価値判断の基準としてもっていたわけである。この「物のあはれ」論は、日本における文芸批判の出発点であるとともに、日本文化論の基礎をなすものとして非常に重要な意味をもっているから、少しくわしくしるしたい。

　彼は山鹿素行や伊藤仁斎などの古学者たちと同じように、人間の欲望を肯定する。たとえば「うまき物くはまほしく、よききぬきまほしく、よき家にすままほしく、……いのちながゝらまほしくするは、みな人の真心《マゴコロ》也」「金銀ほしからずといふは、例の漢《カラ》やうの偽りにぞ有ける」（『玉勝間』）と、朱子学のリゴリズムを批判し、人間の欲望を肯定している。だからといって、すべての欲望が芸術の対象として認められるのではなく、彼にとってただ色欲だけが芸術の対象となりうる欲望である。色欲といっても動物そのままの性欲ではなく、性欲の昇華ともいうべき愛の感情が、彼においては非常に大きな意味をもっている。これについて彼はこういっている。

　欲ハタ、ネカヒモトムル心ノミニテ、感慨ナシ。情ハモノニ感シテ慨歎スルモノ也。恋ト云モノモ、モトハ欲ヨリイツレトモ、フカク情ニワタルモノ也。

（『排蘆小船』）

　わたしはいま、性欲とならべて愛の感情と書いたが、情は愛の感情だけにはつきない。「モノニ感ジテ慨歎スル」心のはたらき一般である。対象に触発されて動く心のはたらき、感動が、彼のいう情なのである。

宣長の人間の心理についての理論は情を中核として形成される。「すべて世中にいきとしいける物はみな情《ココロ》あり。情あれば。物にふれて必おもふ事あり。このゆへにいきとしいけるものみな歌ある也。其中にも人はことに万の物よりすぐれて。心もあきらかなれば。おもふ事もしげく深し」（『石上私淑言』）。情は心の中核であり、この情あるがゆえに、われわれは物事にふれるごとに感じ動かざるをえない。

「物のあはれ」と文芸

では「物のあはれ」とは何か。「すべて世中にありとある事にふれて。其おもむき心ばへをわきまへしりて。うれしかるべき事はうれしく。おかしかるべき事はおかしく。かなしかるべき事はかなしく。こひしかるべきことはこひしく。それ〴〵に。情の感《ウゴ》くが物のあはれをしるなり」（同上）。この宣長の説明をみると、「物のあはれ」とはわれわれが事にふれて、事態の本質を認識し、適切な仕方で感動することをいう。すなわち「物のあはれを知る」とは、ただたんなる感動作用を意味するだけでなく、感受・感動・共感の作用と認識作用との複合体である。これをちがった表現においてみてみよう。

世中にありとしある事のさま〴〵を、目に見るにつけ耳にきくにつけ、身にふるゝにつけて、其よろつの事を心にあぢはへて、そのよろつの事の心をわか心にわきまへしる、是事の心をしる也、物の心をしる也、……わきまへしりて、其しなにしたかひて感する所が物のあはれ也。（『紫文要領』）

この説明にしたがうならば、「物のあはれ」を知るとは、物事にふれてそれを心に味わい、その結果、(1)物や事の心をわきまえ知る、(2)わきまえ知って、それぞれの物や事に応じて感ずる、という二つの心的作用から成りたっている。分析的にいえば、それは物事の本質をなす中核を認識すること、しかもその認識の仕方は、知性や理性の層にとどまるのではなく、感性の層にまで沈澱し、われわれに感動をもたらすような知り方、これが「物のあはれ」を知ることである。またそれは逆に、情によって感じたことを知性化し、理性化するという面も含んでいると考えてよいであろう。簡単にいえば、「物のあはれ」を知るとは、物事にふれた感情の感動に裏づけられた認識作用である。

さてわれわれの物に感ずるという作用は道徳的価値評価以前の、より根源的なものである。「感する心は自然としのひぬところよりいつる物なれは、わか心なからわか心にもまかせぬ物にて、悪しく邪なる事にても感する事ある也、是は悪しき事なれは感ずまじとは思ひても、自然としのひぬ所より感する也」（同上）。そしてこの「感したる心」をそのままにしておくと、「いよ〳〵深くむすほゝれて心にあまる」ようになり、心のうちにこめておけないような、やみがたく忍びがたい状態になって、客観的な作品として外化される、これが文芸作品である。この宣長の所論は、文芸論としてまことにすぐれた見解であるといわなければならない。倫理や政治から解放された自律的な文芸論——文学の自律性を基礎づける理論がここにはじめて成立したのである。彼が『源氏物語』解釈において、仏教的・儒教的立場からの訓戒の書というたぐいの伝統的解釈から解放されたのは、この理論に立脚することによってであった。

しばらく文芸論の面をつづける。われわれが物のあはれを知ったとき、われわれはその深い感動をおのずから文《あや》ある深いことばによって表現する。しかもこの自己の感情の表現をひとりごとという仕方でするときは、充分心をはらすことができない。心のうちに忍びがたいことは、自分に共感し、感動してくれる人に語り聞かせることによって心が晴れる。このように彼の「物のあはれ」論は一種のカタルシスという考えを含んでいる。

しかし人に共感し、感動してもらうためには美しい表現がなされねばならない。しかし問題は何が美しい表現であるか、ということである。宣長は、われわれの感情をありのままに端的に示すことを芸術とは考えていない。「辞をととのへ」、「優美の辞」「雅やかなる詞」で表現してはじめてそれは真の詩歌になる、と彼は考える。とくに、人の心がいつわり飾ることの多い今日（江戸時代）では、美しいことばで表現するよう留意せねばならない、と彼はいう。

この宣長の主張は原則的には正しいといわねばならない。表現を無視した芸術はありえないのだから。だがここに問題がないわけではない。彼のいう「優美の辞」「雅やかなる詞」は、王朝時代の洗練されたことばであった。新しいことばは、古典的標準からいえば鄙《いや》しい俗語とみえるかもしれない。しかしこの俗語とも思えることばを極度に洗練された仕方で使い、新しい時代の心を新しいことばで高らかに伸びやかに表現するとき、はじめてその時代の文学的創造は可能になるのではなかろうか。

たとえば江戸時代の作家たち——西鶴の小説、近松の浄瑠璃、芭蕉《ばしょう》の俳句を思い出してみよう。あるいはエリザベス王朝イギリスのシェイクスピアを思い出してみよう。彼らはいずれも当時の俗語を駆使した巨匠だった。本居の歌はこれに反して一種の擬古典主義ともいうべきもので、あまり芸術的に高いとはいえない。もちろん彼が学者であって芸術家ではなかったことも一つの原因であろうが、そのほかに彼の芸術観にもとづく理由もあるようである。

しかしある時代の精神を理解するためには、その時代の文学を学び、その時代の文学作品を模してみるという考え方自体は正しいと思う。文学は何よりもその時代を生きていた人々の心の波動を伝える。概念的表現の世界に生きる哲学者といえども、その心の底辺ではこの感性の世界につらなっているはずだ。この観点からいえば、道の学問の手はじめに歌道を学べ、といった宣長の考えも、将来哲学を学ぶ青年もまず文学作品に親しんだ旧制高校の教育——より正確には知的雰囲気も共に誤っていないと思う。

人間論としての「物のあはれ」

この「物のあはれ」論は、人間論の観点からみても重要な意味をもっている。その第一は、感情・感動という要素を入れた認識論の提起であり、それは西欧でもディルタイ以前には充分発達しなかったことではないか。

第二は、美的判断力としての物のあはれの問題である。物のあはれは通常の倫理的判断を越えた美を基礎にした良否・善悪の判断の基準である。このことの意味はおそらく将来もっと掘り下げられるべきであろう。

第三は、この本居の情を中核とした物のあはれ論は、欲望を中核とし、感情についての充分な位置づけをしない西欧の人間学にたいして新しい発想の人間学を構築する可能性を示唆しないか、という問題である。

第四の問題は、「物のあはれ」が心情のモラルであり、「物のあはれ」を知ることが人間形成の美的理念である、ということである。宣長は、「物のあはれ」を知らない人を我執の強い人と批判する。逆に「物のあはれ」を知ることは、共感・同情の能力を身につけることである。かくして宣長は、「物のあはれ」を知る人を「心ある人」といい、そうでない人を「心なき人」という。そして興味あることに、宣長は光源氏を「心ある人」と評価して、その魅力をたたえている。ある道徳的価値規準からすれば善くないとされる人が、実際の人間の世界にはきわめて魅力ある人として遇されることが多いが、この問題をあわせ考えるならば、この「物のあはれ」論は、日本人の心情の潜在的美しさを最も卓越した仕方で示すとともに、人間の魅力、少なくとも日本人にとっての人間の魅力についてのすぐれたエッセイであるといえよう。

いままで「物のあはれ」論を中心として宣長の思想をみてきたが、それは彼の歌道論の内実をなすものであった。彼はこの歌道論を基礎にしてその古道論を展開する。そして両者のいずれかだけを単独に研究するのではなく、両者を統合的に把えようとするところに彼の学問と思想の卓越性があるように思われる。それは問題をいくらか一般化すれば、感性を基礎としつつ、感性と理性を統合的に把えようとするものといってよい。

このような考え方は彼において突如としてあらわれたものではない。仁斎・徂徠のような儒教的人文主義者、あるいは彼の師の真淵において形成されつつあった傾向が宣長において大成したのである。たとえば仁斎においても徂徠においても、朱子学とはちがってその思想の中枢をなすものは道の思想であった。彼らにおいても、感性・感情の世界はその場所をもつことが公認される。そして道については、仁斎の場合は、道即理という朱子学の包括的思惟を否定し、道を天道・地道・人道の三つの範疇に区別する。この三つの道のうちで最も重要なものは天道・人道の二者であり、生成やむことのない天の道と滾々《こんこん》とつきることのない愛＝仁を内容とする人の道とのあいだには、ある類比の関係が想定される。

徂徠の場合は、道は人道に限定され、しかもこの人道は先王の道、すなわち先王の制作した礼楽刑政に限定される。師の真淵は、この道中心の儒教思想を人為的として、無為自然の老子の道とわが国の古道とを同一視する。宣長の道の思想はこのような先人の蹤《あと》を追って形成された。では彼の道の思想はどのようなものであり、これら先人の道の思想とはどのようにちがうか、またそれ以後のどのような道の思想を準備したか。

宣長の道の思想

宣長の道についての基本的考えとは、道とは神の道である、ということである。しかし神の道といってもそれは厳《いかめ》しいものでも、理屈めいたものでもなく、「ゆたかにおほらか」に雅やかなもので、その点「歌のおもむき」がこれにかなっている、という。しかし彼の道の観念は多岐にわたるから、それを理解することは容易ではない。彼の言っていることを通してそれを明らかにしていこう。

まず彼は「そも〳〵道は、もと学問をして知ることにはあらず、生れながらの真心《マゴコロ》なるぞ、道には有ける」(『玉勝間』)と規定する。そしてここで彼のいう真心は「よくもあしくも、うまれつきたるまゝの心」(同上)ということであり、人間の自然の感情のままに生きること、これが道にかなった生き方になる。

第二に彼は「古への大御世《オホミヨ》には、道《ミチ》といふ言挙《コトアゲ》もさらになかりき、其《ソ》はたゞ物にゆく道こそ有りけれ」（『直毘霊《なおびのみたま》』）という。ここにいう「物にゆく道」とは、事実についてのある立場からの主観的解釈を排して、事実を事実として承認することである。この考え方の背後には現実の絶対肯定という態度があるように思われる。

第三に彼は「そも此ノ道は、いかなる道ぞと尋ぬるに、天地のおのづからなる道にもあらず、人の作れる道にもあらず、此ノ道はしも、可畏《カシコ》きや高御産巣日神《タカミムスビノカミ》の御霊《ミタマ》によりて、神祖《カムロギ》伊邪那岐大神《イザナギノオオカミ》伊邪那美大神《イザナミノオオカミ》の始めたまひて、天照大御神《アマテラスオオミカミ》の受《ウケ》たまひたもちたまひ、伝へ賜ふ道なり」（同上）、「そも〳〵此道は、天照大御神の道にして、天皇の天下をしろしめす道、四海万国にゆきわたりたる、まことの道」（『宇比山踏』）という。彼はここで自分のいう道が、「おのづからなる道」である老子の道とも、「人の作れる道」である徂徠の道とも異なる神祖によって始められ、「天皇の天下をしろしめす道」であることを明らかにしている。

神の観念

この三つの道の規定は、いったいどのような関連をなしているのだろうか。それを理解するには、道の創始者である神についての彼の考え方を知る必要があるように思われる。宣長の神の規定は、『古事記』『日本書紀』等における神の記述を踏まえたもので「迦微《カミ》とは、古御典等《イニシヘノミフミドモ》に見えたる天地の諸《モロモロ》の神たちを始めて、其《ソ》を祀れる社に坐《ス》御霊《ミタマ》をも申し、又人はさらにも云ハず、鳥獣《トリケモノ》木草のたぐひ海山など、其余何《ソノホカ》にまれ、尋常《ヨノツネ》ならずすぐれたる徳《コト》のありて、可畏《カシコ》き物を迦微《カミ》とは云なり」（『古事記伝』）という非常に包括的なものであるが、これらの神々の中で人間的性格を有する神、すなわち新井白石が「神は人なり」と定義した神について宣長は「そも〳〵神代の神は、人なれども、神なるが故に神といふ、神ならざるたゞの人を神とはいはず」（『くず花』）という。そしてこの神を儒教の聖人と比較して「神は聖人とは又大に異なる物にて、甚奇《クスシ》く霊《アヤ》しく坐シまして人の智のはかり知ることあたはざる所おほく、又善も悪も有て、その徳もしわざも、又勝《スグ》れたるもあり、劣れるも有リ、さま〳〵にて、さらに一準に定めがたきものなり」（同上）という。そしてこの所行が尋常の合理的解釈を越えたものであるとしている。

宣長の神についての基本的考え方は以上のようであるが、この神の実在についての信念が彼の思想を成立せしめる秘鑰《ひやく》であった。ちょうどそれは徂徠における聖人信仰にあたる。しかし徂徠の聖人信仰の背後には、聖人を成りたたしめる根拠である天ないし天命という究極的実在の存在についての信念があった。しかし宣長はそのような形而上学的な天の理解を否定する。彼は、天を重んじ、神を軽んずる中国の考え方を否定し、神こそ最も重んずべきもの、天は神の宮殿ともいうべき、神にたいする従属的地位しかもたない存在にすぎない、という。

宣長の神の観念は、ユダヤ教ないしキリスト教的観点からすれば不完全きわまるものであろう。彼が不完全な神の観念に満足し、平田篤胤のように主宰神を要求しなかったのは、不完全な現実を不完全なままに肯定し、その中で穏やかに楽しく生きようとする彼の強い精神のあらわれだと思う。彼は、道は絶対の存在である神によって始められ、代々の天皇によって保持されてきたものであるから、「たゞ天皇の大御心《オホミココロ》を心として、ひたぶるに大命《オホミコト》をかしこみゐやびまつろひて、おほみうつくしみの御蔭《ミカゲ》にかくろひて、おのも〳〵祖神《オヤガミ》を斎祭《イツキマツリ》つゝ、ほど〳〵にあるべきかぎりのわざをして、穏《オダヒ》しく楽《タヌシ》く世をわたらふ」(『直毘霊』)のが、過去も今日も日本人の生きるべき態度である、と考える。

このような基本的考えにたって、政治的現実についても、尊王の心をもちつつ、時の政府である幕府にしたがうのがわれわれのとるべき態度である、と彼は考える。また具体的政策においても、彼があれほど批判した朱子学的原理を辞さない。そこにはそうなるべきわれわれの測りしることのできない深い理がはたらいていたにちがいないから、それを無理に急激に変更すべきではない、と彼は考えるのである。そして家の信仰としての仏教すら否定しない。

こうした彼の考えを現実的に保証したのは皇統の一貫性であった。皇統は一貫するがゆえに、神によって始められた道は今日も生きている。したがって人は時の政府にしたがいつつ、祖神をまつり、楽しく穏やかに生きればよい、と彼は考えたのであろう。

彼を支えたもう一つの原理は、次のような運命観であろう。神には善神と悪神とがあり、神代の昔から今日にいたるまでこの善神と悪神とは相葛藤《かっとう》している。両者のあいだの理は、儒教や仏教でいうような善因善果、悪因悪果というような合理的因果関係ではなく、そこには人智をもっては容易に測りがたい「深き妙なる理」がはたらいている。そして究極においては善が悪に勝つであろう。このような運命観があったればこそ、彼は現実を絶対的に肯定できたのであろう。この彼の考えは現実を変更する行動の原理とはおよそ縁遠い。したがって彼の思想からは直接に尊攘運動は出てこない。しかしまた彼の思想は、あらゆる現実を、たといそれが不愉快で醜悪な現実であっても、それを運命愛の精神をもって耐えさせる力がある。彼の兀々《こつこつ》たる学究の生活は、このような精神によってのみ可能であったであろう。そして彼の思想は、多くの日本人が無意識のうちにそれによって生きている生活原理を自覚的に思想化したものといえよう。

道の普遍性と特殊性

道の問題の最後に、道の普遍性と特殊性の問題についてふれておきたい。宣長が最初から「皇国の道」を普遍的なものと考えていた確証は必ずしもない。おそらく最初のあいだは皇国の道は中国の聖人の道とは異なる道で、日本人にとっては絶対の道ということであったろうが、古代研究の深まりと儒者たちとの論争過程を通じて、皇国の道がたんに日本だけの道ではなく、万国に通ずる普遍の道であるという確信を強くもつようになった。彼がその理由としたのは次の二点である。

第一は、天地も諸神も万物もみなことごとく高皇産霊神《たかみむすびのかみ》、神皇産霊神《かみむすびのかみ》の二神の産霊《むすび》のみたまによってできたからである。生成・生産をあずかる神のいとなみは、日本だけに限らないというのであろう。

第二は、高天原《たかまがはら》は日本だけの高天原ではなく万国一同にいただく高天原であり、太陽神である天照大御神はその天を統治する神であるから、日本だけでなく、天地の限りを照らすはずだ。

宣長が比較神話学的知識をもっていたら、このようなことはいわなかったにちがいない。また彼がことばを通じて事を明らかにする学問の範囲にとどまっていたら、その限りにおいて正しかったであろうが、彼は論争過程において事実の学問と規範の学問とを混同する誤謬《ごびゅう》を犯しはじめた。わが国の特殊な神話と歴史の中に顕現された種的原理であるわが国の道を、そのまま普遍的原理としようとするこの考えは、宣長自身では比較的抑制されているが、やがてこれが八紘一宇《はっこういちう》の考えの原型となる。山片蟠桃が「天照大神日本ヲノミ、フミナラシ玉フハウタガヒナシ、ヨリテ日本（ヲ）テラシ玉フト云ベシ、ナンゾ万国ヲテラシ玉フト云ハン、コレミナ神学家ノ私シノミ」（『夢之代』）と批判したのは、この点を突いたものである。そしてこの点が異常に肥大したかたちで平田篤胤に受けつがれるのである。

3　神学者平田篤胤とその影響

篤胤の古道観

平田篤胤（一七七六―一八四三）は国学四大人の最後の人である。その学問の内容はともかく、幕末や明治維新にかけて、あるいは太平洋戦争中、等々の時期に、本居宣長以上に社会的には影響の大きかった人である。彼は宣長の自称死後の門人であるが、歌道・古道両面にわたる道の思想のうち、古道の面のみを受けついだ。そして学問の方法として、宣長が模範的な人文科学者としてそのすぐれた実証的研究を貫いたのにたいして、篤胤は古道を神学化させた。自己の信仰内容を、わが国の古典によって論証しようとする趣きがあって、同じ国学といってもその内容は根本的に異なる。しかし人が精神の均衡をともすれば失いやすい危機の時代には、穏やかな学風の宣長の学問よりも、狂信的な一面さえもつ宗教的・信仰的な性格の篤胤の教えの方に人々の心は傾いたように思われる。

篤胤は秋田の生まれ、佐竹藩士大和田《おおわだ》祚胤《さちたね》の四男として生まれたが、家は曽祖父のときから浅見絅斎の門流に属していた。そのことの篤胤学への間接的影響はかなりに大きいのではないか、と思われる。

寛政七年（一七九五年）、数え年二十歳の折に大いに激するところがあって、わずか一両の金をもって江戸へ出奔した。はっきりした理由はわからない。その後四、五年大変な苦労をなめたが、二十五歳当時、備中《びっちゅう》（岡山県）松山の板倉《いたくら》侯の家臣平田篤穏《あつやす》の養子となる。その後、三年後には早くも『呵妄書《かもうしょ》』をあらわし、その後あいついで『新鬼神論』『古道大意』等の著作を書き、文化八年（一八一一年）に書いた『霊《たま》の真柱《まはしら》』で自己の立場を確立する。

篤胤の思想は、基本的には宣長の古道の面を祖述したものであるから、その限りにおいて共通の面が多いが、両者のあいだには資質の相違による大きな差異がある。

(1)宣長の合理主義的古典解釈は実証性に裏づけられたものに限られるが、篤胤の場合はこれがひろく拡大される。もっともこの篤胤の合理主義は実証性に裏づけられた合理主義ではないから、神秘的なものの、不可知なものの合理化にはしって、僻説におちいることが多い。

(2)宣長は人間論において、「欲」が人間性の基礎であることを肯定しつつ、それを「情」に洗練したとき、はじめて文芸の世界は成立するとし、「情」を中核に据えた人間論をつくった。しかし篤胤にはそのような内的要求はなく、欲望の即自的な肯定にとどまっている。さらに、宣長が女々しくはかなくしとげないことを人間の真情としたのにたいして、篤胤はますらをぶりを賞揚した。

(3)「道」ということが思想の中核を占める点は宣長と同じであるが、篤胤の道の内容は儒教道徳の色彩を強くおびる。

(4)篤胤は幽顕の二つの世があるとし、幽世《かくれよ》の主宰者たる大国主命《おおくにぬしのみこと》はつねにこのわれわれの顕世《うつしよ》のことをみそなわすと考えている。このことによって、われわれの倫理的行為の強化が促進される。

(5)この幽顕二界の考え方には死後の霊魂の問題についての考え方がからまっている。すなわち宣長は、人は死後、善人も悪人も等しく黄泉《よみ》の国にゆくとしたが、篤胤はその考えに同調せず、死後の霊魂は社または祠《ほこら》にまつられたものはそこに、一般の者は墓の上に滅びることなく鎮まっている、としている（霊魂不滅）。そしてこの死後の霊魂はわれわれがまつることによって増大する。この「みたまのふゆ」という考え方は、折口信夫《おりくちしのぶ》氏の古代研究の中に生かされている。

(6)宣長は善悪二元論の立場をとり、禍津日神《まがつひのかみ》と直日神《なおびのかみ》の相互のはたらきによってこの世の吉凶禍福が生ずるとしたのにたいして、篤胤は禍津日神は荒魂《あらたま》のことであり、須佐《すさ》之男命《のおのみこと》がその神体、直日神は和魂《にぎたま》のことであり、その神体は天照大神であるとした。この篤胤の立場では、究極的には悪も凶も禍も存在しないということになる。

(7)篤胤は宣長にあった示唆的な考えを強化・顕在化して、天御中主神《あめのみなかぬしのかみ》・高皇産霊神《たかみむすびのかみ》・神皇産霊神《かみむすびのかみ》の三神を天地に先立って存在するものとし、この三神の産霊《むすび》のはたらきによって万物が創造されると解釈した。

非常に興味深いことには、篤胤のこの新しい解釈の背後にはキリスト教のあたえた知的刺激がある。このことをはじめて史料的に明らかにしたのは村岡典嗣氏である。氏によれば篤胤は利瑪竇《りまとう》（マテオ・リッチ）の『天主実義』『畸人十編』、ならびに龐迪我《ほうてきが》（ディエゴ・デ・パントーハ）の『七克七書』を明らかに読んでおり、これらの書から篤胤は、(1)天地開闢説における創造的主宰神の思想、(2)大国主命の幽冥事支配における来世観、それにともなう霊魂不滅の思想、(3)善悪禍福の関係にもとづく神義説の問題、等に関して示唆を得たとされる。天地の創造者、霊魂の不滅等の問題は、篤胤の宗教的要求の深まりによって出てきたものであり、そして神義論の問題は妻と子を失って不幸のどん底にあった彼の体験から生まれたものであろうが、これらの基礎経験をもとにして、キリスト教神学の影響を受けつつ、篤胤は独自の神学体系をつくったのである。このさい彼は自分の主張を裏づけるために、本文改作さえなしている。これは宣長学からの完全な逸脱である。

この『霊の真柱』以後、篤胤は本格的に古代史研究に向かい、『古史成文』『古史徴』『古史伝』等の著作をあらわしている。このさい彼は、宣長のように『古事記』中心主義でなく、古伝説の最も純粋なものは祝詞《のりと》である、という祝詞主義に立脚しつつ、史料として必ずしも信憑《しんぴょう》できないものまでを含めて、あらゆる史料を利用している。

彼のこの研究の情熱を支えたものは、『古事記』としてまとまる以前に、より精細でより完全な古伝説が存在し、そしてそれが『古事記』『日本書紀』『祝詞』『風土記』、その他の古典に洩れ伝わったのではないか、という想定である。彼はこの「原・古伝説」を再構成しようとして多くの古典を渉猟《しょうりょう》し、そしてその古典研究は中国、インドにまで拡がる。なぜなら中国やインドの古聖人も、わが古代の神々がそれらの国々に移ったものであり、それらの国々の教えにはわが国の「原・古伝説」が反映されているはずだから。かくして彼の研究は拡がりに拡がったけれども、ついにその研究は完成することがなかった。篤胤には、村岡氏が指摘するように、伝説の多元性、歴史の発展性という考えがなかったこと、そして日本の神々が外国に渡ってその国の文化をひらいたとしたこと、において根本的誤謬があり、どのような努力をはらってもその研究は完成しないよう運命づけられていた。

彼の説はあまりにも奇矯にわたるので幕府でも注目し、ついに天保十二年（一八四一年）、数え年六十六歳の元日に国許へ退去すべき命令が伝えられ、その二年後この一代の奇傑も故郷の秋田で不遇のうちになくなった。

本居学が主として都市生活者のあいだで支持されたのにたいして、平田学は民政の責任者である農村の庄屋クラスの人々によって支持され、社会的にはかえって大きな力をもった。さきにあげた両者の思想の異同をみても、農村の人には篤胤の方が理解しやすかったことは首肯できる。

篤胤学の影響

ところで、この平田派と社会的現実との関係であるが、戦前は現実を肯定し、支配者の意志を自己の行為の原理とする宣長派の人々からは何の実践的運動も出てこなかったけれども、平田派は尊攘運動と結び、幕末の政治改革の一原動力であると考えられていた。ところが戦後の松本三之介氏の研究によって、平田派のイデオロギーにもこのような変革思想は皆無であり、平田派の人々が尊王心をもったことは当然であるけれども、幽冥観と結びついた篤胤の儒教道徳、職分倫理を基礎としながら、彼らが既成の秩序により強く繰り入れられたことが明らかになった。[16] さらにまた、芳賀登氏の研究によって平田派の国学に実学が結びついて生産者農民を形成するのに寄与したことも明らかになった。[17] しかしまた生田万《いくたよろず》のように一揆の先頭にたった人や、伊那の国学者たちのように、草莽崛起《そうもうくっき》の義士として立ち上がり、天皇中心の親政論を唱えた平田派の人々があったことも否定できない。彼らの行動の動力が何であったか、ここには一考を要する問題が残されている。

しかし明治以後の問題と結びつけると、平田派の影響の第一は「家族的国家という見地に立った国家的祖神教としての神道の樹立」（村岡典嗣『宣長と篤胤』）ということであろう。事実、祖先教の唱道者であり、「民法出デテ忠孝亡ブ」と、梅謙次郎《うめけんじろう》らの西欧的民法草案を批判し否定した穂積八束《ほづみやつか》の思想には、ドイツ法学と平田派国学の混淆が認められる。そしてそれには、篤胤によって強化された八紘一宇的考え方が結びついている。このようなかたちに落着した平田派神学は、国家の危機の時代にある人々の心の支えとなった。これらの人々は、日本が世界に向かって窓をひらき、異なった文化を受容しつつ、その中で創造をおこなってきたという歴史を忘れたのである。

第九章　幕末志士の悲願

1　幕末思想の特質と志士の登場

幕末における思想の特質

十九世紀の前半も半ばをすぎると、西洋諸国の東洋侵略の手はますます伸び、それとともに日本の社会にも変動が始まって、長くつづいた平和な時代も終焉に近づいたことを思わせる。

この幕末・維新の時期における思想の特色の一つは、思想が学者の書斎の中での研究や思索によって形成されるのではなく、なんらかの仕方で実践に結びついたところにある。直接的に実践に結びつかない場合でも、将来における実践を予想し準備するという性格をもっている。体系の大きさ、思索の深さにおいては、これまでに述べた多くの思想に及ばないけれども、なんらかの仕方で現実を改革もしくは変革する力においてまさっている。思想はこの時期には運動と結びついた。

このように思想における実践的契機を強めたのは、一方では幕藩体制の社会構造の矛盾が避けられないところまであらわになって、なんらかの思いきった改革を幕府も諸藩も強行しなければならない事態がおこったのと、他方では外圧の強大な力によって、鎖国をつづけるか開国するかのいずれかの決断をくださざるをえない事態が生じたことにもとづく。したがってこの時期の思想は、国際政治―国内政治―経済の問題を統合的に把えるような視角をもっているところに、その第二の特徴がある。この時期の思想のとりあつかってい る問題のほとんどすべてが、すでにこれまで萌芽的に出ていた問題なのであるが、今度は新たな角度で、新たな視野で、国家的危機という状況下において把え直されたのである。

これら二つの特色からもわかるように、この時期の思想は、ナショナリズム的色彩を強くもつ。正確には、丸山真男氏の定義されるように「前期的ナショナリズム」というべきであろうが、ナショナリズムの意識こそこの時期の思想推進の動力であり、また現実改革の動機である。国家独立の危機という意識や、この危機を打開したいという切望がなければ、幕藩体制は矛盾を含んだまま存続し、そしてそれは民族の生命の弱化と文化の頽廃をもたらしたであろう。

このような状況において、改革的思想の担い手、あるいは改革的運動の推進者の中で中心的位置を占めるのは、これまでとちがって儒者ではなく、儒教的教養をもった武士である。洋学の場合はこれまでの医者出身の洋学者に代わって、武士出身の洋学者が主流を占めるようになる。彼らは国家の独立という目的のために洋学を学び、あるいは儒教を変容した。こうして獲得された思想は現実改革の道具となった。通常この時期の思想は、尊王攘夷の思想とか富国強兵の思想というような名称で呼ばれているけれども、そこには言路《げんろ》の洞開《どうかい》という名前で呼ばれる公論主義の考え方とか、人材の育成・登庸という名前で呼ばれる人材開発主義・能力主義等の考え方もみられるのであって、これらの新しい考え方は、徳川社会の長い停滞がうち破られて、いまや大きな社会的変動が始まったことを示している。

ところでこのような思想を担った幕末の武士たちは、清末の士大夫たちよりもはるかに現実への適応に速《すみや》かであった。この時代の新しいタイプの武士を志士という。この章では志士の思想を検討しよう。

志士とは何か

志士ということばには、これまで広狭二つの用法があるように思われる。一つは、幕末以前の知識人と比較して、性格を異にする実践的・政治的タイプの知識人を総称して「志士」という、いわば広義において志士を把えるものであり、他は尊攘運動・討幕運動に従事した政治実践家たちだけを志士とする狭義の志士の理解である。ここではおおまかにいえば第一の立場をとるが、この中には渡辺崋山《わたなべかざん》、高野長英《たかのちょうえい》、高島秋帆《たかしましゅうはん》、江川太郎左衛門《えがわたろうざえもん》、等々の幕末の政治変革の過程に加わらなかった人は含まない。また勝海舟《かつかいしゅう》のような幕府側の人は含めない（公卿も同様）。

したがってここで志士というのは、外圧を機としてたちあがった憂国の士のことであり、また国を憂うるがゆえに無力な政府である幕府を改革、もしくは変革しようとしてなんらかの仕方で政治的過程に参加した武士ならびに武士的意識のもちぬし、のことをいう（農民、町人の場合は「草莽《そうもう》の志士」という）。彼らのうちには智力に恵まれ、世界の大勢に通じて無謀な攘夷論の非をいち早く悟った人々と、必ずしもそうでなかった人々とがあるが、いずれも気節慷慨《こうがい》の士であり、実践的・行動的人間であるという点において共通するものがあった。時代は彼らに読書家的知識人として静かに書斎にとどまることを許さなかったのである。

このような志士的人間像の先駆的形成は、早くも一八二四年（文政七年）に始まる。この年、イギリスの捕鯨船員が常陸《ひたち》の大津浜に薪水を求めて上陸したが、当時十九歳の藤田《ふじた》東湖《とうこ》（一八〇六―五五）は、父幽谷《ゆうこく》（一七七四―一八二六）の、すぐに行って異国人を斬れ、の命にしたがってただちに挺身している。その後この熱情的な青年東湖は、斉昭擁立運動のために藩法を犯して、決死の覚悟で江戸に駆けつけたのであるが、このときのことを「此レ国家ノ大事、志士命ヲ授ケ国ニ報ユルノ秋《トキ》ナリ」と詠じている。

ここにはのちの志士の原型がある。東湖の直面した外圧や、国内政治の危機――当時の人はこれを「内憂外患」と呼んだ――は日本全体の問題だったので、やがて全国の青年武士たちは東湖的な熱情的・行動的人間像を理想として、自己自身を形成していった。そしてアヘン戦争による中国の敗北、その後十一年して訪れる、ペリー提督の率いる四艘の黒船は、このような志士的人間像の形成を決定的にした。

江戸の精神状況と田舎武士の登場

しかし当時の青年たちのすべてが「志士」に変貌したのではない。当時旗本たちの中には、志士的武士たちとはまったく対蹠《たいせき》的な、町人的武士とでもいうべき、町人文化に浸潤された武士たちが形成されていた。彼らは経済生活や文化生活においてまったく町人に圧倒され、将来への希望もなく、精神的に頽廃した日々を送っていた。川路聖謨《かわじとしあきら》などの残した記録をみると、武勇を誇った三河武士の後裔も、いまは時代に直立する気概もなく、むしろ町人文化の中に身を浸すことによって精神的安穏さを保っていたように思われる。このような状況において、旗本出身の戯作《げさく》者柳亭種彦《りゅうていたねひこ》などが出たことも不思議ではない。

もちろん江戸の武士たちがすべてこうだったのではない。いまあげた川路をはじめ、勝海舟、大久保一翁《おおくぼいちおう》、岩瀬忠震《いわせただなり》、小栗上野介《おぐりこうずけのすけ》（忠順《ただまさ》）、栗本鋤雲《くりもとじょうん》、成島柳北《なるしまりゅうほく》らの、幕府を支えた多くのすぐれた武士たちがいた。彼らは見識、人物共に朝廷側についた人々に劣らない。しかし概していうと、人材は旗本より諸藩の方が多かった。いったいそれはなぜだろうか。

われわれはここで幕末の江戸と田舎の精神的風土の相違を考慮に入れねばならない。江戸の文化は発展の極致に到達して、江戸の武士たちの生活はすでにデカダンスの様相を示していたのに、田舎にいる諸藩の武士たちにはまだ戦国時代以来の武士の気風が生き残っていた。しかも徳川時代の中期以後は、田舎の城下町にはしだいに藩校が設立され、さらに辺陬《へんすう》の武士のためには郷学《ごうがく》もつくられて、田舎武士たちは儒教を学び、いまや学問あり教養ある武士となっていた。また藩によっては、たとえば薩摩の場合のように、青年のあいだに自治組織をつくり、その中で切磋琢磨《せっさたくま》をおこなわせ、そこから身分家柄を問わず、人望あり指導力ある人材を選抜した。このようなエリートの選抜が幕府でなされ始めたのは政権奉還も間近い頃で、その効果は充分にはあがらなかった。

では、志ある田舎武士たちの学問や思想はどういう特徴をもっていたのだろうか。当時の江戸の儒教は表向きには朱子学が正統的学問とされ、昌平黌《しょうへいこう》では朱子学以外は教えられなかったけれども、当時の昌平黌の最も有力な教官であった佐藤一斎《さとういっさい》が、学校では朱子学を教えながら、内心では陽明学を奉じていたことからもわかるように、江戸の朱子学はもはやその思想的生命を失いかかっていた。昌平黌につとめていない学者たちの場合は、折衷学派や考証学派が主流を占め、学問研究のレヴェルは非常に向上していたけれども、彼らは儒教を思想としてはまじめにとりあつかわなかった。場合によっては生活の資とさえなっていた。嘉永四年（一八五一年）に上京した吉田松陰はこのさまを故郷の一友人に宛てての手紙でこう書いている。

僕江戸に来りて已《すで》に三月、未だ師とする所あらず。意《おも》へらく、江戸の地には師とすべきの人なしと。何となれば都下の文人儒師は講を売りて耕に代ふ。復《ま》た士人道に任ずるの志なきは固《もと》より論ぜず。今僕と足下と、武門の籍に貫く武士の道を学ぶ。其の素志とする所、常識とする所、都下の所謂《いはゆる》文人儒師と云ふ者と固《まこと》に庭径あり。若し夫れ弓馬の武夫は、気貌《きばう》嘉《よみ》すべきも、而も学識浅陋《せんろう》にして大志ある者鮮《すくな》し。是れ師とすべきの人なき所以《ゆゑん》なり。（「未焚稿《みふんこう》」）

これに反してすぐれた田舎武士たちにおいては、儒教は思想として生命をもっていた。彼らは儒教を武器として、彼らの直面する問題を解決していこうとした。知識の量においては彼らはとうてい江戸の儒者たちにはかなわなかったが、彼らには質朴さとヴァイタリティがあった。彼らには江戸の学者にない問題意識があった。そうしたものが彼らを歴史の舞台に登場させたのである。時代の主役はもはや儒者ではなく、教養あり実践力のある田舎武士（志士）たちであった。

志士と学問

このようにして志士たちは、国家独立の保持という大目的のために、学問と実践、政治と学問とを統一しようとした。志士たちの学的志向がこのようなものであれば、彼らをいちいち、しいてなにかの学派に所属せしめることはさほど意味がないであろう。彼らは儒教のほかにおおむね兵学を修め、人によっては国学や洋学をも兼ね修めた。そして実用主義的真理観をいだいて、彼らの修めたいろいろの学問から、実践のための知的栄養を吸収した。このような彼らの学問にたいする態度を実学的志向と呼ぼう。

このような基本的志向の上に、彼らの思想は、普通の時代のそれに比してどのような特色を、また彼らのあいだではどのような共通性をもっていたであろうか。

まず第一にあげねばならないのは、彼らにおける攘夷観念を基礎とした国家観念のめざめである。彼らに思慮あり智力が高い場合には、この攘夷意識はやがて克服されていくが、長いあいだの鎖国になれ、国防の任にあたる責務を感じた誇り高い武士たちは、「神州不滅」の地が「夷狄《いてき》」の土足に汚されることを耐えがたいと感じて、まず感情的に攘夷意識に燃えた。そしてそれとともに、彼らの中に藩をこえた国家観念がめざめた。

第二に、このような国家観念にめざめた彼らにとって重要なのは、国家統一の問題である。外圧に抗するためには、国家の諸力の凝集と、他方ではその深い層への浸透が必要である。前者に関しては、このとき生命をよみがえらせたのが尊王論の伝統であり、後者に関しては、公論主義、人材登庸等のことが維新の政治過程においてますます大きな問題となってくる。

第三に、われわれの見落としてならないのは、志士における経世家的意識である。激派の志士とか浪士とかにはこの経世家的意識は非常に薄かったかもしれないが、一般の幕末の志士たちにはかなりに経世家的意識が強かった。彼らの大部分は、急激な政治的変革を最初から望んだのではなく、彼らの直面する問題を一つ一つ解決するという現実主義的態度をかなり強くもっていた。そしてこのような現実主義的問題解決の積み重ねの上に、抜本的解決として幕藩体制や鎖国制度の廃止が構想されてくるのである。彼らが豊かな想像力のもちぬしではなく、未来社会についてのヴィジョンをもたなかったことは革命家としての一つの欠点であろうが、しかしまた彼らがたんなる革命的心情のもちぬしだけであるにすぎなかったならば、明治の新政府はもろくも崩壊したであろう。彼らの大部分は貧乏士族の子弟として生活の困難については充分知り、またそのことから民政への関心はかなりに強かった。このことは注目すべきことだと思う。真木《まき》和泉守《いずみのかみ》（保臣《やすおみ》）のように後年政治変革に邁進《まいしん》する人でも、最初は熊沢蕃山や荻生徂徠らの経世の書に親しんでいたのであり、後年の急進化は彼が現実の政治改革の道をふさがれたからにほかならない。

志士の学問や思想の一般的性格についてはこの程度にして、これから具体的に志士たちの思想を瞥見しよう。まず最初に問題になるのは後期水戸学派の人々とその思想運動である。

2　後期水戸学派の思想

幕末の多くの思想のうちで志士たちに最も大きな影響を与えたのは後期水戸学である。水戸学は水戸藩の二代藩主徳川光圀によって始められた『大日本史』編纂の長い歴史をもち、朱子学の名分論を中心にしながら古学的・実証的研究をもとりいれた史学の伝統が形成されていたのであるが、それが幕末の時期に経世家的要素をとりいれて、現実の政治問題に関与し始めるにいたった以後の水戸学を、とくに後期水戸学という。現実の政治過程におけるその有効性は、一八五八年（安政五年）の和親条約の締結までと考えられるが、慶応年間においても、志士たちのあいだでは、会沢正志斎《あいざわせいしさい》の『新論』を読まねば志士の資格なし、とされていたようだ（田中光顕《たなかみつあき》や石黒忠悳《いしぐろただのり》の談話）。名も知らぬ他藩の志士たちがどこかでおちあったとき、『新論』を読んでいるということでお互いを認めあい、信頼しあったというのであるから、それはまさに志士たちのバイブルというべきであろう。

ところで後期水戸学派の人々のうちで、志士という名まえで呼ばれるべき人は藤田東湖（一八〇六―五五）から始まると考えてよいが、後期水戸学の思想を理解するためには、東湖の父幽谷（一七七四―一八二六）や会沢正志斎（一七八二―一八六三）から始めなければならない。三者の役割は、藤田幽谷は後期水戸学を思想的に基礎づけた人、会沢は幽谷の思想をより包括的により体系的に表現し、後期水戸学の存在を世にしらせた祖述者、東湖はその思想を「回天詩史」や「常陸帯《ひたちおび》」のごとき熱情的な詩や文章に表現して、全国の青年武士たちを感奮させるとともに、斉昭の輔佐役として思想を政治的実践の場に移し、全国の志士たちのコミュニケーションの中枢的役割を果たした人というべきであろう。

　さて後期水戸学については、戦前は皇国史観の立場から高く評価されたが、戦後は「封建的秩序意識の反動強化」（遠山茂樹『水戸学の性格』）の思想として低く評価されてきた。わたしはそのいずれにもくみすることができないが、戦前・戦後の代表的見解は後期水戸学の名分論＝尊王論＝国体論の面に著目《ちゃくもく》してそれぞれの評価をおこなってきたように思われる。しかし実際の後期水戸学はその面だけにつきず、攘夷論（国防論、国際政治論）、経世論等がそれと有機的にからまっており、いままでバラバラに発想されてきたものを有機的に綜合的に把える視点を確立したところに、後期水戸学の歴史的意味があるとわたしは考える。たとえば尊王論ということであれば、それ以前に山県大弐《やまがただいに》のより徹底したものがあるし、また国学系統の尊王論もある。また国防論としては林子平《はやししへい》、本多利明、佐藤《さとう》信淵《のぶひろ》等の雄大な構想がある。また経済問題をめぐるものには、すでにみたように太宰春台や海保青陵らの見解があった。しかしそれぞれは相互の関連をもたなかった。後期水戸学の思想は、これらのそれぞれについて必ずしも徹底したものではなく、かえって退行しているものもある。だがそれにもかかわらず、いまやこれらを綜合的に把える視座が確立された。それを一つの著作としてあらわしたものが、会沢の『新論』である。

この書を手にして一番強く感ずるのは、そこに横溢《おういつ》するナショナリスティックな感情である。この本のかもし出す雰囲気を知るためには、次の冒頭の箇所をみればよい。

> 謹《つつし》みて按《あん》ずるに、神州は太陽の出づる所、元気の始まる所にして、天日之嗣《あまつひつぎ》、世々《よよ》宸《しん》極《きょく》を御したまひて、終古易《かは》らず。固《もと》より大地の元首にして、万国の綱紀なり。誠に宜《よろ》しく宇内《うだい》に照臨し、皇化の曁《およ》ぶ所、遠邇《えんじ》有ること無かるべし。而《しか》るに今西荒《せいこう》の蛮夷、脛《けい》足《そく》の賤を以て、四海に奔走し、諸国を蹂躙《じうりん》し、眇視跛履《びようしはり》、敢《あへ》て上国を凌駕せんと欲す。何ぞそれ驕《おご》れるや。

この本が血の気の多い青年武士たちに及ぼした心理的効果は想像にかたくない。実にこの書は、長いあいだの鎖国によって外からの刺激に対して過度に敏感になり、また戦国時代以来の気風や徳川時代において醞醸《うんじょう》されたイデオロギーによって誇り高くなっていた武士たちを攘夷運動にかりたてた煽動の書であった。会沢は、兵法にいうところの「其の来らざるを恃《たの》むこと無く、吾が以て之を待つ有るを恃《たの》む」の精神にのっとって、悲憤慷慨のうちに当時の危機に対する方策として、やむにやまれない気持でこの書を書いたという。すなわち彼は、(1)国体、(2)形勢、(3)虜情《りょじょう》、(4)守禦《しゅぎょ》、(5)長計の五部に分けて「国家の宜しく恃むべき所の者」を述べたのである。

しかしいちいちの議論は必ずしも尖鋭なものではない。経世面における農本主義は徂徠のむかしに逆行するものだったし、またその尊王論は「尊王・敬幕」の立場にたつもので、討幕の理論はそこにはない。その他キリスト教を邪教視する伝統的態度もあれば、蘭学者にたいする不信の念もある。これらは維新の過程においてその後の志士たちが一つ一つ越えていったものである。

だとすれば、さきに述べた綜合的観点のほかに、どこにこの書の革新的意味があったのだろうか。それは彼が、日本の国家的独立を保つためには、現在の幕府のあり方は不可であるとし、あわせて高度国防国家建設のための具体的方策を示したところにある。彼の批判の要点は、幕府の家康以来の政策は、幕府の永久政権化のために諸藩の力を殺《そ》ぎ、人民を愚かにして、幕府の権力だけを絶大なものとした、このような政策は幕府の統治には好都合ではあったろうが、国防問題のおこった今日では不可である、今日、幕府はこのような幕府中心主義政策を放棄して、国家全体の富強をはかるべきだ、ということに要約できる。

ここには幕府本位でもない、また自藩中心主義でもない、国家という見地からの発想がみられる。そこには封建割拠体制をうち破って国家統一をなすべき日本の方向が志向されている。これにあわせて彼が従来タブーとされていた幕政批判を公然と始めたことも注目すべきである。それまで竹内式部《たけのうちしきぶ》や山県大弐などの一部の処士からの批判、あるいは公けにされることのなかった八戸の一医師安藤昌益の批判、等はあったが、公的に責任ある立場の者からの幕政批判はなされたことはなかった。国家独立の保全という当時の至高の課題が、このような批判を可能にしたのである。これ以後、幕政のあり方についての人々の横議はしだいに強まってくる。

ただここでの大きな問題は、彼のこのような国家独立という視点が、「国体」という考えを導入したことである。会沢の先生の藤田幽谷は、「名分」ということを主張しているが、それは皇室と幕府とを異なった立場のものとして、幕府に皇室にたいする分をつくせ、ということを説くものである。ところが会沢の考え方は「尊王・敬幕」の線をさらに強め、わが国の国体の原理も、幕府政治の原理も、共に儒教に説く五倫の道、とくに忠孝である、とするものであるから、尊王と敬幕は一枚岩になってしまう。これでは尊王か敬幕かと二者択一を迫られたときにはこたえることができない。和親条約締結以後、後期水戸学が指導力を失った思想的根拠はここにあると思われる。

次に志士の中心的人物藤田東湖の問題に移る。彼こそは幽谷以来の、学問と実践との、あるいは学問と政治との、あるいは文と武との統合の理想を一身に具現した人といえよう。

彼は幽谷の子として幼時から毎晩父から文天祥《ぶんてんしょう》の「正気歌《せいきのうた》」を聞くというような生活を送ったが、十五歳から二十歳頃までは武術の修行に明け暮れる日々を送った。国防問題の発生は、この傾向をさらに強める。やがて彼は学問の必要を痛感してまた勉学を始める。こうした彼であれば、文武は二つに岐《わか》れず、学問は政治的実践と分離してはならない、という堅い信念をもつようになった。

しかし時局と彼の性格と能力は、彼を書斎の人たるを許さず、彼は斉昭の側用人《そばようにん》として縦横に活躍、全国の尊攘運動の中心的人物となる。彼の存在する限り、国防のための幕政改革を望む武士たちの要求は実現の可能性があるように思えた。彼にはそれだけの能力と人間的魅力とがあった。彼が安政の地震で死んだとき、これらの志士たちは暗澹《あんたん》たる気持に襲われた。そして斉昭の行動は以後それまでの円滑さを欠いたように思われる。

東湖の本領は実践家たるところにあり、思想家としては、幽谷、正志斎をこえるものではない。しかし彼の詩文の素質はこれらの先人をしのぎ、たとえば「三度死を決して而して死せず。二十五回刀水を渡る」という句をもって始まる「回天詩史」は、志士という志士に朗吟されたという。山県有朋《やまがたありとも》がまだ狂介《きょうすけ》といった頃の「読回天詩史」という題の詩も残っているくらいである。

東湖の思想が一番まとまって表現されているのは『弘道館記述義』である。ここにみられるのは国体の儒教的解釈である。その基本的考えは会沢正志斎のそれを継ぐものであるが、もっと単純化されている。すなわち彼は、わが国の建国の原理も、宝祚《ほうそ》の無窮も、国体の尊厳も、すべて「斯道《しどう》」によって基礎づけられるとする。そしてこの「斯道」の内容は儒教の説く道と一致する。

後期水戸学の国防論や経世論が時代の進展とともにその有効性を失ったとき、ただこの「斯道」即国体とする考え方だけは、明治時代になっても生きつづけた。教育勅語の「斯《コ》ノ道ハ我カ皇祖皇宗ノ遺訓ニシテ子孫臣民ノ倶《トモ》ニ遵守スヘキトコロ」という句は、後期水戸学の斯道観に立脚したものである。そして後期水戸学の国防論の具体的面は否定されたけれども、その底にあったナショナリスティックな感情は、昭和の青年将校や太平洋戦争の「回天」という名前の特攻隊の人々にも生きていた。こうしてみると、後期水戸学は幕末の志士だけでなく、昭和二十年までの日本に生命をもっていた思想といえよう。

3　幕末改革思想と清末改革思想の比較

和親条約以後の展開

これまでみてきたように、後期水戸学は国防問題を契機として成立した当時最も有力な改革思想であり、政治と経済とを、あるいは尊王論、国防論、経世論、等の多面的問題を統合するような性格をもち、また後期水戸学の首唱者たちの所属する水戸藩が御三家の一つとして全国の改革派の意見を幕府に通じる有力なチャネルであったために、幕末の初期の段階においては、全国の志士たちは水戸藩の改革派を核として凝集した。これらの志士の中にはいろいろの考えがあり、またいろいろの世代があって、後期水戸学への関心や共感の仕方もさまざまであったが、一般的にいえば、安政の和親条約頃までは全国の改革派は水戸を中心に一つにまとまっていた。

しかし政局の変転とともに、後期水戸学はもはやこれらの多様な思想や人を凝集する力を失い、加うるに藤田東湖のごとき有力な存在を失って、ここに多様な思想や運動が成立する。そして後期水戸学のもつ思想としての不徹底さや制限が批判・克服され、その過程において、封建日本は近代日本に徐々に脱皮していく。われわれはその過程を佐久間象山（一八一一―六四）、横井小楠（一八〇九―六九）、吉田松陰（一八三〇―五九）の三人の思想の検討を通じて明らかにしよう。

これらの三人は、後期水戸学のもっている多面的な問題意識を、象山は国防論を、小楠は王道論的経世論を、そして松陰は尊王論（名分論）をそれぞれ深化・発展させた思想家であり、彼らの思想家としての資質とその果たした役割は異なるけれども、いずれも儒教的教養を基礎にして西欧と対決した点に共通性がある。

象山・小楠・松陰の思想と清末の改革思想

たいへん興味深いことに、これら幕末の三人の思想家と中国清末の改革思想とのあいだにはある種の類似性があるように思われる。少し乱暴かもしれないが、もし類型的な見方が許されるならば、象山は清朝下の洋務派、小楠は変法派、松陰は排満派に相当する、といってよいであろう。

第一の象山と洋務派との類似については、西洋の科学技術の導入にきわめて熱心であるとともに、既存の儒教道徳や、政治体制、社会秩序の維持についても熱意をもつ、という点に両者に共通の態度を見いだすことは可能であろう。しかし象山は、曽国藩《そうこくはん》（一八一一―七二）や李鴻章《りこうしょう》（一八二三―一九〇一）らの洋務派とちがって、西洋の科学技術の導入を考えるだけでなく、みずから科学技術をマスターしようとした。この態度は日本と中国との西洋文化受容の基本的差異を示すものである。しかもこのような態度は、有名・無名の多くの技術者においても同様である。

第二の小楠と変法派との類似点は、西洋文化の卓越性を、洋務派のように軍事面や科学技術面にみるだけでなく、政治制度等々においても学ぶべき面があることを認め、これによって現実政治の改革をはかるとともに、儒教の伝統を反省し、儒教の根本的改革をはかり（小楠の「三代の学」、康有為《こうゆうい》〔一八五八―一九二七〕の「大同説」）、しかも儒教の根本的精神を生かしつつ、時代の課題を解決しようとした点に存する。問題は、このような思想の形成の時期が、中国では日本よりも三十年以上も遅れたことであろう。この時期の三十年の遅れは中国の近代化にとっては相当の損失であった。

はじめ佐久間象山に非常に近いところにありながら、象山とはちがって幕府政治そのものに愛想をつかし、天皇による国家統一をめざした吉田松陰の思想は、洋務派や変法派にあき足りず、清朝政府打倒以外にとるべき道はないとした章炳麟《しょうへいりん》（一八六八—一九三六）のそれと一脈相通ずるところがあるであろう。しかし章炳麟が対決せざるをえなかったのは異民族の清朝政府であったのにたいして、松陰が対決したのは同民族の手によって設立された幕府であり、しかも幕府は自己の政治的権威を朝廷の裁可に負うものであって、事態の深刻さにおいては、清朝の方がはるかに深いものがあったといわねばならない。

なお一つ付け加えるならば、清末の改革思想の担い手たちが士大夫（読書人）階級の人々であったのにたいして、幕末のわが国の改革思想の担い手たちが武士であったこととのちがいは大きい。士大夫たちが自国の伝統文化に固執して、西洋文化の卓越性を率直に認めることができなかったのにたいして、わが国の武士出身の思想的指導者は、西洋の軍事面での優越性を認め、その基礎をなしている科学技術や、さらには政治制度や社会のあり方、文化一般へと眼をひらいていった。彼らはトインビーの用語を借りるならば、ヘロデ主義者（先進国のすぐれた制度・技術をとりいれて、これに対抗しようという人々をいう。ローマ文明を受容してこれに対抗しようとしたユダヤのヘロデ大王に由来する）であった。彼らは戦闘における勝利、国家の防衛を第一義とする武士であるがゆえに、いろいろの行きがかりを捨てて西洋の文化を受容するのに吝《やぶさ》かではなかった。

4　ヘロデ主義者佐久間象山

佐久間象山と後期水戸学との学問的系譜関係はない。しかし国防問題にたいする態度において、象山は後期水戸学のあとを追い、そしてやがてそれを越えていった人であるといえよう。会沢の『新論』（一八二五年）の海防案と象山の「海防八策」（一八四二年）とをくらべると、その発想の類似性に驚かざるをえないが、象山はやがてそのような攘夷論を越えていく。彼の開国論は攘夷論の論理的帰結ともいうべきもので、幕末の国学者大国隆正の用語を借りるならば「大攘夷」的開国論であった。

一八四二年（天保十三年）のアヘン戦争における中国の敗北は、彼の一生を決定するような大きなできごとであった。彼がこの戦争における中国の敗北からどんなに大きなショックを受けたかは、彼の後年（嘉永二年）の次の上書の一節からもわかる。

西洋諸国学術を精研し、国力を強盛にし、頻《しきり》に勢を得候て、周公孔子の国迄も是が為に打掠《うちかす》められ候事、抑《そもそも》何の故と被レ思召《おぼしめされ》候や。畢竟彼の学ぶ所は其要を得、是の学ぶは其要を得ず。高遠空疎の談に溺れ、訓詁考証の末に流れ候て、其間一二有用の学に志し候ものありといへども、一体万物の窮理其実を失ひ候国風にて、其論じ候事と行ひ候事と相背馳《はいち》し候風誼《ふうぎ》に御座候。

しかしこの年はまた、彼を松代《まつしろ》の象山から一躍日本の象山にした年であった。傲岸不屈で流俗に容れられなかった象山の才能を知った名伯楽《はくらく》、藩主真田幸貫《さなだゆきつら》が幕府の海防掛《かいぼうがかり》に就任したとき、彼はそのブレーンとして重要視されることになった。

この年以後、日本の独立をいかにして守るかということが彼の行動の準則となり、国家利益ということが彼の価値観の規準となる。彼は同年藩公に提出した上書の一節に「天下の為に立《たて》させられ候御法を、天下の為に改めさせられ候に何の憚りか御座候べき」といっているが、日本の国家の利益のためには、あらゆる障害を排除してまっしぐらに突きすむというのが、彼の生き方であった。

同年彼は江川太郎左衛門の門にはいり、西洋砲術の研究を始める。しかしそのもとを究めるためには原書講読が必要であることを痛感し、二年後の弘化元年、数え年三十四歳の折、新たに蘭学の研究に志した。集中力の強い彼は、一日二、三時間の睡眠で、人の一年かかる文法書をわずか二ヵ月でマスターし、次から次へと科学書や軍事関係の書籍を読破していった。そして彼はやがて東西兼備の先覚者として青年たちを暗夜に導く星となった（彼自身にもこの自負があったらしく、「大星」という号をみずからにつけている）。
このさい彼に、西洋の学問をすることは夷狄に属することではない、という確信をもたせたのは朱子学であった。彼の朱子学の受けとり方には二つの特徴がある。一つは易《えき》を重んじた宋学者邵康節《しょうこうせつ》を重んじたことからわかるように、朱子学を合理的なものとして受けとっていたことである。次に、彼が大塩平八郎の乱を陽明学に起因すると批判したことからわかるように、社会秩序を維持するものとして朱子学を受けとっていたことである。この前者の面がここでは大きな役割を果たした。彼はいう。

宇宙の実理は二つなし。斯の理の在る所は異ること能はず。近年西洋発明する所許多《あまた》の学術は要するに実理にして、ただ以て吾が聖学を資《たす》くるに足る。

朱子学に説く理も、西洋の自然科学の合理性もその本質においては変わるところがない、と彼は考えた。その理論的不備はやがて明治初期の哲学者西周によって批判されるが、それはともかくここにおいて「東洋道徳。西洋芸術。精粗不遺。表裏兼該」という和（儒）魂洋才的文化受容の定式が成立した。
誇り高い武士たちも、もはや洋学を学ぶことをためらう必要はなかった。洋学を学ぶことは夷狄に属するのではなく、聖人の道を輔翼《ほよく》することになるのだから。こうして彼のきりひらいた道を多くの俊秀たちが歩いていった。従来のような医師出身の洋学者ではなく、武士出身の士魂をもった洋学者がその後輩出するのである。直接彼の門を叩いた人を数えても、勝海舟、吉田松陰、小林虎三郎《こばやしとらさぶろう》、山本覚馬《やまもとかくま》、橋本左内《はしもとさない》、河井継之助《かわいつぎのすけ》、坂本竜馬《さかもとりょうま》らの主として幕末に活躍の舞台を見いだした行動的人間のほかに、加藤弘之《かとうひろゆき》、津田真道、西《にし》村茂樹《むらしげき》などの洋学者がいるが、これをみても象山という存在の果たした役割がいかに大きかったかがわかる。

彼の思想と行動は、国防の責務を背負わねばならないとする武士としての意識の発展として生まれた。孫子《そんし》の兵法に忠実であった彼は、まず西洋の事情を正確に知ることが大切であると考え、「間諜《かんちょう》」としての役割を果たさせるために吉田松陰には渡航をすすめた。またオランダ語の学習をくわだてたのも「夷俗ヲ馭《ギヨ》スルハ先ヅ夷情ヲ知ルニ如《シ》クハナシ。夷情ヲ知ルハ先ヅ夷語ニ通ズルニ如クハナシ」と考えたからである。彼の旺盛《おうせい》な西洋の科学や兵学の研究は「敵人の用る所を見候ては、必ず効《なら》うてこれを用ひ、これと侔《ひと》しからん事を思ふは、いにしへより軍法の第一義にて御座候」という兵学者的意識にもとづいていた。

この基本的態度は、彼の世界認識にも深く関係する。彼はその著『省諐録《せいけんろく》』の中で、「予年二十以後は、乃《すなは》ち匹夫《ひっぷ》の一国に繋《つな》がることあるを知る。三十以後は、乃ち天下に繋ることあるを知る。四十以後は、乃ち五世界に繋ることあるを知る」といっているが、これはその後の多くの日本人の意識の展開を先取するものであった。彼がそうであったように、多くの日本人はそれまで藩の中の自分しか知らなかったのが、日本の中の、そして世界の中の自己を自覚するようになった。

しかし注意せねばならないのは、ここで象山の把えた世界は力の支配する世界である。このような世界においてはただ力をもって相対すべきである、というのが彼の認識であり、彼は「其の力無くして能《よ》く其の国を保つもの、古《いにしへ》より今に至るまで、吾未《われいま》だ之を見ざるなり。誰か王者は力を尚《たふと》ばずと謂《い》はんや」として、ナポレオン、ピョートル大帝のごとき支配者を理想の君主として称讃する。

ただ彼が「力」というとき、その力は軍事力だけではなく、究極的には智力・学力であり、その具体的内容をなすものは科学であり、そこに流れる窮理の精神であったこと、しかも諸科学の基礎になるものは数学（詳証術《しょうしょう》）である、と彼が考えていたことは見落とさるべきではない。この点、彼は日本近代化の出発点にあたっての卓越した指導者であったといえよう。しかしそれだけが果たしてわれわれの唯一の近代化の道であったか、そういう反省をわれわれに迫るのが、次に検討する横井小楠である。

5　横井小楠の儒教改革

小楠の思想的転向

佐久間象山によって近代日本の歩むべき一つの道――そしてそれは近代日本が現実に歩いた道であった――が示されたとすれば、他のもう一つの道を示した思想家は横井小楠（一八〇九―六九）である。いずれも幕末の代表的開国論者であるけれども、象山の示した道は「強兵」をはかることによって、万国対峙の間によく独立を保とうとする道である。これにたいして小楠の示した道は「富国」を中心として、列国と平和的貿易関係を結びながら、国家の独立を保とうとする道である。否、彼の説く道は国家的エゴイズムを越えた国家と世界のあり方を模索する道である。

ところでこの小楠も一八五〇年（嘉永三年）当時には、まだ本土決戦を主張する攘夷論者であった。また彼が一八四三年（天保十四年）に書いた「時務策」では、庶民を非常な苦しみにおとしいれている藩営殖産興業のあり方を「聚斂《しゅうれん》」の政だと批判し、政府と人民とはともに富み、ともに苦しむべきだという。なおそれ以前に彼は「南朝史」の執筆に従事している。ここに展開されている尊王論、攘夷論、王道論的経世策は、後期水戸学の思想的圏内にある。ではなぜ、またどのような仕方で、彼は開国論者に転向したのであろうか。

小楠の思想的転向は一八五五年（安政二年）になされた。この年は安政の和親条約の締結された年であるが、彼はこのときの斉昭の態度に失望し、その根本の原因を功利的見地を脱することのできない後期水戸学の学問的誤謬にあるとした。しかしその後の彼の思想の展開は、水戸学とまったく無縁な方向にいったのではなく、後期水戸学の中に生きていた王道思想を、熊沢蕃山の『集義和書』や『書経』、あるいは西洋についての知識等を介しながら、自己の体験と思索を通してより深めていったものといえよう。

ところで彼の転向に大きな機縁をあたえたものは清末洋務運動の先駆者魏源《ぎげん》の書いた『海国図志』という本である。この書を手に入れた小楠は、弟子の内藤泰吉《ないとうたいきち》をつかまえて百日間ディスカッションをし、自分の立場を吟味してついに完全な開国論者となった。

この年はまた彼の思想的立場が確立し、そのためにこれまでの盟友長岡監物《ながおかけんもつ》とも袂《たもと》をわかった年でもあった。二人の訣別の理由は『大学』の首章にある「大学の道は明徳を明らかにするにあり、民を新たにするにあり」の句の解釈において、両者のあいだに決定的差異が生じたからである。監物が、民を新たにするにはまず為政者は自己の内にある徳を明らかにしなければならない、そうすれば民もおのずから新たになる、という正統的解釈をとったのにたいして、小楠は今日の急務はまず民を新たにするにある、民を新たにするという行為を通じてはじめて為政者の徳は明らかになるのだ、という見解をとった。小楠の解釈は正統的立場からの逸脱であるが、このことによって思想が機能的に把えられ、実践的行為を通じて思想が創造的に発展していく可能性がひらけてくる。

小楠と「三代の学」

小楠はやがて朱子学を越え、後期水戸学を否定し、堯・舜・禹《う》の「三代の治」「三代の学」に帰るべきことを説くようになる。彼はこの「三代の学」にたつことによって儒教の真精神を生かしつつ、幕末日本の直面した問題にこたえることができるとした。ではこの「三代の学」とは何か。

この「三代の学」の中心になる概念は「格物」ということである。小楠のいう「格物」は二つの側面をもっている。第一は、「天下の理を究める」という思索のはたらきそのものをさす。第二は、「現在天帝を亮《たす》くるの格物」「天工を亮くるの格物」と生産的に解釈された格物観である。すなわち自己の思索によって考えぬいて、天のはたらきをたすけ、民衆の生活に役立つようにすることが、彼のいう「格物」の意味である。彼の観点からすれば、宋学の格物は「理をつめて見ての格物」（空理に立脚した格物の意か）にすぎず、そこに中国が西洋の下風にたつことを余儀なくされた根本の原因がある、と彼は考える。

宋学の格物窮理観の批判、あるいは堯・舜・禹の先王の道に帰ろうとする点においては小楠の思想は徂徠と軌を一にするが、彼は徂徠のように作為の思想をとらず自然の思想をとる。人間のいとなみは、個人の作為によるものではなく、天のいとなみを助けるもの、と彼は考えた。しかしそのいとなみの内容は「三代の如く現在天工を亮くるの格物あらば、西洋に開けたる如き百貨の道疾《と》く宋の世に開く可き」はずであり、「堯舜をして当世に生ぜしめば西洋の砲艦器械百工の精、技術の功、疾く其の効用を尽して当世を経綸《けいりん》し、天工を広め玉ふこと西洋の及ぶ可《べき》にあらず」(「沼山閑話」)というように、富国強兵の策として幕末という時点に生かされねばならなかった。

この「三代の学」にもとづく「三代の治」とは、けっしてたんなる復古主義ではなく、人間の行動の最もすぐれた理想類型であり、思想と行動の原点ともなるべきものを意味した。彼のいう三代は、歴史的に固定された時間ではなく、いわば原時間であった。だからこそ彼においては堯舜の治は、ただちにワシントンによって始められたアメリカの共和制とも重なりあうのである。

小楠のいう三代の治とは、名分論を強調する多くの日本的儒教とちがって、儒教の本来の姿に帰ったものといえる。彼は一方においては支配するものと支配されるものの関係があることを認めるとともに、他方では為政者に究極の政治的責任をとることを要求した。彼は堯舜の治にならって有徳者が有徳者に位を譲る共和制をその政治理想とし、「人君何ノ天職。天ニ代リテ百姓《ヒャクセイ》ヲ治ム。天徳ノ人ニ非《アラ》ザルヨリハ、何ヲ以テ天命ニ愜《カナ》ハン。堯ノ舜ニ巽《ソン》スル所以、是レ真ニ大聖ト為《ナ》ス。迂儒《ウジュ》此ノ理ニ暗ク、之《コレ》ヲ以テ聖人ノ病トナス。

アア血統論、是レアニ天理ニ順《シタガ》ハンヤ」と、大胆に血統論、世襲政治を否定する。そして彼にとってはその理想とする堯舜の治は、アメリカの共和政治のイメージと、堯舜はまたワシントンと自然に重なりあうのである。

彼のこのような発想は、後期水戸学の中にもあった王道論が名分論から完全に脱離して深まったものといえよう。小楠のこの新王道思想は、国際政治においても、国内政治においても具体的に展開されている。彼は開国論にも三つの型がある、とする。

(1)国本を正大にして神聖の道を宇内《うだい》にひろめようとするもの。

(2)自ら強うして宇内へ横行するようになるために、まず、水軍を始め、航海を開くべしとするもの。

(3)西洋諸国の四海兄弟の説に同じて、胸臆《きょうおく》を開いて彼と一躰《いったい》の交易の利を逞《たくま》しくすべしとするもの。

明治以後の日本の歩みをふりかえってみると、(1)(2)の立場が結びつき、皇国神聖の道は武力によって援護され、あるいは宇内横行の精神的根拠が皇国神聖の道に求められた。しかし彼はいう。「神聖の道とも被《まうされ》レ申まじく、道は天地自然の道にて乃《すなはち》我胸臆中に見え候処《ところ》の仁の一字に御座候」。彼は儒教的思考様式のうちに、国家の即自的な絶対性を否定して、国家を越えた普遍的原理（天地の公道）から国家を基礎づけようとしている。彼は絶対的平和主義者ではなかった。しかし現実の国際社会において武装のやむをえないことを認めつつ、国家の平和的共存を理想とし、仁の体現者としての日本が四海兄弟のイニシャティヴをとることをはかった。「我邦一視同仁明らかに天地の大道を以て深く彼等の私を説破し、万国自ら安全の道を示すべき也」。「何ゾ富国ニ止《トド》マラン。何ゾ強兵ニトドマラン。大義ヲ世界ニ布《シ》カンノミ」。これが国際政治についての彼の思想の結論である。ここには明治以後の厳しい国際環境の中で日本が見失った普遍主義的方向が示されている。

国内政治面に関しては、彼の王道思想はどのように展開したか。彼は幕府の政治を「徳川御一家の便利私営にして絶《たえ》て天下を安んじ庶民を子とするの政教あることなし」と批判し、経済政策については積極的貿易論を展開し、また全国的交通をはばんでいる封建割拠の態勢を批判する。また彼が勝海舟の求めに応じて書いた「海軍問答書」には、能力という観点からの身分制の否定の方向にいく思想も生まれている。さらにまた彼は議会制の肯定者であり、公論主義の唱道者でもある。儒教の思想の枠の中にある彼の考えをそのまま近代思想とはいえないが、近代の跫音はもうすぐに近づいている感じをわれわれは受けざるをえない。

なお彼には「天帝」という天の人格化の表現、あるいは人間は「天中の一小天」であり「天に事《つか》ふる」のが人間の責務であるとする考え方からわかるように、非常に宗教的な傾向があり、そのことからキリスト教にたいする深い関心があって「耶蘇の本意は良心を磨き人倫を明らかにするに在り」として、それが自己の実学（三代の学）と符節を合するとしていたこと、そして明治時代になって、彼の孫弟子の中から多くのキリスト教信者（花岡山バンド）が出たことを付け加えておこう。

6　吉田松陰と一君万民の思想

「君子に貴ぶ所のものは志のみ、胆のみ」といい、「軽薄もの・風流人・遊蕩人」というカテゴリーにたいして「有志人」というカテゴリーの人間観を提起した吉田松陰（一八三〇―五九）は、その思想においてもまたその行動においても、志士中の志士であった。思想と行動とが彼ほど密接した人は稀であろう。彼は「学問、それから経験」という普通の生き方にたいして「まず経験、そこでえたものをもとにして学問」という考え方を提起し、あるいはまた「居敬静座」することによって自己の本心を認知しようとする朱子学の静的人間観にたいしても、活動・行動によって自己の本心を発見しようとする動的人間観を提起しているが、彼の一生はこのような実践的・動的人間観を裏づけるような張りつめたものであった。

このような行動的志士松陰に大きな影響をあたえた思想が二つある。第一は、佐久間象山から学んだリアリスティックな国防観・政治観であり、第二は後期水戸学から学んだ尊王論である。

幼にして長州藩の山鹿《やまが》流の師範の吉田家を継いだ松陰は早くから志をたて、志士の中でも有数の読書家であるとともに、多くの土地をたずね、多くの師友を求め、そして多くの書について教えられた。

このように柔軟な気持で多くの師から多くを学びながら、しかも持するところ高かった松陰にとって、佐久間象山との出会いは一種の運命的なものであったろう。彼は兵学者としての自己の立場に忠実であれば、家学を越え、彼の学んだ長沼流や荻野《おぎの》流の砲術を越えて、西洋の兵学の優秀さを認めざるをえず、その点で先覚者としての象山の偉大さを仰がざるをえなかった。

西洋砲術のことは一言にて断ずべく、故は、彼れは各国実験を経《へ》たる実事、吾れは太平以来一二の名家座上の空言、此の二つを以て比較致し候へば其の黒白判然に御座候。

彼はこのように認識において師象山のよき継承者であっただけでなく、その行動においても師の意志の実践者であった。象山のすすめによる松陰の下田《しもだ》踏海の失敗が、二人に長い蟄居《ちっきょ》と幽囚《ゆうしゅう》の生活をもたらしたことは周知のごとくである。年齢性向が異なるにもかかわらず、二人にはその意識において共通する面があった。それは強烈な人格的自立の意識であり、エリートとしての使命の自覚であり、そしてさらには挙国的な天下的意識であった。そしてまた、国家理性にたいする冷静な現実主義的態度である。

しかし松陰には師の象山とは異なる面があった。それは彼が象山よりはるかに実践的であり、そしてまた尊王意識においてより強烈であったことである。また性格においても情緒的色彩が強く、藩士としての自己の立場、象山の悩まなかった名分論の問題（忠誠心の問題）に正面からとりくまざるをえなかった。そしてこのさい彼は後期水戸学の名分論・国体論を越え、そのことによって幕末の思想史に不朽の位置を占めることになる。

名分論にしたがえば、天皇→幕府→諸侯→藩士……庶民というような社会的秩序の階梯《かいてい》がある。幕府の権力は天皇に裁可されることによって正当化される、というのがこの名分論の基本的考えであるが、諸藩はまた直接には幕府に臣従するものとなる。したがって毛利家の家臣たる松陰は、尊王の意識に燃えても、このような社会関係にしたがって天皇にたいする忠誠心を尽くさねばならないことになる。松陰もはじめは後期水戸学にしたがってこのような名分論の考えを支持していたが、「幕府の恩義重しと雖《いへど》も吾が君の君に非《あら》ず」という考えに傾く。

このような松陰にとって、残された最後の問題は、毛利家の家臣としての彼の立場と、王臣としての彼の立場をどのように関係づけるか、という問題である。この問題をめぐって勤王僧黙霖《もくりん》と当時野山獄《のやまごく》にあった松陰とのあいだに書簡が往復される。僧侶の身として封建的身分関係から自由であった黙霖は「一筆姦権《カンケン》ヲ誅《チユウ》」してただちに討幕を計ろうとする。しかし松陰にはそれができない。

僕は毛利家の家臣なり、故に日夜毛利に奉公することを練磨《れんま》するなり。毛利家は天子の臣なり、故に日夜天子に奉公するなり。吾等国主に忠勤するは即ち天子に忠勤するなり。

尊王論という基本的前提にたって、それと封建的忠誠心の矛盾に悩む松陰は、幕府―諸藩を中核とする現体制を肯定し、皇室の問題についてはリアリスティックな立場をとる人々と対立せざるをえない。藩儒山県太華《やまがたたいか》は後者の立場の代表者ともいうべき人で、すでに七十を越していたが、松陰の『講孟余話』を読み、松陰の立場は「我が主君には不忠になりても皇朝さへ忠義になれば宜し」というところにいたるとする。彼にしたがえば藩主は幕臣であり、天朝への忠勤はもってのほか、ということになる。太華のこのような考え方は「後白河に至り君徳を失ひ給ひしより、鎌倉氏興りてこれに代りて、終《つひ》に天下の大権を執れり、然れどもこれ又天といふべし」というリアリスティックな歴史の見方にもとづく。さらにその根底には「天下は一人の天下に非ず、天下の天下なり」という考え方がある。これにたいして松陰は「天下は一人の天下にして、天下の天下に非ず」と反駁《はんばく》する。

この二人の天下観をみると、太華のそれがむしろ正統的な儒教の天下観であり、為政者は人民のためにあるという考え方はわれわれにもわかりやすい。しかしそれは幕府政治容認の現状肯定の思想であった。松陰はそれが我慢ならなかった。わが国の本来の姿は「日嗣」（天子）と「億兆」（人民）とが直結すべきものである。一君万民がその本来の姿である、と彼は考える。しかしその考えを松陰は儒教思想の枠組で説明せねばならない。松陰は、太華の「天地の間、様々に移り変り行くは、即ち天にして人力の及ぶ所にてはこれなきなり」という運命主義的天命観を批判して「変動して居《とどま》らざるは天の道なり。進まざれば必ず退くは人の常なり」と、行動、実践にもとづいて所与の事実を変えていく生き方が真の天命観であるとする。

松陰の天下観は、最も尖鋭な後期水戸学の国体観の否定になる。さきにみたように、『新論』に展開された国体観は、わが国の国体を天の思想に由来する儒教的普遍道徳によって基礎づけ、幕府もまた同じ原理に立脚するものとして「尊王・敬幕」の立場にたつものであった。これにたいして松陰は幕府を国体に結びつけることを否定するとともに、天の思想と天皇とを直結させる後期水戸学の思想を批判し、わが国の神話にもとづいて、天皇は太陽神である天照大神を継ぐもの（日嗣）であるから絶対であるとする。こうして明治国家の原型となった一君万民の思想が形成された。

このような松陰の天皇観は宣長などに近い。しかし宣長やその後の国学ではこの天皇支配の道を絶対としたのにたいして、松陰は「同」と「独」という概念を提出し、日本の国体にあらわれた道はあくまで日本の「独」であり、他国にも通用する「同」（天下公共の道）ではない、とする。松陰の考え方は八紘一宇論につながらなかったことは注目すべきである。

右に述べたような経緯で、封建的秩序に最も従順であり、封建的君主に熱誠を捧げた松陰が、心理的には封建的秩序からより自由であったと思われる象山も小楠もなしとげることのできなかった討幕の理論を生み出すことになった。しかしまた、この討幕の理論は「一君万民」の思想であって、人権思想にもとづく民主国家の思想ではなかった。

黙霖、太華との論争のあと、攘夷論（国防論）から出発し、尊王論の問題に踏みこんできた松陰の、両者の関係についての考えの上に一つのコペルニクス的転回がおこった。安政三年（一八五六年）の十一月、松陰は次のようにしるしている。

> 天朝を憂へ、因つて遂《つひ》に夷狄を憤る者あり、夷狄を憤り因つて遂に天朝を憂ふる者あり。余幼にして家学を奉じ兵法を講ず、夷狄は国患にして憤るべからざるを知れり。爾《じ》後《ご》偏《あまね》く夷狄の横なる所以《ゆゑん》を考へ、国家の衰へし所以を知り、遂に天朝の深憂一朝一夕の故に非ざるを知れり。然れども其の孰《いづ》れか本、孰れか末なるかは、まだ信ずる能《あた》はざりき。向《さき》に八月の間、一友〔黙霖のこと〕に啓発せられて矍然《かくぜん》として始めて悟れり。従前天朝を憂へしは並びに夷狄の憤を為《な》して見を起せり、本末既に錯《あやま》れり、真に天朝を憂

ふるに非ざりしなり。

彼の尊王論はゆきつくところまでいった。これは尊王論としての純化である。しかしそれはまた松陰の思想の一つの柱であった政治リアリズムの側面を失うという結果をもたらした。この後の彼の行動は現実との接触を失った仕方で尖鋭化し、急進化し、いわば予言者的心情をもって政治にかかわっていく。

この時期の彼の思想と行動はただ終末論的観点を入れたときにのみ理解できるのではなかろうか。彼の義と至誠の立場にたてば、天下がこれに感応するというオプティミスティックな信念は、彼の死への決意によってはじめて成りたったと思う。彼は志士たちの行動の原理であった「功業・忠誠」の二者のうち、忠誠の原理のみを選び、同志たちを「江戸居の諸友久坂、中谷、高杉なども皆僕と所見違ふなり、其の分れる所は僕は忠義をする積り、諸友は功業をなす積り」と批判する。そして「ぬれ手で粟《あわ》をつかむ積りか」と彼らの態度を形勢観望論として難ずる。これらの松陰のことばは、時の終わりという意識の下に死を決意した行動によってはじめて「回天」が可能だという認識をもった人から発せられたことばであって、時は終わらず、現実的に事態は解決できると思っている人にとっては不可解なことばにすぎなかったろう。

松陰死後、久坂玄瑞《くさかげんずい》のように功業原理から忠誠原理に移った人もいるけれども、討幕の事業は松陰によって功業の人と難ぜられたタイプの人々によって実現された。政治は力を無視しては動かない。幕府という組織を倒すにはそれに対抗しうる組織がいる。しかしまた、力や組織をもって相対するにしても、死を決意した個人のたたかいへの参加なくしては変革の事業はなされないであろう。あらゆる革命はおそらく「宗教的・現実主義的」という二重の政治的現実へのかかわりによって成立するものであろう。松陰の死はわたしにそのようなことを感じさせる。

7　現実主義的志士の登場

久坂玄瑞、真木和泉守らの激派の志士の死後、そして下関砲撃事件や薩英戦争の敗北後、政治的リアリズムの立場をとる志士たちが指導的地位についた。たとえば長州の高杉晋作、薩摩の大久保《おおくぼ》利通《としみち》、土佐の坂本竜馬、等がそれである。

彼らが攘夷ということを口にすることがあっても、それはもはや討幕のためのストラティジーにすぎなかった。彼らは日本の国家的独立の保持のためには、幕府を倒し、朝廷を中心とする政府によって国家的統一を保つ以外にはないという考えをしだいに強くもつようになった（もちろん一挙にその結論に達したのではなく、藩割拠体制の構想の段階もある）。そのさい、藩権力ないし藩連合の力の増大がはかられた。しかしそれだけでなく、国家統合の理念として天皇の象徴的機能が利用された。天皇はもはや絶対的忠誠の対象ではなく、操作すべきシンボルとして解される。志士たちの使った「玉を奪う」ということばが端的にこれを示している。

さらにまた「公論」ということが彼らの考慮に入れねばならない重要な要素となる。公論の「公」がどこのレヴェルの公なのか、民衆レヴェルの公にまで達したものか、ということについては疑問があるけれども、公論を無視しては現実政治は成りたたないことを知っていた。かくして天皇の権威さえもが、彼らにとっては国学者や吉田松陰の場合のようにそれ自体としての権威をもつものではなく、「天下之公論」と見合ったとき、はじめて権威として認められるにいたった。大久保利通が長州追討の勅令について「至当之筋を得天下万人御尤《ごもっとも》と奉存《ぞんじたてまつり》候てこそ勅命と可申《まうすべく》候得は、非義の勅命は勅命に有らず候故、不可奉所以《ほうずべからざるゆゑん》に御座候」（傍点筆者）と語ったのは周知の事実である。彼らの構想したのは、天皇を絶対的存在とする神権国家ではなく、天皇を中心として統一され、しかもそこにおいて公論が生かされる民族国家であった。そのことは坂本竜馬の『船中八策』（一八六七年起草）からも例証される。

終章　幕末から明治へ

1　新知識人の形成

幕末から明治への転換は、多くの青年武士たちによって達成された。彼らは、伝統的東洋の世界と西欧世界の二つの世界を一身にして生きるという稀な体験に恵まれる。このような体験に裏うちされて、福沢諭吉の『文明論之概略』という名著も生まれた。あるいはまた、彼による「実学」の転換、西周による儒教合理主義の近代合理主義への転換、等の徳川思想史と明治思想史とをつなぐ鎖の輪のような役割を果たす重要な思想的営為もなされる。だがこれらの問題にはいる前に、明治日本を背負う知識人たちがどのような経緯で封建武士から近代知識人に脱皮したか、ということをみてみよう。

明六社同人たちの場合をみてただちに気づくことは、嘉永六年・安政元年頃に、洋学を学ぶ決意をした者の多いことだ。神田孝平《かんだたかひら》、福沢諭吉、西周、西村茂樹らがそれである。そしてさらに気づくことは、彼らの洋学学習の動機が、兵学（西洋軍事学）研究にあったことの多いことだ。津田真道、森有礼《もりありのり》、西村茂樹、加藤弘之らがそうであり、福沢のような比較的冷静な理性のもちぬしでも、「兵学修行」という名目で洋学研究へと旅立たざるをえないような精神的状況がそこにはあった。ペリーの率いる黒船の来航がいかに彼らに大きな衝撃をあたえたか、ということがわかる。佐久間象山を西欧世界に向かわせたアヘン戦争における中国の敗北が幕末における第一次ショックとするならば、明治の知識人たちは黒船の来航という第二次ショックによって、西欧世界に向かって眼をひらいたのである。日本の国家的独立を保つためには、西欧文化、とくにその軍事技術を受容するほかない、というのが彼らの認識もしくは直観的認識であった。これら明六社同人中、津田、西村、加藤の三人までが佐久間象山の門にはいっているという事実は、彼らの当時の精神的状況を端的に示している。そして彼らのこの西洋の軍事学から西欧文明、西欧社会への認識の拡大、これが幕末から明治への日本の歩みの展開を先取するものであった。この問題を明らかにするために、それ以前の洋学の歴史を一瞥しよう。

明治初頭の日本の知的世界を指導した洋学者の誕生の前には、それ以前の洋学の歴史のいくつかの段階にわたる発展と屈折とがある。

第一は、前野良沢や杉田玄白らの解体新書グループによる蘭学研究の創始。これによって、これまでの通詞たちによる断片的な知識やことばの習得から、一つの知的体系として西洋の学問を学ぶ道がひらけた。

なおこの前段階として、新井白石による宣教師シドチの訊問の副産物である『西洋紀には禁書の令の緩和)、青木昆陽《あおきこんよう》のオランダ語学習等がある。
聞』『采覧異言』等の著作、吉宗の実学奨励と享保五年(一七二〇年)の蘭学の解禁(正確

第二は、大槻玄沢による蘭学研究の本格化と公学化、またそれにともなう平賀源内や司馬江漢らの個性的で社会批判の力にも富む蘭学愛好家の蘭学者グループからの疎外。玄白、良沢の共通の弟子であり、その師の玄白から「凡そ物を学ぶこと実地を踏まざればなすことなく、心に徹底せざることは筆舌に上せず、一体豪気は薄けれどもすべて浮きたることを好まず」、「和蘭の窮理学には生れ得たる才ある人」と評された大槻玄沢によって、蘭学研究は本格化した。彼の手によって『重訂解体新書』が出され、『解体新書』はその誤りを正された。彼はまた蘭学研究入門の書である『蘭学階梯《かいてい》』も著わし、蘭学の本格的研究への道をつける。また天文台の翻訳方《ほんやくかた》設立に尽力し、蘭学研究者の組織化が始まる。しかしそれはその反面、アマチュア蘭学者排除への道でもあった。

第三。北方問題の登場とともに生じた本多利明、佐藤信淵(信淵の場合には、平田篤胤の国学の影響もみられる)の蘭学系経世家。林子平、工藤平助《くどうへいすけ》らはその先駆的人物であろう。

第四。シーボルト事件(文政十一年=一八二八年)にともなう当局の洋学への警戒。[18] しかしまたシーボルトの来朝によって蘭学研究の水準が非常に向上した事実は見逃せない。

第五。高野長英ならびにその洋学知識を経世論に適用、展開した渡辺崋山らによる洋学の社会・政治・経済の問題への先駆的開眼とその弾圧。[19]

第六。洋学の軍事学中心への転換と武士の洋学研究の世界への登場。洋学者の側としては箕作阮甫《みつくりげんぽ》、杉田成卿《すぎたせいけい》による『海上砲術全書』の翻訳が重要な意味をもつ。そして佐久間象山が洋学研究を始めたことの歴史的意義は大きい。

第七。主として西洋軍事学への関心から洋学研究に志した洋学者たちの社会科学への開眼。その背後に、開国、留学生・遣欧使節随員としての西欧体験、新聞・雑誌・書籍・外人教師らを通じての文化接触の問題が新たな問題として登場してくる。

新知識人たちの登場にはほぼこれだけの歴史的背景が存する。つまり彼らは、洋学研究が第六の段階に達したときに洋学の世界にはいり、やがてそれぞれのカルチュラル・ショックをへて、西欧世界や社会科学への開眼を幕末においておこない、明治以後は新知識人として啓蒙活動に従事したのである。彼らの多くは自覚的に儒教を批判・排撃したけれども、西周、福沢諭吉、中村敬宇、西村茂樹等にみられるように儒教について深い教養をもち、いわば一身で二つの世界を生き、伝統的日本と近代的日本とをつなぐ鎖の輪のような役割を果たしたのである。

彼らの思想内容について検討する前に、彼らの西欧世界や社会科学への開眼について瞥見しよう。彼らの中には、西周や津田真道の場合のように、留学することによって、フィッセリングのようなすぐれた教師から直接に体系的知識を学ぶ場合もあった。また加藤弘之や杉亨二《すぎこうじ》の場合のように、開成所備付の書籍や新聞を読むことを通じて政治学や統計学に開眼することもあった。しかし最もドラマティックなケースは福沢の場合である。

彼は文久元年（一八六一年）、遣欧使節に随行してヨーロッパに旅行した。滞在中、ヨーロッパの人々は、この聡明な青年に蒸気機関のことや電気のことを一生懸命に説明してくれる。しかし彼はすでに、それ以前に緒方洪庵《おがたこうあん》の適塾にいたとき、当時最新のファラデーの電気理論について知っていたくらいであるから、それらについては何も驚かない。彼の知りたいことはほかにあった。彼はいう。

……外人の深切に説明する其厚意は有難けれども、実は是等の講釈に旅中大切の時を費すに忍びず、気の毒ながら其辺は事に託して話を切上げ、此方の専ら知らんと欲するは従前辞書を調べて詮索の届かざる事柄のみに在りて、先づ大凡《おほよそ》の方向を定めて其方向に取て掛り、適当の人を見立て丶質問を試るに、先方の為めには尋常普通分り切たる事のみにして如何にも馬鹿らしく思ふやうなれども、質問者に於ては至極の難問題のみ。例へば政治上に日本にては三人以上何か内々申合せ致す者を徒党と称し、徒党は曲事たる可しと政府の高札《かうさつ》（法度の掲示場）に明記して最も重き禁制なるに、英国には政党なるものありて青天白日、政権受授を争ふと云ふ。左れば英国にては処士横議を許して直に時の政法を誹謗するも罪せらる丶ことなきか。斯《か》かる乱暴にて一国の治安を維持するとは不思議千万、何の事やら少しも分らずとて、夫れより種々様々に不審を起し、一問一答、漸《やうや》くして同国議院の由来、帝室と議院との関係、輿論《よろん》の勢力、内閣更迭の習慣等、次第に之を聞くに従て始めて其事実を得たるが如く尚ほ未だ得ざるが如し。……

（「福沢全集緒言」）

ここに書かれていることは、福沢をもってしても、自分がその中で育ったのとはまったく異なった社会的価値の体系を理解するのはけっして容易ではなかったことを示している。しかしこのカルチュラル・ショックをそれだけにとどめず、「其驚くと共に之を羨《うらや》み、之を我日本国にも実行せんとの野心は自から禁じて禁ず可らず」（同上）として、西洋文明にたいしてひらかれた心をもって研究を始めたところに、福沢はじめ当時の知識人の偉大さがあった。

幕末において、福沢はすでにのちに明治政府の近代化政策の指針となった『西洋事情』を書き、加藤弘之は『立憲政体略』を書いて、立憲君主国としての日本の将来のあり方を示唆している。西、津田の二人は、それぞれすぐれた上書を通じて、三権分立の原理にもとづく幕政の改革や議会制の構想をうち出している。しかし幕府は「開成所」その他を通じてすぐれた洋学者たちをその傘下におさめたけれども、彼らの能力を充分に生かすことはできなかった。

さてこれら知識人たちは、明治国家をつくるための知的準備はしたけれども、現実の幕藩体制を打倒する実践的活動は何一つしなかった。しかし幕府を倒した武士たちは、彼らが国家の先頭にたって加わっていかねばならない西欧世界についてはほとんど知らなかったから、これら知識人の協力をえる以外に方法はなかった。両者の協力によって、初期明治国家はつくられたといってよい。

2 幕末から明治への思想的転換

さて幕末から明治初期への転換を、それぞれの代表的思想家の思想の比較を通して簡単にみてみたい。幕末では横井小楠を、そして明治初期では福沢諭吉を選び、経済面の問題を神田孝平によっておぎなうことにする。幕末を代表するものとして横井を選んだのは、彼が儒教思想をいわばその極限までおしつめて、それによって幕末の日本の直面した政治・社会・経済・形而上学的問題（宗教的問題）をトータルに儒教的原理によって解決しようとした思想家であったからである。彼の思想は、儒教がその全生命を賭して西洋と対決し、儒教そのものによって新しい時代の課題を解決していこうとしたものであった。彼が朱子学から出発しながら、堯舜三代の学に帰ろうとしたのは、儒教を可能な限り普遍的な思想として展開しようという意図にもとづくものであった。

福沢諭吉は、明治の某高官が明治初頭において新帰朝者の森有礼からアメリカの政治のあり方を聞き、それこそ堯舜の治だといったことを彼一流の皮肉な調子で書いている。そしてこの福沢のいう某高官は横井小楠のことなのであるが、この皮肉はある意味ではあたり、ある意味ではあたらない。あたらないというのは、福沢が堯舜の治ということばから感じていたほど横井の思想は古くさいものではなく、横井は堯舜が堯舜の治においてめざしていたものを、同時代の社会において生かそうと考えていたのだから。

しかし小楠のイメージにある社会は、福沢が当面のモデルとした近代資本主義社会ではなかった。そして小楠の思想は、個人の実力と競争の上につくられる近代社会を基礎づけるものではなく、一方では血統論を否定し、共和政治を礼讃しながらも、他方では治者と被治者との関係を予想し、その治者のために説いた学問であり、道徳であった。

小楠のこのような考え方の基礎には、自然と人間との連続性という大きな前提があり、そこにおいては天につかえ、天工を亮《たす》けるのが人間の第一の職分とされた。これにたいして福沢の人間観は、人間を自然との連続関係から裁断し、物理・数学的方法によって自然を認識しつつ、自然をコントロールする主体として把えるものである。その構想する社会は平等の関係において成立する社会であり、かつ為政者の仁恵によってではなく、各個人の自由競争によって文明の進歩がきたされるという考え方である。「独立心」こそ、この新しい文明の精神であった。

このような差異は、両者の政治観の差異にもつながっている。横井の場合、政治は最大最高の意味をもつものであり、あらゆる価値を統合するものであった。彼の構想する社会の政治家には、今日の共産主義社会ないし社会主義社会における政治家の権力と、その権力を恣意的に使わないでひたすら人民の幸福のために行使する政治的・道徳的責任のごときものがあった。

これに反して福沢の場合は、政治は人事の一小部分でしかない。政治の機能は要するに、人間の自由を疎外する外的条件たる権力の偏重という現象を排除することにすぎないとされる。彼は、政治もその一つである多元的価値が並在し、相互に影響しあって発展する自由社会を構想していた。

経済思想の転換の問題も重要である。小楠の経済思想は儒教的王道論の立場にたつものであるが、開国後の状況を洞察して、彼は利益の追求を仁の用として肯定している。しかしその利益の追求の肯定は「公利」に限られ、私利の追求はあくまで否定された。しかし洋学者で経済学を得意とする神田孝平は、商人たちの私利の追求こそ農民たちを高率の課税から解放する道であるとし、「一年づつの仁政〔儒教的王道論者が饑饉などの年に農民に課税しないことをさす〕は永久の仁政〔商業を盛んにして農民たちを高率の課税から解放すること〕に若かず、和漢古聖人の法は方今西洋商人の法に若かず」（「農商弁」）と断定する。これはアダム・スミスの予定調和的考えからの儒教仁政論にたいする批判である。そしてこの考え方の相違は、現実問題としては明治二年に、明治政府内部における小楠の弟子の由《ゆ》利公正《りきみまさ》と資本主義的経済観をもつ大隈重信《おおくましげのぶ》の経済政策をめぐる抗争と、大隈の勝利という結果になってあらわれている。明治国家は、経済主体としては藩や国家でなく、ブルジョワジーを認め、封建的パターナリズムの代わりに国民の自由な利益の追求を経済成立の基本的条件とした。資本主義社会にはいった以上、横井の思想はもはや充分に機能する余地を失ったのである。かくして時代は転換した。

しかしある思想がある時代に不適合というのは、その思想が無価値というのではない。人間は大自然の一員であるという小楠の人間観、そして超越的普遍主義の立場から国家的エゴイズムを越えようとするその国際政治観は、いま新たなる光をあてられるべきであろう。

さて幕末から明治への転換の問題を学問史の観点からみれば、丸山真男氏のいわゆる「倫理を中核とする実学」から「物理を中核とする実学」への転回、といってよいであろう[20]。あるいは西周の仕事に即していうならば、物理（自然法則）と心理（倫理）とをまったく異なる次元のものとして、従来の実証主義と合理主義とを止揚し、新しい次元で統合した近代的経験合理主義を哲学的に基礎づけたことによって、近世社会における長いあいだの理の問題に一つの決着をつけたことをさす[21]。

ただ福沢における近代的実学思想も西周における近代的合理主義も、徳川時代における長い思想的営為の上にはじめて形成されたのである。本書では、本の構成上、とくべつにそういう視点は入れなかったけれども、このことは特記されるべきことだと思う。これらの明治初頭の近代思想は、徳川時代の中で種々の制約をおびて形成された近代的諸思想を、いわば新しい社会的展望の下に、新しい思想の枠組の中で止揚し、統合して生かそうとしたものといえる。

3　明治の近代化と伝統

われわれはこれまで幕末における近代化の展開の姿をみてきた。そこには明治の発展の基礎となるものが、すでにできていた。われわれは、それが明治初頭にどのように展開したかをみてみよう。

幕府を倒し、より完全な統一政府をつくる課題をもった明治政府は、版籍奉還（一八六九年）をへて、一八七一年（明治四年）には廃藩置県をおこない、これによって国家統一という維新の課題をいちおう解決した。しかしこの新しい国家は、平等な立場に立つ国民に支持されたものでなければならなかった。したがって明治政府は、廃藩置県とともに、身分制を廃止した。「一君万民」という吉田松陰の理想がようやく達成されたのである。そしてこれについで、国民に平等の教育の機会をあたえるための近代的教育制度がしかれ、また武士だけが国を守るのではなく、国民全体が国を守るというねらいで、徴兵制がしかれた。それとともに、農民の土地への隷属を解き、田畑の自由売買を認めた。王政復古後の数年間、微弱な財政的基礎の上に、いろいろな政治勢力の葛藤、いろいろなイデオロギーの対立抗争がみられた明治政府も、近代的官僚や知識人の勝利のあと、長年の懸案を一挙に解決してしまった。

それは明治政府の進歩性に疑問をもちつづけていた福沢諭吉を驚かせたほどであった。政府の首脳部は進歩的で、洞察力があった。彼らは、大部分の武士たちとはちがって、藩意識を越え、国家という立場にたってものを考えるほどに成長していた。この大局的判断と勇断に富む政府首脳部は、自分らの無学をおぎなうために全国から人材を求めた。かつて幕府の開成局や翻訳局にいた加藤弘之、神田孝平、西周、津田真道、箕作麟祥《みつくりりんしょう》らの人々が、政府のブレーンとして、近代法律・近代軍隊・近代教育制度の樹立に努力した。彼らはそれだけでなく、個人的には、野にあった福沢諭吉らとともに、著作をし、翻訳を試み、民衆の啓蒙につとめた。さらに森有礼の肝いりで、明六社という学術団体をつくり、明六雑誌を発刊して、新しい考え方を全国の人々に伝えた。雑誌の発行部数は三千部を越え、当時としては画期的売れゆきを示した。なお、彼らのある者（福沢諭吉、西周、箕作秋坪《しゅうへい》ら）はみずから私塾をつくり、後継者をつくろうと努力した。

このほかに、大隈重信、伊藤博文、井上馨《いのうえかおる》、渋沢栄一、前島密《まえじまひそか》らの実務的才能をもった官僚群が大蔵省に集まり、藩意識を越え、八百万《やおよろず》の神々が国つくりを始めるような気持（大隈重信が渋沢栄一に語ったことば）で、鉄道・電信の敷設、郵便制度の開始、等々、新しい国家の動脈ともいうべきコミュニケーション機関の設立、その他の新政策をつぎつぎに構想し、周囲の反対を押しきって実施していった。彼らは、自分らの政策は、世界史の流れに沿うものだという自信をもっていた。

こうして知識人と実務家とが相呼応しながら、彼らが牽引力となって、明治初期の日本の近代化を推進していった。名前をいちいち列挙はしなかったけれども、このような世界的視野をもった数多くの指導者が幕末の動乱の中で育ち、彼らが、明治以後、集団として組織化され、大きな社会的勢力となって、明治の躍進の大きな原動力の一つとなった。「人材」の登庸、という幕末以来の課題がこうして部分的にではあるが国家的規模で達成され、そしてまた「人材」の育成、ということが組織的に企てられたのである。

その政治体制・社会体制のために充分伸びることのできなかった徳川時代の潜在的近代性は、維新という破壊作用をへることによっていまや力強く芽ぶき、そして成長していった。維新後の明治初頭の日本人は、三百年のあいだに蓄積されたエネルギーに「かたちをあたえる」ことに成功した。スペインの哲学者オルテガもいうように、「生きたちから」は「かたちのある集団」だからである。

しかし、否定と破壊のあとで、国家という規模で一つの新しいかたちをつくることは、エリートたちの集団をつくることよりも、はるかに困難な仕事であった。というのは、合理的思惟、実証や実験にもとづく実学、経済合理主義、個人主義的意識、そしてその底にある世界的視野は、徳川思想のすべてを覆うものではなかった。

それらの底には、政治を批判する力をもたない宗教もまだ無視できない力としてあった。個人よりも家の存続がより重要であるという根強い感情――それは貧しい封建社会の中で自衛的に生じたものである――も根深く存在した。また国民統合の象徴としての天皇や、伊勢の皇大神宮《こうたいじんぐう》にたいする国民の特別な感情も地下水のように生きていた。そしてまだ武士のスピリットも命脈を保っていた。総じて忠誠心を原理とする個別主義的社会の構造はゆるがしがたいものとして存した。明治国家を一つのかたちにもたらすとき、これらの要素を無視することはできなかった。

明治の近代化過程は、一面西欧化過程であったとともに、それはたんなる西欧化ではなく、徳川時代に形成された伝統の上に生かされた近代化であった。それは徳川時代に形成された伝統を利用するとともに、また伝統によって制約された近代化であった。明治の日本は、帝国主義という世界史的状況の中で「国家の独立」という目的合理性を貫徹するのに、これらの伝統を充分に配慮することを通じて、最も抵抗の少ない道を選んだといえる。それは最も能率の高い、プラグマティックな近代化の道であったが、同時にまた多くの問題をのちに残した「愛憎並存」の近代化の道であった。このとき西欧思想と伝統的な思想や感情とが、どのように手をつなぎ、あるいはどのように反撥しながら、明治の思想を形成していったか、それは明治思想史の中心的問題である。このことの解明は将来の課題にしよう。

注

(1) この「器量」から「譜代」への転換の問題については、坂田吉雄著『戦国武士』(福村出版) 参照。
(2) 拙著『徳川合理思想の系譜』(中央公論社) 参照。
(3) 丸山真男氏の「近代日本思想史における国家理性の問題」(『展望』一九四九年一月号所収) 参照。
(4) 前掲拙著第一部の「貝原益軒の経験的合理主義」の章参照。
(5) 赤穂浪士の処分問題についての当時の知識人の評価については、拙稿「儒者たちはどう評価したか」(『歴史と人物』一九七一年十月号所収) 参照。
(6) 和辻哲郎著『日本倫理思想史』下 (岩波書店) 参照。
(7) 相良亨著『武士道』(塙書房) 参照。
(8)『葉隠』本文、ならびに古川哲史著『武士道の思想とその周辺』(福村書店)、および奈良本辰也著『武士道の系譜』(中央公論社) 参照。
(9) 坂田吉雄著『士魂商才』(未来社)、同『渋沢栄一』(民主教育協会) 参照。
(10) 坂田吉雄著『町人』(清水弘文堂書房) 参照。

(11) 前掲拙著第三部のはじめの三つの章参照。
(12) 徂徠の非合理主義——窮理の否定と聖人信仰——は、古文辞学と先王の道にもとづく学とを樹立するための虚構であった、というのが私の仮説である。前掲拙著参照。
(13) 伝田功著『近代日本経済思想の研究』(未来社) 参照。
(14) 青木虹二著『百姓一揆の年次的研究』追補増訂 (新生社) 参照。
(15) 『本居宣長全集』第一巻解説 (筑摩書房版) 参照。
(16) 松本三之介著『国学政治思想の研究』(未来社) 参照。
(17) 芳賀登著『幕末国学の展開』(塙書房) 参照。
(18) 呉秀三著『シーボルト先生　その生涯及び功業』1・2・3 (平凡社、東洋文庫) というすぐれた業績がある。
(19) 「蛮社の獄」問題については、佐藤昌介著『洋学史研究序説』、ならびに『日本思想大系』第五十五巻所収の同氏の解説 (共に岩波書店) 参照。
(20) 丸山真男氏の「福沢に於ける『実学』の転回」(『東洋文化研究』第三号)、ならびに拙稿「明治維新と実学思想」(『明治維新史の問題点』〔未来社〕所収)、同「徳川時代における実学思想の展開」(〔日本女子大学文学部紀要〕21) 参照。
(21) 前掲拙著参照。

あとがき

一度、ハンディなかたちの徳川思想史を書いてみたいと長いあいだ考えていたが、やっといまその責を果たした。なぜそんなことを考えたかというと、私が明治思想史の研究から出発しながら、明治がわかるためには徳川時代まで遡らねばならないと気づいて、徳川思想史の研究を始めたとき、まるで手探り状態だったからである。もちろん、津田左右吉《つだそうきち》氏の『文学に現はれたる我が国民思想の研究』第三巻、第四巻、和辻哲郎氏の『日本倫理思想史』下巻、丸山真男氏の『日本政治思想史研究』等の先学たちのすぐれた業績があり、また個別的研究においてはいちいち枚挙できないほどのすぐれた研究があったけれども、そこから徳川思想史についての全体的イメージを得ることは困難であった。研究を始めた頃の私にとっては、思想という観点からいえば、徳川時代は西欧近世よりはるかに遠い、明瞭な輪郭をもっては見えない時代であった。

これにはわれわれの受けた西欧志向の教育もなにがしかの関係があろう。そしてまた私の送った青年期の精神状況とも関係があろう。日中戦争から太平洋戦争にかけて青年時代を送った私には、日本精神といえば国家主義や堅苦しい道徳的説教という連想をひきおこすようなことばかりであって、正直言って日本の思想、とくに近世について勉強してみようという気は少しもおこらなかった。

しかしまたこれには日本の思想家の表現形式もなんらかの関係があると思う。散漫で、非論理的で、概念の明確さに乏しいその表現形式は、初学の段階では実にとっつきにくい。だ徳川思想史の中にこれほどの宝庫が蔵されているとは、当時私は夢想だにしなかった。だが研究を始めてみると、私は大変な思いちがいをしていたことがわかった。私は何も知らずにある予見をもち、ある予断を下していたのである。鎖国、封建制という厳しい枠の中でも、すぐれた人間の知的営為があった。私を含めて、日本人はあまりに近世思想について知らなすぎる。一度、均衡のとれた徳川思想の小史、しかも明治以後の近代日本との関連を展望としてもっている小史を書いてみたいと思っていたのである。

しかしこうして枚数と時間の制約の下に、曲りなりにもいちおう書き終えてみると、これはいまの私の力を越える容易ならぬ仕事であったことがしみじみ実感される。多くのことを割愛せざるをえなかったし、均衡をとることも困難をきわめる仕事であった。また意識的に割愛したことのほかに、私の研究が不充分なために書き落としたことも定めて多いことであろう。しかしそれはそれとして、いまの段階では、この本はこの本なりの意義があるように思う。私は、読者がこのささやかな本の中で出会った思想家の著作をみずから原典ないし現代語訳で読み、それぞれの仕方で対話を試みられることを切望する。そして明治以後の近代日本が徳川日本と深くかかわっており、徳川思想の理解なくして近代日本の理解もできないことを実感していただきたい、そのポジティヴな面もネガティヴな面もあわせて。過去との対話なしに、未来への前進はありえない。

なおこの本で当然とりあげるべきテーマであり、この本では割愛した教育思想の問題は、この本では極度に圧縮することを余儀なくされた洋学の問題を含めて、他の著作でとりあつかいたいと思っている。また芸術思想や宗教思想（神道・仏教・民間信仰、等）の問題は、将来、徳川精神史の中で明らかにしたいと思っている。

この本もまた旧著『義理と人情』の場合と同じく中公新書編集部に大変お世話になった。心から感謝申し上げる。最後に、ここではいちいちその名前をしるさないが、この本が多くを負うている師友、先学にこの場所を借りて厚く御礼を申し上げたい。

一九七二年十二月十七日　この原稿を書いたこの夏の暑さを思い出しつつ、小平にて

源　了　圓

巻末エッセイ
自分と出会う

私の人生は、前半はセルフ・アイデンティティーを求めての心の旅の中での自分との出会い、すなわち自己の喪失とその回復であり、その後は研究・執筆、そして私なりの社会的行動の中での他者との出会いを通じての自分との出会いであったように思える。そして私の自分との出会いは今も続いている。

小学生の頃、自分って何だろう、ということを真剣に考えたことがある。そのとき私の得た答えは、私は人間だ、しかし今の私は本当の人間ではない、だが本当の人間って何だろう？　その先はわからなかった。私は将来の目標として、子どもが無邪気にも持つ具体的イメージを描くことができなかった。

中学生の頃は少し現実的になった。満州事変の勃発《ぼっぱつ》とともに日本が孤立化しつつあることを感じて、柄にもなく外交官になりたいなどと思ったことがある。しかしそのような現実性を吹きとばすような出来事が私の内部に起こった。事変は中国全土へと拡大して先生方も次から次へと出征されることになった。私は全学の生徒を代表して先生方を送ることばを述べねばならない立場にあった。

当時口にされていた「聖戦」ということばの意味が私にはよくわからなかった。それでも尊敬する先生、好きな先生を送る時は心をこめて壮行のことばを言うことができた。だがすべての先生にそのような気持ちはもてない。失礼にならないよう、社会の通念に合うことばを無理に探して当座をしのいだが、そういう自分に耐えがたい苦痛と嫌悪の念を感じた。この経験は一転して、自分の語ることば、ことばの背後にある社会通念、そして何よりもそれを口にする自分に対する不信や懐疑となった。一種の自己喪失である。

私は自分が別世界に入ってしまったことを感じた。そして戦争のただ中でも自分の心の中の虚無を消すことはできなかった。このような虚無を克服する以外に自分の道はない。そう思って京大哲学科を選んだ。良き師、良き友に恵まれて必死に自己を求めた。無理が崇《たた》って結核・治癒・学徒出陣。軍隊で小隊長としての責務を全力を傾けて果たすうちに自分の生命力が回復し、その中で私は究極的なことに就いての「判断中止」の下で、その時その時に判断し決断し行為することを学んだ。

私たちの部隊は薩南海岸にあった。ある日、独りで海岸沿いに拡《ひろ》がった陣地の見まわりをしていた時、今でもその理由はわからないが、私はふと身をかがめた。その瞬間、頭の真上を何か巨大なものが横切ったと思ったら、突然バリバリという音とともに砂煙が立ち上がり、それは私の目の前数メートル先から約一メートルの間隔でつづき、五十メートルくらいさきで消えた。エンジンを止めて背後から私をねらっていたグラマン戦闘機だった。不思議な感情に包まれて蒼空《そうくう》の中に吸いこまれていく機影を見送る私に、ふとニーチェのamor fati（運命愛）ということばが浮かんできた。

復員後、ベルジャーエフの『ドストエフスキーの世界観』を読んで文字通り五体が震える感動を覚えた。そしてニヒリズムの克服をニーチェとドストエフスキーをめぐって論ずる卒論を書いて大学を後にした。

戦後ある時期から日本思想史の研究者として自己を限定した。それはそれで良かった。ところだが普遍的問題への関心と日本思想史研究とのギャップがどうしても埋まらない。ところが、七十にも近い初秋の一日、両者を結びつける哲学的視点がパッと開けた。理論知と実践知の新しい関係の構築、といったことである。そして日本思想史も違った風に見え始める。自分との新しい出会いの始まりだった。

（『朝日新聞』一九九五年十月三日夕刊）

解説

小島康敬

著者はあとがきでこう述べている。徳川思想史の研究を始めたとき、個別的研究においてはすぐれた研究が多くあったが、そこから「徳川思想史についての全体的イメージ」を得ることは困難であった、と。確かに、このハンディな『徳川思想小史』が世に出たことによって初めて、江戸時代の複雑多様で豊饒《ほうじょう》な思想の史的潮流の全体像が極めて明瞭に俯瞰《ふかん》できるようになったと言える。以後約半世紀、本書は斯界《しかい》の専門研究者をはじめ多く一般の人々に読み継がれ、今日に至っている（初版は一九七三年一月。二〇〇七年十一月の時点で二十版）。近年の江戸思想に関する研究は質量ともに目覚ましく進捗《しんちょく》した。それらの成果を踏まえた江戸思想史の新たな語り直しが試みられるのは当然である。それにしても、本書で著者が提示した見取り図は色褪《いろあ》せることなく、江戸の思想世界を通観する上でのスタンダードとしての意味を持ち続け、読み継がれてゆくであろう。

以下、著者の略歴と本書の有する学術的意義、特色、魅力に言及して解説とする。著者の経歴を振り返るには、有り難いことに、「私の歩んで来た道」（『アジア文化研究』別冊三、一九九二年）という自伝がある。これに基づきながら、著者の学問的足跡を簡単に紹介しておこう。ただ「私の歩んで来た道」では遺憾ながら大学入学以前のことには触れられていない。その意味で、今回の文庫化にあたって追補された「自分と出会う」の一文は小中学時代のことが言及されており、参考となる。

著者は一九二〇年七月二十七日に熊本県宇土《うと》市に浄土真宗の寺院住職、源唯心氏の三男として生まれ、二〇二〇年九月十日、百歳で天寿を全うした。

一九四二年四月に京都大学文学部哲学科に入学。しかし翌年三月には健康を害して故郷に戻らざるを得なくなる。健康を回復するや、その十二月には学徒出陣で入隊。従って京都大学での授業は入学当初の一年間だけであったが、この一年間を「私の学生生活の中でいちばん幸せなときであった」と振り返っている。授業ではとりわけ田辺元《たなべはじめ》に惹かれ、心酔した。著者はこう述懐している。

先生はおおむね和服を着て、教壇を静かに歩きまわりながら話をされるが、なんという明晰でよく準備された迫力のある講義だったろうか。他の先生がたの数倍もの濃密な内容がそこにはあるように私には思えた。……私は夢中になって先生の講義を聴いた。下宿に帰っても何度も何度も講義の内容を反芻し、そのことをめぐって考えた。

京大時代の著者に大きな影響を与えたもう一人が西谷啓治《にしたにけいじ》である。「田辺先生ほど怖くなかったので西谷先生のお宅には時々お邪魔し、そのうちに一見怖そうでないこの先生が一番怖い方だということがだんだん分ってきた」。旧制高校時代にニーチェの著作に親しみ、心の中に虚無を抱え、「虚無を克服する道」を求めて京都大学哲学科を選んだ著者にとって、『ニヒリズム』の著者西谷は大先達であった。

兵役では薩摩半島の部隊に配属され、そこで敗戦を迎えた。復員後、復学して卒論をニーチェとドストエフスキーを中心にニヒリズム克服をテーマとして書き上げて大学院に進学し、傍ら出版社に身を置いた。編集者と研究者との二重生活は厳しく、「時間が足りないのでけっきょく睡眠時間を削るほかはない。夜半疲れきって二階の階段を踏みはずし、陋屋《ろうおく》の壁を突き破ったこともあった」という。結局、研究者の道を選択し、いくつかの研究会の助手や非常勤講師で糊口《ここう》を凌《しの》いだ。研究会を契機に著者は哲学から日本思想史研究へと踏み込んでゆく。また研究会での海外の研究者（W・T・ドゥ・バリー、ドナルド・キーン等々）との学問的交流は後年の著者が国際的舞台で活躍する下地となった。

一九六三年、日本女子大学文学部教育学科に助教授として赴任。赴任後しばらくしてコロンビア大学に招聘《しょうへい》され、一年間英語で日本思想史の授業を担当する。帰国後、それまでの研究成果を纏《まと》めて、『義理と人情』（一九六九）、『徳川合理思想の系譜』（一九七二）、『徳川思想小史』（一九七三）と単著を矢継ぎ早に出版した。

一九七六年に東北大学日本文化研究施設教授に転任。東北大学では施設の仕事として三つの共同研究を組織し、その成果を『神観念の比較文化論的研究』（一九八一）、『江戸後期の比較文化研究』（一九九〇）という形で編集出版した。共同研究のオルガナイザーとしての仕事だけでなく、自身の研究も東北大学時代に精力的に推し進め、八年間の在職期間中に主著『近世初期実学思想の研究』（一九八〇）を始めとして専著四、編著三、研究論文四十二本を量産して、斯界をリードした。

一九八四年東北大学を定年退官後、ICU（国際基督教大学）に赴任。ICU在任中は「型と日本文化」をテーマに掲げて、日本文化と人間形成に関わる問題に取り組み、『型』（一九八九）を公刊した。『型』では世阿弥の能楽理論や武道における剣法論を通して、西洋の理論知に対する東洋の実践知（身体性を介した知）に着目した日本文化論が展開されている。

ICU退職後も学問への迸《ほとばし》りでるような若々しい情熱は衰えず、七十二歳で『浄土仏教の思想 第十二巻 蓮如』（一九九三）、七十八歳で『精読・仏教の言葉 蓮如』（一九九八）を出版し、九十二歳にはこれまでの自身の小楠研究の集大成とも言うべき『横井小楠研究』（二〇一三）を公刊した。

また著者はコロンビア大学、北京日本学研究センター、オックスフォード大学に客員教授として招聘され、日本研究を国際的な場に開くなど、多大な功績により二〇〇一年に日本学士院会員に選定された。

歴史研究にはその時々の時代意識や問題関心が自ずと反映される。一九六〇年代から七〇年代にかけて、海外・国内において日本の迅速な近代化成功の要因をめぐる問題が学問的イシューの一つとして頻《しき》りと論じられた。本書も当時のそうした近代化論の問題意識を引き継いでいる。本書の基本的なスタンスは「徳川時代の潜在的近代性」を明らかにすることにあった。徳川時代を「夜明け前」の封建制社会とし、近代の夜明けは西洋の制度・文化を摂取した明治から始まるとする単純な史観を著者は採らない。徳川時代の知的遺産の再検討なくして近代化を論じても、それは上滑りな歴史認識になってしまう、という立場である。著者は明確に本書の執筆意図を次のように語る。

この小史では、徳川思想の独自性を明らかにするとともに、それが明治以後の近代日本とどのようにつながるのか、ということにもあわせて注目したい。……本書は、将来、徳川日本と明治日本との連続・非連続の関係を構造的に把握し、そのことを通じて日本の近代化の「愛憎並存」の構造を明らかにしようと思っているわたしの、その作業を果たすためのささやかな準備の見取り図である。（二二一頁）

本書の最大の特色は、事象のアンビヴァレント（「愛憎並存」的構造連関）な面を常に考慮にいれて、歴史を複眼的に捉えている点にある。その姿勢は終始一貫している。例えば、「武士の道徳」（第四章）では、一括《ひとくく》りには出来ない武士の多様な性格と忠誠心を検討し、「武士道と近代化」について次のように言及する。

明治時代に武士道の果たした役割を全面的に肯定的な仕方で認めるわけにはいかない。武士道が軍国主義の形成と関係をもっていたことは否めない、しかしまた武士道につちかわれたモラル・バックボーンをもっていた明治人が一つの風格をもっていたことも否めない。徳川社会の伝統を背負った明治の近代化の「愛憎並存《アンビヴァレンス》」の最もよい例の一つを武士道は提供するであろう。（一一二頁）

また「町人と商業肯定の思想」（第五章）でも、石門《せきもん》心学運動における商業倫理意識を高く評価しながら、「梅岩の中にもあった分限思想の面が、彼以後の心学者たちに増幅して受けつがれ、身分社会・幕藩体制を即自的に肯定し、これを内側から支える役割を強くしていったことも否めない」と指摘するのを忘れず、「心学運動は、日本近代化の有力な条件ではあっても、動力ではなかった」（一四三頁）と、均衡のとれた見解を示す。

更に、徳川の知的遺産を継承した明治期の近代化についてもその功罪のアンビヴァレントな面への注意を促す。

明治の近代化過程は、一面西欧化過程であったとともに、それはたんなる西欧化ではなく、徳川時代に形成された伝統の上に生かされた近代化であった。それは徳川時代に形成された伝統を利用するとともに、また伝統によって制約された近代化であった。明治の日本は、帝国主義という世界史的状況の中で「国家の独立」という目的合理性を貫徹するのに、これらの伝統を充分に配慮することを通じて、最も抵抗の少ない道を選んだといえる。それは最も能率の高い、プラグマティックな近代化の道であったが、同時にまた多くの問題をのちに残した「愛憎並存」の近代化の道であった。（三〇一頁）

本書を更に魅力的なものにしている点として、著者の人間理解の深さがあげられよう。本書で取り上げられた人物の個性や人柄が、時空を超えて生き生きと読み手に伝わってくるのは、残された著述や史料の断片から想像力を駆使して、その思想家の内面を追体験し了解することを著者が意識的に目指していたからであろう。それは時として、客観性、実証性からはみ出るような叙述ともなる。例えば、富永仲基《とみながなかもと》という夭折《ようせつ》した天才的思想家に関して触れた箇所で、著者は、「仲基は清潔で穏やかな人柄だったが、気の短い人だった」という弟の東華の説を紹介し、「気が短かったのは自分の人生の短いのを無意識のうちに知って先を急いだからであろう」（一五九頁）と想像力の羽を広げて筆を足す。これは著者の推測でしかない。しかし、こういう叙述があればこそ、本書は世に一般にありがちな無味乾燥な概説書とひと味もふた味も違って、とても人間臭く、断然面白いのである。三浦梅園《みうらばいえん》に言及した箇所もそうである。梅園は都会から離れた国東《くにさき》半島の僻地《へきち》にあって何事も自得せざるを得なかったことを友人への手紙で訴えているが、それを受けて著者は「都会の学者たちのように面倒な交際に煩わされないで、わが国では稀な体系的思想家として自己を形成したのである」（一六六頁）と踏み込んだ解釈を下す。『徳川思想小史』というこの小さな一冊には、簡潔な入門的概説書でありながら、著者の人間への豊かな関心と奥深い洞察、そしてバランスのとれた見識が溢《あふ》れている。抽象的な概念だけで議論することを拒否して、取り上げた思想家に寄り添って対象を内側から追体験的に了解するという方法が自覚的に採られているのである。

著者には「教育的認識の構造」（『哲学研究』四八七・四八八号、一九六三年）という論考がある。この論考は広く知られていないが、著者の人間理解の基本的姿勢が明確に示されている。ここで著者は対象を真に認識し理解するとはどういうことか、またその方法はどうあるべきかをウェーバー、マルクス、ジェイムズ、ディルタイ、ボルノウ、ティリッヒ、西田幾多郎等々の言説を考察しながら、論究している。事実判断と価値判断とを峻別し、主観を排して認識の客観性を確保せんとするウェーバーのいわゆる「価値からの自由」を高く評価しつつも、人文科学においては認識する側の主体的契機の参与は不可欠であるとして、ディルタイの解釈学における、「追体験」による「了解」の方法に着目する。そして真の人間認識に到達するには「了解」の立場でもなお不充分であるとし、西田幾多郎の「知と愛とは同一の精神作用」（『善の研究』）の考えから示唆を受けて、「愛による認識」の方法を提示している。著者はこの「愛による認識」を後期西田哲学の「行為的直観」にならって「行為的認識」、あるいはティリッヒ流に「関与としての認識」と捉え直して、問題を展開する。「関与としての認識」は、「了解」の立場が静的・観想的な関与の仕方であるのに対して、全人格をあげて対象に行為的に関与する点において、主体と客体との間に循環的深化が成立する、と述べている。著者が本書で扱った人物を認識せんとする姿勢には、この「行為的認識」「関与としての認識」という方法的自覚が踏まえられていたのであろう。『徳川思想小史』は著者のこうした深い人間理解の上に成り立った書である。

私事にわたるが、生前に何度か介護施設にお見舞いにあがった。ベッド脇の小机には、西田幾多郎の『日本文化の問題』が置かれていた。また、ドナルド・キーン氏が亡くなった時にはその著作集が置かれていた。親友を偲ばれていたのであろう。そして最後に伺った折りには芭蕉の文庫本を手にしておられた。それは幾度も幾度も頁を繰って擦り切れていた。芭蕉とどのような人生の対話を続けておられたのであろうか。

（こじま・やすのり　国際基督教大学名誉教授）

や　行

ら　行

わ　行

は　行

ま　行

た　行

な　行

か　行

さ　行

主要人名索引

あ　行

『徳川思想小史』中公新書、一九七三年一月

編集付記

一、本書は『徳川思想小史』（中公新書、二十刷、二〇〇七年十一月刊）を底本とし、文庫化したものである。文庫化にあたり、随筆「自分と出会う」を増補し、新たに解説と人名索引を付した。

一、底本中、明らかな誤植と考えられる箇所は訂正し、難読と思われる語には新たにルビを付した。

中公文庫

徳《とく》川《がわ》思《し》想《そう》小《しょう》史《し》

2021年7月25日　初版発行

著　者　源《みなもと》　了《りょう》　圓《えん》

発行者　松田陽三

発行所　中央公論新社
〒100-8152　東京都千代田区大手町1-7-1
電話　販売 03-5299-1730　編集 03-5299-1890
URL http://www.chuko.co.jp/

ＤＴＰ　ハンズ・ミケ
印　刷　三晃印刷
製　本　小泉製本

Published by CHUOKORON-SHINSHA, INC.
Printed in Japan　ISBN978-4-12-207092-9 C1110
定価はカバーに表示してあります。落丁本・乱丁本はお手数ですが小社販売部宛お送り下さい。送料小社負担にてお取り替えいたします。

各書目の下段の数字はISBNコードです。978－4－12が省略してあります。

中公文庫既刊より

か-3-2
論語
貝塚茂樹 訳注
新解釈を交えつつ、新注・古注に照らして懇切な解説を付した完訳版。情味豊かな訳文や解説から、人間・孔子が見えてくる。〈巻末エッセイ〉倉橋由美子
206848-3

い-135-1
日本書紀（上）
井上光貞 監訳
川副武胤
佐伯有清 訳
わが国最初の正史。本書は、日本古代史の専門家による現代語全訳。上巻は天地開闢、国生みにはじまる神代紀、そして神武天皇から武烈天皇までを収録する。
206893-3

い-135-2
日本書紀（下）
井上光貞 監訳
笹山晴生 訳
下巻は継体天皇から持統天皇まで、六世紀から七世紀にいたる時代。中国・朝鮮半島からの制度・文物の流入により、天皇を中心とした国家的統一が完成する。
206894-0

か-4-3
養生訓
貝原益軒
松田道雄 訳
益軒の身体的自叙伝ともいうべき「養生訓」は自然治癒の思想を基本とした自主的健康管理法で、現在でもなお実践的価値が高い。〈巻末エッセイ〉玄侑宗久
206818-6

い-136-1
都鄙問答
石田梅岩
加藤周一 訳・解説
ウェーバー、ドラッカーよりも二百年早い経営哲学。生産と流通の社会的役割を評価し、利益追求の正当性を説いた商人道の名著。起業家必読。
207056-1

む-28-1
幕末 非命の維新者
村上一郎
大塩平八郎、橋本左内から真木和泉守、伴林光平まで。歌人にして評論家である著者が非命に倒れた維新者たちの心情に迫る、幕末の精神史。〈解説〉渡辺京二
206456-0

は-73-1
幕末明治人物誌
橋川文三
吉田松陰、西郷隆盛から乃木希典、岡倉天心まで。歴史に翻弄された敗者たちへの想像力に満ちた出色の人物論集。文庫オリジナル。〈解説〉渡辺京二
206457-7